Der 11. September 2001

Interpretationen und Konsequenzen eines Terroranschlags

von

Moritz Weiß

Tectum Verlag
Marburg 2004

Weiß, Moritz:
Der 11. September 2001.
Interpretationen und Konsequenzen eines Terroranschlags.
/ von Moritz Weiß
- Marburg : Tectum Verlag, 2004
ISBN 978-3-8288-8692-6

Tectum Verlag
Marburg 2004

INHALTSVERZEICHNIS

*"The language of politics is not a neutral medium
that conveys ideas independently formed;
it is an institutionalized structure of meanings
that channels political thought and action in certain directions."*[1]

1. DER 11. SEPTEMBER 2001 ALS UNTERSUCHUNGSGEGENSTAND

In der Folgezeit der Ereignisse vom 11. September 2001 entstand ein politischer Diskurs, der durch ein hohes Maß an Ambivalenz gekennzeichnet war. Einerseits beriefen sich sämtliche Diskursteilnehmer aus Politik, Medien oder auch Expertenkreisen auf die Einzigartigkeit und das „Neue" der Ereignisse:[2]

> Neu war die monströse Tat selbst. Ich meine nicht nur das Vorgehen der Selbstmordattentäter, die die vollgetankten Verkehrsmaschinen mitsamt ihrer Geiseln in lebendige Geschosse umfunktioniert haben, nicht einmal nur die unerträgliche Zahl der Opfer und das dramatische Ausmaß der Zerstörung. Neu war die Symbolkraft der getroffenen Ziele. Die Attentäter haben nicht nur physikalisch die höchsten Türme von Manhattan in den Abgrund gerissen, sondern eine Ikone im Bilderhaushalt der amerikanischen Nation zerstört. (...) Neu war allerdings auch die Präsenz der Kameras und der Medien, die das lokale Ereignis zeitgleich zu einem globalen Ereignis – und die Weltbevölkerung insgesamt zum erstarrenden Augenzeugen – gemacht hat.[3]

Auf der anderen Seite wurde aber trotzdem der Begriff des „11. September" oder später „9/11" in einer Art und Weise verwendet, als ob allen Diskursteilnehmern klar wäre, über was sie gerade sprechen bzw. schreiben; d.h. als ob die *Bedeutung* der Ereignisse offensichtlich wäre.[4]

Hier setzt diese Untersuchung an. Sie verfolgt zwei Ziele: Erstens soll allgemein gezeigt werden, dass die Bedeutung von Ereignissen gerade nicht klar ist, sondern durch sprachliche Beschreibungen erst geschaffen wird. Hier ist entscheidend, *wie* über die Ereignisse gesprochen wird. Im weitesten Sinne geht es demnach um die „Bedeutung von Bedeutung". Um aber diese weite Dimension

---

[1] William E. Connolly: *The Terms of Political Discourse*, (Princeton: Princeton University Press 1983), S. 1.

[2] William Connolly weist darauf hin, dass in dem Augenblick, wenn „neue" und unvorhergesehene Situationen aufkommen, wie sie die Ereignisse vom 11. September sicherlich auch darstellten, normative Bewertungskriterien eine große Bedeutung spielen. Die Ereignisse werden nicht nur beschrieben, sondern die verwendeten Konzepte beinhalten immer auch eine normative Wertung. Ebd., S. 24-29.

[3] Jürgen Habermas: „Fundamentalismus und Terror. Antworten auf die Fragen (von Giovanna Borradori) zum 11. September 2001", *Blätter für deutsche und internationale Politik*, Jahrgang 47, Heft 2, 2002, S. 167.

[4] Siehe hierzu, Marc Howard Ross: "The Political Psychology of Competing Narratives: September 11 and Beyond", *Social Science Research Council*, in:
http://www.ssrc.org/sept11/essays/ross.htm

analytisch fassen zu können, muss ein „konzeptuelles Handwerkszeug"[5] entwickelt werden, damit im konkreten Sinne der Bedeutungskontext der Ereignisse des 11. September herausgearbeitet werden kann. Wenn bestimmte Interpretationen über eine gewisse Zeit den Diskurs dominieren, kann sich eine bestimmte Bedeutung manifestieren und im Laufe der Zeit reproduzieren. Diese Untersuchung geht davon aus, dass der in der Politikwissenschaft vernachlässigte Stellenwert von politischen Bedeutungen deswegen so entscheidend ist, weil Politik als Praxis eben erst dadurch stattfindet, dass ihre Grundbegriffe und Konzepte einen gewissen Interpretationsspielraum offen lassen, an dem sich die eigentlich *politischen* Konflikte entzünden. Innerhalb des Diskurses ergeben sich dann gerechtfertigte oder auch ungerechtfertigte Interpretationen. Dies hat entscheidende Implikationen für das politische Handeln.[6]

Das zweite Ziel dieser Untersuchung betrifft die politische Praxis. An Hand eines konkreten Falls – der Ereignisse des 11. September 2001 – wird die „Übersetzung" des sprachlich geschaffenen Bedeutungskontextes in politische Handlungen nachgezeichnet. Auf diese Weise soll die Bedeutung der Ereignisse des 11. September 2001 herausgearbeitet werden, um einen gewissen Grad an Klarheit in die angesprochene Ambivalenz des öffentlichen Diskurses zu bringen. Dies ist schon deswegen wichtig, da es sich um ein weitreichendes Ereignis handelte, das von manchen Autoren sogar als „historische Zäsur" bezeichnet wurde.[7]

Basierend auf diesen Überlegungen lautet die Kernthese dieser Untersuchung: Ereignisse sprechen nicht *an und für sich*, sondern müssen interpretiert werden. Dies geschieht einerseits entlang bestimmter Konzepte, die gewisse Freiräume lassen, an denen sich die politische Diskussion entzündet. Andererseits werden im Diskurs argumentative Verknüpfungen zwischen bestimmten Ereignissen und Handlungen vorgenommen. Dieser Bedeutungszusammenhang ist die Grundlage für politisches Handeln. Denn soziale Handlungssysteme be-

---

[5] "Human beings present the most complex kinds of problems. We have histories, we are animate organisms, and we act through and in a matrix of social and linguistic meanings. We deliberate and make rational plans, we are driven by physical needs and desires, and we are pulled by socially instilled values. We are caught in a web of internal and external structures, and yet at times we seem to transcend these structures and produce novel and creative ideas. As a consequence, those problems of understanding that focus on us and our communities present the greatest challenge to our methods and our tools of comprehension." Donald E. Polkinghorne: *Methodology for the Human Sciences. Systems of Inquiry*, (Albany: State University of New York Press 1983), S. 7.

[6] In Anlehnung an Jürgen Habermas, John Searle, aber auch Carl Schmitt stammen diese Überlegungen von, Marius Schneider: *Sicherheit, Wandel und die Einheit Europas. Zur generativen Rolle von Sicherheitsdiskursen bei der Bildung zwischenstaatlicher Ordnungen vom Wiener Kongress bis zur Erweiterung der Nato*, (Opladen: Leske + Budrich 2002), S. 25-26.

[7] Zum 11. September als historischer Zäsur siehe beispielsweise, Claus Offe: „Die Neudefinition der Sicherheit", *Blätter für deutsche und internationale Politik*, Jahrgang 46, Heft 12, 2001, S. 1442-1450. So weit wird hier nicht gegangen.

ruhen auf sozialen Bedeutungssystemen.[8] Die Verknüpfung dieser beiden Dimensionen umfasst die Problematik der politischen Ordnung. Drei konstitutive Fragestellungen, die sowohl in theoretischer Hinsicht als auch aus der Perspektive der politischen Praxis interessant sind, spiegeln das Schema der Analyse wider:

I.) Was sind die dominanten Interpretationen der Ereignisse des 11. September in den USA?

II.) Welche Implikationen hat dies für Handlungsoptionen (der USA) bzw. auch für die Interpretation der getroffenen Maßnahmen (durch andere Akteure)?

III.) Wie konstituiert sich durch diesen neuen Sicherheitsdiskurs die (internationale) politische Ordnung nach dem 11. September 2001? Welche neuen „Spielregeln" bzw. Normen werden etabliert? Welche angestrebten Regeln können sich nicht durchsetzen?

Während die Beantwortung der ersten Frage ihr Augenmerk auf die Dimension der Bedeutung richtet,[9] widmet sich die zweite Frage den verschiedenen Handlungsoptionen der USA auf der Grundlage dieses konstruierten Bedeutungskontextes. Die dritte Frage führt die beiden Dimensionen zusammen. Denn durch die Umsetzung des konstruierten Bedeutungskontextes in Handlungen entstehen, reproduzieren oder verändern sich politische Ordnungen.[10] Demzufolge ist klar, dass die Beantwortung der Fragestellungen sowohl aus theoretischer Perspektive als auch im Hinblick auf die momentane politische Praxis wichtig ist:

> To understand the political life of a community one must understand the conceptual system within which that life moves; and therefore *those concepts that help to shape the fabric of our political practices necessarily enter into any rational account of them.*[11]

---

[8] "Experience is meaningful and human behavior is generated from and informed by this meaningfulness. Thus, the study of human behavior needs to include an exploration of the meaning systems that form human experience." Donald E. Polkinghorne: *Narrative Knowing and the Human Sciences*, (Albany: State University of New York Press 1988), S. 1.

[9] "The unique human capacities of consciousness and language have produced a special stratum of the environment – that is culture and meaning – in which we exist. This stratum holds traditions and conventions to which individuals are connected in a dialectic manner; they provide individuals with a common symbolic environment that informs their categories of thought and social actions while facilitating human interaction and the accomplishment of group projects." Ebd., S. 3.

[10] Siehe hierzu, Marius Schneider: *Sicherheit, Wandel und die Einheit Europas. Zur generativen Rolle von Sicherheitsdiskursen bei der Bildung zwischenstaatlicher Ordnungen vom Wiener Kongress bis zur Erweiterung der Nato*, (Opladen: Leske + Budrich 2002), S. 101-103.

[11] William E. Connolly: *The Terms of Political Discourse*, (Princeton: University Press 1983), S. 39.

Aus der Perspektive der politischen Praxis kann die Untersuchung durch die Rekonstruktion des Bedeutungskontextes innerhalb des Diskurses der USA zu einem besseren Verständnis der amerikanischen Politik beitragen, was gerade angesichts wachsender internationaler Kritik von Bedeutung ist. Dabei ist jedoch entscheidend, dass es um *Verstehen*, nicht um *Rechtfertigen* geht. Gerade aus europäischer Perspektive war die amerikanische Politik beispielsweise gegenüber dem Irak an vielen Stellen schwer verständlich. Eine Untersuchung des politischen Diskurses der USA kann u.a. zeigen, wie die Definition der Ereignisse des 11. September, die Beantwortung der Verantwortlichkeitsproblematik und die Konzeption des „Krieges gegen den Terror" bestimmte Handlungspfade öffneten und andere verschlossen. Denn hier wurden die Maßstäbe dafür konstruiert, was als angemessene Maßnahme gelten kann und was unangemessen erscheint.

Außerdem kann an Hand der amerikanischen Zuweisung von Intentionen an die Terroristen nachgezeichnet werden, welche Art von Beziehung sich hier konstituiert, und welche Auswege aus diesem Konflikt vorstellbar sind. Darüber hinaus ist vor allem interessant, dass durch diese Vorgehensweise kritisch hinterfragt werden kann, ob „nach dem 11. September wirklich nichts mehr so ist, wie es einmal war".[12]

Neben diesen Überlegungen der politischen Praxis sind die Fragestellungen aber auch aus der Perspektive der Theorien von den internationalen Beziehungen interessant. Denn hier wird die sonst vernachlässigte Dimension der politischen Bedeutung in die Untersuchung miteinbezogen, die entscheidend für die Qualität einer politischen Ordnung ist.[13] Demnach stehen nicht materielle Faktoren wie Geld oder Waffensysteme, sondern die intersubjektiv geschaffene Bedeutung im Vordergrund. Denn um eine politische Wirkung zu entfalten, muss den materiellen Faktoren in einer sozialen Situation Bedeutung zugewiesen werden. Entsprechend wird hier politisches Handeln erklärt, nicht jedoch mittels eines Rational-Choice-Modells, das Interessen exogen annimmt. Entscheidungen werden vielmehr auf der Grundlage dessen gefällt, was angemessen erscheint. Dieser Kontext muss von den Akteuren auf sprachlicher Ebene konstruiert werden. Eine solche Vorgehensweise erscheint heuristisch fruchtbarer. Das Ziel ist, zu plausiblen, nicht wahren Erklärungen zu kommen.

---

[12] Dieser weit verbreiteten Auffassung kann zumindest mit Bezug auf die Regeln, welche internationale Politik als Praxis konstituieren, entgegengetreten werden.

[13] „[S]ecurity interests are defined by actors who respond to cultural factors. This does not mean that power, conventionally understood as material capabilities, is unimportant for an analysis of national security. States and other political actors undoubtedly seek material power to defend their security. But what other kinds of power and security do states seek and for which purposes? Do the meanings that states and other political actors attach to power and security help us explain their behavior?" Peter J. Katzenstein: "Introduction. Alternative Perspectives on National Security", in: Peter J. Katzenstein (Hrsg.): *The Culture of National Security. Norms and Identity in World Politics*, (New York: Columbia University Press 1996), S. 2.

Darüber hinaus soll in dieser Untersuchung dem ansonsten dominierenden strategischen Sicherheitsverständnis ein generativer Begriff gegenüber gestellt werden. Denn es wird gezeigt, dass die Sicherheitsproblematik nicht nur in Zusammenhang mit Ordnung, sondern vor allem auch mit Legitimität und Gewalt zu verstehen ist. Diese Dimensionen werden von einem rein strategischen Verständnis vernachlässigt. Demzufolge muss ein Analyseinstrumentarium entwickelt werden, das uns in die Lage versetzt, die zwei Untersuchungsdimensionen – Bedeutung und Handeln – theoretisch zu fassen, um dies anschließend konkret auf den amerikanischen Diskurs nach dem 11. September anwenden zu können:

> Our double task is to uncover the conceptual structures that inform our subjects' acts, the 'said' of social discourse, and to construct a system of analysis in whose terms what is generic to those structures, what belongs to them because they are what they are, will stand out against the other determinants of human behavior.[14]

Dazu muss im ersten Kapitel ein konzeptueller Rahmen festgelegt werden, der es ermöglicht, die weite Dimension von Bedeutung zu erschließen. Da Ereignisse nicht an und für sich sprechen, sondern interpretiert und folglich bewertet werden, ist die sprachliche Beschreibung innerhalb des öffentlichen Diskurses der Untersuchungsgegenstand. Zwei Ebenen der Konstruktion des Bedeutungskontextes stehen im Mittelpunkt: Einerseits politische Konzepte und andererseits argumentative Verknüpfungen. Die von den Akteuren im Diskurs verwendeten politischen Konzepte verweisen auf den Bedeutungskontext, in den die Ereignisse einerseits eingeordnet werden und der andererseits durch sie geschaffen wird.[15] Die zweite Ebene betrifft die Art und Weise, wie die Akteure die verschiedenen Argumente miteinander verknüpfen. Da die Fragestellung dieser Untersuchung auf diejenigen Interpretationen abzielt, die den Diskurs langfristig dominierten, muss nicht nur untersucht werden, welche unterschiedlichen Konzepte und Verknüpfungen zur Diskussion standen, sondern vielmehr auch, welche Beschreibungen und Interpretationen sich im Laufe der Zeit durchsetzten.

Diese konzeptuelle Grundlage für die Beantwortung der ersten Fragestellung kann als stabiler Begründungshintergrund für die Auseinandersetzung mit den anderen beiden Fragestellungen herangezogen werden und soll durch die Rekonstruktion einer Geschichtete bzw. eines Narratives im letzten Kapitel veranschaulicht werden. Dieses verweist insbesondere auf die Kausalverknüpfungen, die von den Akteuren im Diskurs vorgenommen wurden und bildet neben den politischen Konzepten den Bedeutungskontext, der konstitutiv für das politische Handeln der USA war.

In diesem Bereich von Bedeutung werden nämlich bestimmte Regeln konstruiert. Diese verweisen auf die (Un-)Angemessenheit von bestimmten Handlungen und können sie dadurch ermöglichen, aber auch erschweren oder

---

[14] Clifford Geertz: *The Interpretation of Cultures*, (New York: Basic Books 1973), S. 27.
[15] Zur expliziten Bestimmung der Akteure des amerikanischen Diskurses siehe Kapitel „6.2 Systematisierung der Vorgehensweise".

unmöglich machen. Entsprechend spiegeln sich diese Überlegungen in den Ausführungen zur hier vertretenen Methodik wider. Da ansonsten übliche Vorge-
hensweisen der politischen Wissenschaft ungeeignet für diese Fragestellungen
sind, wird hier im Sinne der Hermeneutik die Vorstellung einer *narrativen Erklärung* vorgeschlagen.[16]

Nachdem im ersten Kapitel der konzeptuelle Rahmen des Zusammenhanges von Bedeutung und Handeln abgesteckt wurde, wendet sich die Argumentation im zweiten Kapitel dem für die Fragestellung relevanten Handlungssystem
zu. Hierbei handelt es sich um das internationale politische System. Dabei soll
gezeigt werden, dass die Praktiken und „Spielregeln" dieses Systems in erster
Linie davon abhängen, welche Bedeutung die Akteure der sozialen Institution
Souveränität zuweisen. Ein Schlüssel zum Verständnis dieses Zusammenhanges
sind insbesondere Interventionen und deren Rechtfertigungen. Diese Vorgehensweise ermöglicht, dass der zunächst sehr weit gefasste Untersuchungsgegenstand eingegrenzt und bearbeitbar wird.[17]

Im dritten Kapitel wendet sich die Argumentation der Sicherheitsproblematik zu, die den Diskurs nach dem 11. September bestimmte. Aus diesem
Grund wird zunächst auf verschiedene Sicherheitsverständnisse eingegangen.
Diese Debatte ist gekennzeichnet durch Argumentationen für oder gegen eine
Ausweitung des Sicherheitsbegriffes. Da in dieser Diskussion aber im Allgemeinen an einem rein strategischen Verständnis von Sicherheit festgehalten
wird, werden zunächst die konzeptuellen Mängel dieser Ansätze herausgearbeitet. Im Anschluss wird dem ein generatives Verständnis von Sicherheit gegenüber gestellt, das die pure Ziel-Mittel-Analyse verlässt und stattdessen den Definitionsprozess von Sicherheitsproblemen selbst zum Untersuchungsgegenstand
macht. Denn Sicherheitsargumente können bestimmten Problemen eine besondere Bedeutung verleihen, indem die bezeichnete Problematik über die „normalen" Spielregeln der Politik gehoben wird. Schließlich rechtfertigt die Bedrohung eines designierten Referenzobjektes bestimmte Notstandsmaßnahmen.
Diese Argumente können, falls sie von den anderen Akteuren akzeptiert werden,
bestimmte Regelverstöße rechtfertigen und unter Umständen auch neue oder
veränderte Regeln hervorbringen.[18] An dieser Stelle schließt sich die Argumen-
tationskette, die mit der Bestimmung des für die Untersuchung relevanten Handlungssystems begann. Denn es sind zumeist Sicherheitsargumente, die Interven-

---

[16] Siehe hierzu, John Gerard Ruggie: *Constructing the World Polity. Essays on international
institutionalization*, (London/New York: Routledge 1998), S. 93-95.
[17] Siehe hierzu, Rey Koslowski/Friedrich Kratochwil: „Understanding Change in International
Politics: The Soviet Empire's Demise and the International System", in: Richard Ned Le-
bow/Thomas Risse-Kappen (Hrsg.): *International Relations Theory and the End of the Cold
War*, (New York: Columbia University Press 1995), S. 127-165, sowie, Marius Schneider:
*Sicherheit, Wandel und die Einheit Europas. Zur generativen Rolle von Sicherheitsdiskursen
bei der Bildung zwischenstaatlicher Ordnungen vom Wiener Kongress bis zur Erweiterung
der Nato*, (Opladen: Leske + Budrich 2002).
[18] Siehe hierzu, Barry Buzan/Ole Waever/Jaap de Wilde: *Security. A new framework for
analysis*, (Boulder: Lynne Rienner Publishers 1998).

tionen rechtfertigen und auf diese Weise die Bedeutung von Souveränität beeinflussen. Dies hat – wie bereits erwähnt – Auswirkungen auf die Spielregeln des internationalen Systems. Auf diese Weise kann die dritte Fragestellung in Angriff genommen werden. Dazu muss die Verbindung von Sicherheit und Ordnung näher untersucht werden. In einem ersten Schritt werden verschiedene Ansätze zu dieser Problematik diskutiert und gezeigt, dass ihre Schwäche in erster Linie in der Vernachlässigung des Konzepts der legitimen Gewaltanwendung liegt. Dessen Berücksichtigung führt aber nicht zu einer unbegrenzten Ausweitung der Problematik. Denn in einem zweiten Schritt kann der zunächst sehr weit gefasste Zusammenhang durch die Beantwortung einer dreiteiligen Frage klarer herausgearbeitet werden: *„Wer* darf gegenüber *Wem* Gewalt anwenden und *Warum?"* Dieser Weg erscheint heuristisch fruchtbarer als die dargestellten Ansätze.[19]

Das hier erarbeitete Analyseinstrumentarium wird im vierten Kapitel auf die Problematik der internationalen Ordnung nach dem 11. September 2001 angewendet. In Anknüpfung an die Überlegungen zum konzeptuellen Rahmen der Dimension von Bedeutung muss in einem ersten Schritt eine „konsensuale Sprachregelung"[20] gefunden werden. Diese muss einerseits die Problematik definieren, welche die Ereignisse des 11. September ausmachen, und muss andererseits einen Rahmen von Regeln vorgeben, mit der diese Problematik bearbeitet werden soll. Solche konsensualen Sprachregelungen sind in der Regel relativ allgemein. Deshalb ist die praktische Umsetzung des allgemeinen Regelwerkes entscheidend – vor allem die Frage, ob auch hierüber ein Konsens herrscht oder nicht. Somit sind wir wieder zurück beim Ausgangspunkt der Überlegungen, nämlich der „Übersetzung" eines Bedeutungskontextes in politische Handlungen.

Im Falle dieser Untersuchung bieten sich die Resolutionen 1368 und 1373 des UN-Sicherheitsrates als konsensuale Sprachregelungen an, die explizit die „neue Problematik" thematisierten.[21] Allerdings haben wir es hier noch mit einem Sonderfall zu tun. Es geht nicht nur um die Etablierung eines allgemeinen

---

[19] Siehe hierzu, Marius Schneider: *Sicherheit, Wandel und die Einheit Europas. Zur generativen Rolle von Sicherheitsdiskursen bei der Bildung zwischenstaatlicher Ordnungen vom Wiener Kongress bis zur Erweiterung der Nato*, (Opladen: Leske + Budrich 2002).

[20] Eine auftretende Problematik entwickelt sich häufig zu einem politischen Konflikt zwischen den Akteuren. Wenn sich die Akteure auf einer gemeinsamen Grundlage über einen bestimmten Modus der Problembearbeitung einigen, mündet dies zumeist in einer allgemein gehaltenen „konsensualen Sprachregelung". Diese bildet die Grundlage für die zukünftige Problembearbeitung. Ebd., S. 92-93.

[21] Es gibt viele internationale Konventionen zur Terrorismusproblematik, die jedoch allesamt vor dem 11. September 2001 beschlossen wurden. Aus diesem Grund konzentriert sich diese Arbeit auf die beiden UN-Sicherheitsratsresolutionen, die sich konkret mit der Problematik nach dem 11. September auseinander setzten. Auch wenn hier „nur" fünfzehn Staaten zustimmten, stellten sie nichtsdestoweniger *die* gemeinsame Grundlage zur Problembearbeitung dar. Auf sie bezogen sich sämtliche Akteure des Diskurses. Infolgedessen stellten die beiden Resolutionen auch die Bewertungsmaßstäbe für Legitimität dar.

Regelwerkes zur Problembearbeitung, sondern den USA wird von der internationalen Gemeinschaft ein *Recht* zugestanden, nämlich das zur Selbstverteidigung. Dies verleiht ihnen einerseits einen gewissen Legitimationsvorsprung in der Ausübung dieses Rechts; andererseits kann es ihnen aber auch wieder streitig gemacht werden. Weil so, wie es durch eine Begründung etabliert wurde, kann es durch andere Gründe auch wieder außer Kraft gesetzt werden.[22] Diese Überlegungen lassen sich in überprüfbare Hypothesenform bringen, die sowohl die Bedeutungsdimension als auch die Handlungsproblematik umfasst und auf diese Weise einen Zugang zur internationalen Ordnung nach dem 11. September ermöglicht. Im Zentrum steht dabei die Frage: *Wer darf gegenüber wem legitimerweise Gewalt anwenden und warum?* Wenn demnach auf internationaler Ebene ein Konsens über die praktische Umsetzung des Selbstverteidigungsrechtes der USA gefunden werden kann, hat dies Auswirkungen auf die Regeln, die konstitutiv für internationale Interaktionen sind. Wenn die Argumente, welche die Gewaltanwendung legitimieren, neu sind bzw. verändert wurden im Vergleich zu der Zeit vor dem 11. September 2001, stellt dies einen Wandel in der internationalen politischen Ordnung dar.

Auf Grund der Problematik des *hermeneutischen Zirkels*, die bei der methodischen Vorgehensweise dargestellt wird und der sich auch diese Untersuchung nicht kommentarlos entziehen kann, werden im letzten konzeptuellen Abschnitt so genannte „Brückenkonzepte"[23] eingeführt. Die Konzepte *Terror(ismus)* und *Krieg* sollen den „richtigen Einstieg" in den Zirkel ermöglichen.

Nachdem der konzeptuelle Rahmen abgesteckt wurde, der für eine fundierte Beantwortung der Fragestellungen dieser Untersuchung maßgeblich ist, muss in den folgenden drei Kapiteln der Diskurs zu den Ereignissen des 11. September in den USA untersucht werden. Denn auf diese Weise kann gezeigt werden, wie die Ereignisse beschrieben wurden und damit einen bestimmten Bedeutungskontext konstituierten. Dabei stehen insbesondere Aussagen der politischen Entscheidungsträger, aber auch medial vermittelte Inhalte im Mittelpunkt. Um den Bedeutungskontext zu rekonstruieren, der konstitutiv für das politische Handeln der USA war, wird ein Schema entwickelt, das insbesondere zwei Leitfragen in den Mittelpunkt rückt: Wer ist für die Ereignisse verantwortlich? Was sind die angemessenen Maßnahmen, die nun zu treffen sind?

Dabei können drei Phasen zeitlich unterschieden werden. In den ersten Tagen steht eindeutig die Definition der Ereignisse im Vordergrund. Angemes-

---

[22] Zur Konzeption des „Rechts" siehe, Friedrich V. Kratochwil: *Rules, Norms, and Decisions. On the conditions of practical and legal reasoning in international relations and domestic affairs*, (Cambridge: Cambridge University Press 1989), S. 155-179.

[23] „Brückenkonzepte" können als Art Indikatoren verstanden werden, die Rückschlüsse auf die internationale Ordnung zulassen, die selbst nicht direkt beobachtbar ist. Sie sollen die „Brücke" bauen zwischen dem Bereich von Bedeutung und der Handlungsproblematik. Siehe hierzu, Marius Schneider: *Sicherheit, Wandel und die Einheit Europas. Zur generativen Rolle von Sicherheitsdiskursen bei der Bildung zwischenstaatlicher Ordnungen vom Wiener Kongress bis zur Erweiterung der Nato*, (Opladen: Leske + Budrich 2002), S. 103-107.

sene Maßnahmen deuten sich hier teilweise an. Die zweite Phase ist einerseits gekennzeichnet durch die Reproduktion der Beschreibungen und andererseits durch die Konzeption der angemessenen Maßnahmen als „Krieg gegen den Terror". Dabei steht die „erste Schlacht – Afghanistan" im Mittelpunkt. Als diese größtenteils beendet zu sein scheint, beginnt die dritte Phase. Hier steht in erster Linie die Zukunft des „Krieges gegen den Terror" im Vordergrund. Abschließend wird stichpunktartig der so genannte Expertendiskurs untersucht. Neben der völkerrechtlichen Dimension sollen hier auch alternative Erklärungen für bestimmte Aspekte der Fragestellungen dieser Untersuchung vorgestellt werden. Im Anschluss an die Diskursanalyse können im letzten Kapitel Schlussfolgerungen gezogen werden. Hier werden die drei Fragestellungen auf der Grundlage der bisherigen Überlegungen explizit beantwortet. Die Interpretationen, die den amerikanischen Diskurs langfristig dominierten, werden an Hand der Rekonstruktion eines Narratives von den Ereignissen des 11. September veranschaulicht. Hier steht nicht nur die Produktion des Bedeutungskontextes an Hand von politischen Konzepten, sondern vor allem die kausalen Verknüpfungen zwischen den verschiedenen Ereignissen und Handlungen im Vordergrund.

Dieses (fiktive) Narrativ dient als empirische Grundlage für die anderen beiden Fragestellungen: Die „Übersetzung" des Bedeutungskontextes in politische Handlungen erfolgt auf zwei Ebenen.[24] Zunächst kann an Hand der diskursiven Definition der Ereignisse die politische Bedeutung des Kriegsbegriffes herausgearbeitet werden. Dies geschieht mit Hilfe einer kontrafaktischen Argumentation, in der angenommen wird, die Beschreibung der Ereignisse als Verbrechen hätte sich im politischen Diskurs durchgesetzt. Darüber hinaus wird auf die Konzeption des „Krieges gegen den Terror" eingegangen. Auf der zweiten Ebene stehen kausale Verknüpfungen im Vordergrund. Es wird gezeigt, wie die Beantwortung der Verantwortlichkeitsproblematik bestimmte Handlungsoptionen ermöglichte, andere hingegen ausschloss bzw. erschwerte.

Die Beantwortung der dritten Fragestellung nach der internationalen Ordnung erfolgt im letzten Abschnitt. Hier wird gezeigt, dass sich in den ersten beiden Phasen eine neue Regel andeutet. Über den ersten Teil der *Bush-Doktrin* – dem Argument des „harbouring terrorists" – konnte ein internationaler Konsens erzielt werden. Hiermit wurde das Prinzip der Staatenverantwortlichkeit gestärkt. Folglich war diese Regel nicht wirklich neu. Der entscheidende Unterschied zu der Zeit vor dem 11. September 2001 ist, dass „harbouring terrorists" nicht mehr nur in eine „völkerrechtliche Grauzone" fällt, sondern als legitimer Interventionsgrund angesehen wird. Demzufolge deutet sich hier eine neue „Spielregel" für internationale Politik an. Ob sie sich wirklich etablieren kann, hängt von ihrer Reproduktion in der Zukunft ab.

---

[24] Hier wird nicht der Anspruch erhoben, sämtliche Aspekte des Bedeutungskontextes und dessen Implikationen zu erklären. Vielmehr wird an Hand von besonders wichtigen Aspekten veranschaulicht, warum es zentral für eine sozialwissenschaftliche Untersuchung ist, die „Bedeutung von Bedeutung" zu berücksichtigen.

In der dritten Phase des Untersuchungszeitraumes kommt es zur versuchten Ausweitung der *Bush-Doktrin*. Hier wurden Staaten mit feindlichen Intentionen gegenüber den USA, die den Besitz von Massenvernichtungswaffen anstreben, als potenzielle Angriffsziele definiert. Hier konnte bisher noch keine Einigung über die allgemeine Regel etabliert werden.

Nachdem nun ein Einblick in die Argumentationsführung dieser Untersuchung gegeben wurde, muss im nächsten Kapitel damit begonnen werden, das „konzeptuelle Handwerkszeug" zu entwickeln.

2. KONZEPTUELLE GRUNDLAGEN UND METHODISCHE ÜBERLEGUNGEN

Im Titel dieser Untersuchung deuten sich die beiden Dimensionen an, die im Mittelpunkt der Überlegungen stehen. Während „Narrative und politische Konzepte" auf den Bereich der sozial konstruierten Bedeutung verweisen,[25] richten die „Handlungsoptionen der USA" das Augenmerk auf die zweite Dimension, nämlich die Problematik des sozialen Handelns. Der erste Teil dieses Kapitels steckt den konzeptuellen Rahmen für die beiden Untersuchungsdimensionen ab. Im zweiten Teil wird die methodische Vorgehensweise dargelegt, wobei auch auf mögliche Schwierigkeiten hingewiesen werden soll.

2.1 Narrative, politische Konzepte und soziales Handeln

Die Überlegungen der Einleitung haben vor allem eines klar gemacht: Um die Fragestellungen dieser Untersuchung beantworten zu können, muss die politisch verwendete Sprache in den konzeptuellen Ausführungen berücksichtigt werden.[26] Sprache wird hier als eine Art „Linse" oder „display"[27] verstanden, durch die ein Bedeutungskontext einerseits geschaffen, andererseits aber auch erst zugänglich wird. Innerhalb des Systems der Sprache kann man drei Ebenen unterscheiden: das Wort, den Satz und den Diskurs.

> It is at the level of discourse that language relates the units of understanding given by sentences into meaningful wholes. (...) Although [language] does not simply project a reality of its own, [it] does function to organize human life into meaningful wholes.[28]

---

[25] Dieser Bereich von Bedeutung ist durchaus vergleichbar mit der Konzeption von *symbolischen Sinnwelten*, wie sie von Peter Berger und Thomas Luckmann in ihrer Wissenssoziologie vorgeschlagen werden. Siehe hierzu, Peter L. Berger/Thomas Luckmann: *Die gesellschaftliche Konstruktion von Wirklichkeit. Eine Theorie der Wissenssoziologie*, (Frankfurt am Main: S. Fischer Verlag 1970).

[26] Für einen guten Überblick zur Bedeutung von Sprache in den konstruktivistischen Theorien der internationalen Beziehungen siehe, Maja Zehfuß: „Sprachlosigkeit schränkt ein. Zur Bedeutung von Sprache in konstruktivistischen Theorien", *Zeitschrift für internationale Beziehungen*, Vol. 5, No. 1, S. 109-137.

[27] "[L]anguage does not have an innocent and transparent function in knowledge creation, that its grammatical, rhetorical, and narrative structures constitute (that is, impose form upon) the subjects and objects that appear in the order of meaning. Linguistic forms have as much reality as the material objects of the physical realm. For human existence, linguistic forms are paramount, for they filter and organize information from the physical and cultural realms and transform it into the meanings that make up human knowledge and experience. On the basis of this constructed experience, we understand ourselves and the world, and we make decisions and plans regarding how we will act." Donald E. Polkinghorne: *Narrative Knowing and the Human Sciences*, (Albany: State University of New York Press 1988), S. 158.

[28] Ebd., S. 31.

Der Diskurs ist eine Äußerung in geschriebener oder gesprochener Form, die größer ist als die Einheit des Satzes. Hier werden verschiedene Sätze in ein Ganzes integriert, das mehr bzw. eine andere Bedeutung schafft als wenn man die Sätze unabhängig voneinander betrachten würde. Grundsätzlich gibt es verschiedene Arten von Diskursen, die jeweils bestimmte Muster aufweisen.[29] Der politische Diskurs dreht sich um die Bedeutung von Begriffen und argumentativen Verknüpfungen. Hier ist es nicht möglich, von einem Art „Archimedischen Punkt" aus, bestimmte Ereignisse zu beschreiben. Vielmehr erfolgt immer auch eine Bewertung auf der Grundlage von normativen Kriterien.[30]

Die Problematik der Definition bestimmter Ereignisse bzw. die Schwierigkeit der Einordnung in bestimmte konzeptuelle Kategorien entsteht vor allem in unvorhergesehenen Situationen. Hier werden normalerweise einige der Kriterien, die wir mit einem bestimmten Konzept verbinden, als vorhanden eingestuft, andere jedoch nicht:[31]

> To describe a situation is not to name something, but to characterize it. (...) A description does not refer to data or elements that are bound together merely on the basis of similarities adhering in them, *but to describe is to characterize a situation from the vantage point of certain interests, purposes, or standards.* To describe is to characterize from one or more possible points of view, and the concepts with which we so characterize have the contours they do in part because of the point of view from which they are formed.[32]

Welches Konzept sich im Verlauf des Diskurses als „richtige" Beschreibung eines Ereignisses durchsetzt, ist nicht einfach eine Frage von objektiven Kriterien, sondern hat viel mit den Intentionen und Interessen der relevanten Akteure zu tun. Außerdem beinhaltet die Beschreibung eines Ereignisses immer auch eine normative Wertung.

Die Begriffe eines politischen Diskurses beziehen sich demnach: Erstens auf das Vokabular, das im politischen Denken und Handeln verwendet wird.

---

[29] Ebd., S. 31. Mit Bezug auf die Ereignisse vom 11. September bedeutet dies in erster Linie, dass der Diskurs um Sicherheit(spolitik) im Mittelpunkt der Untersuchung stehen wird. Das bestimmte Muster ist in diesem Fall einerseits die Verknüpfung von Sicherheitsargumenten mit der Legitimation von politischer Herrschaft und andererseits, dass man durch die Definition als Sicherheitsproblem einer bestimmten Thematik eine besondere Bedeutung verleihen kann, die es unter Umständen rechtfertigt, gegen etablierte Regeln zu verstoßen. Dieses Muster wird im nächsten Kapitel dieser Arbeit ausführlich diskutiert.

[30] Siehe hierzu, William E. Connolly: *The Terms of Political Discourse*, (Princeton: Princeton University Press 1983), S. 32-34. Man denke nur im Kontext dieser Arbeit beispielsweise an die Aussage: „Des Einen Terrorist ist des Anderen Freiheitskämpfer."

[31] William Connolly veranschaulicht diese Problematik überzeugend am Beispiel des „Genozids". Ebd., S. 28-29. Auch die Ereignisse des 11. September 2001 stellten eine unvorhergesehene Situation dar.

[32] Ebd., S. 22-23. Aus einer linguistischen Perspektive wird diese Problematik sehr schön von George Lakoff veranschaulicht. Siehe hierzu, George Lakoff: *Women, Fire, and Dangerous Things. What Categories Reveal about the Mind*, (Chicago: The University of Chicago Press 1987), S. 5-11.

Zweitens auf die Art und Weise, wie die Bedeutungen, die dieses Vokabular normalerweise beinhaltet, den Rahmen für politische Reflektion vorgeben. Dies geschieht, indem bestimmte Kriterien etabliert werden, bevor man davon sprechen kann, dass ein Ereignis oder eine Handlung in den Bereich eines bestimmten Konzeptes fällt. Drittens auf die Bewertungen, die konventioneller Weise akzeptiert werden, wenn diese Kriterien zutreffen.[33]

Es ist demnach entscheidend, die Kernkonzepte, welche die politischen Praktiken konstituieren, in eine Untersuchung mit einzubeziehen. Wenn sich bestimmte Beschreibungen im Verlauf des politischen Diskurses stabilisieren können, kann auch eine Einigung über die Bedeutung der politischen Konzepte erzielt werden. Auf diese Weise kommt es innerhalb des Diskurses zu gerechtfertigten und ungerechtfertigten Interpretationen von Ereignissen und Handlungen.

Nachdem bis hierher die Wichtigkeit von Sprache im Allgemeinen und die sprachliche Ebene des Diskurses im Speziellen betont wurde, konnte anschließend gezeigt werden, dass der konstitutive Diskurs um politische Konzepte zentral für das Verständnis des Bedeutungskontexts ist – vor allem im Hinblick darauf, dass hier stets normative Bewertungen einfließen.[34] Da die erste Fragestellung dieser Untersuchung darauf abzielt, wie die Ereignisse des 11. September in den USA interpretiert wurden, muss der Diskurs für einen bestimmten Zeitraum dahingehend untersucht werden, mit welchen politischen Konzepten die Ereignisse beschrieben wurden.

Daneben steht in dieser Untersuchung aber noch eine zweite Ebene der Bedeutungskonstruktion im Mittelpunkt. Die Akteure des politischen Diskurses beschreiben die Ereignisse nicht nur mit politischen Konzepten, sondern verbinden auch verschiedene Argumente miteinander. Dies sind häufig Kausalverknüpfungen zwischen bestimmten Ereignissen und Handlungen, welche in Form von Narrativen ausgedrückt werden. Schließlich ist es nur schwer möglich, Handlungsoptionen einzig und allein aus der Diskussion um politische Konzepte abzuleiten. Vielmehr konstituieren auch diese argumentativen Verknüpfungen bestimmte Handlungsmöglichkeiten. Was ist aber im konkreten Sinn mit Narrativ gemeint? Donald Polkinghorne gibt folgende Definition:

---

[33] Siehe hierzu, William E. Connolly: *The Terms of Political Discourse*, (Princeton: Princeton University Press 1983), S. 3.

[34] „Was geschieht, wenn wir ein für allemal die Vorstellung beiseite legen, daß die Bedeutung eines Wortes irgendeine ‚handgreifliche', unabhängig beobachtbare Entität sein muß? Heißt dies, daß wir Bedeutung als ein Geheimnis behandeln müssen, das jenseits der Möglichkeit vernünftiger Erörterung liegt? Überhaupt nicht. Es bleibt die Möglichkeit übrig zu erforschen, wie Wörter *gebraucht werden*: wenn wir uns darüber klar werden, können wir vielleicht hoffen, über die Bedeutung von Wörtern genügend Klarheit zu bekommen. (...) Wörter und Sätze sind Instrumente für bestimmte menschliche Zwecke (Kommunikation, Ausdruck usw.); es scheint deshalb vernünftig zu sein zu erwarten, daß eine detaillierte Feststellung der Gebrauchsweisen dieser sprachlichen Instrumente etwas Wichtiges zu der Bedeutungstheorie beitragen kann." Max Black: *Sprache. Eine Einführung in die Linguistik*, (München: Wilhelm Fink Verlag 1973), S. 230.

17

> Narrative is the fundamental scheme for linking (...) human actions and events into interrelated aspects of an understandable composite. (...) Narrative displays the significance that events have for one another.(...) [Narrative is] the kind of organizational scheme expressed in story form.[35]

An dieser Definition wird deutlich, dass die Narrative der Akteure veranschaulichen, wie sie den Bedeutungskontext *verstehen*, der wiederum die Grundlage für ihr politisches Handeln bildet. Narrative sind Teil dieses Bedeutungsbereiches. Wenn man fragt, was ein bestimmtes Ereignis bedeutet, fragt man im Endeffekt danach, wie dieses Ereignis zum Ende einer Geschichte bzw. zu einem anderen Ereignis beigetragen hat (= Signifikanz). Wie kann man aber diese „Signifikanz" von Ereignissen näher bestimmen? Für diese Frage ist der so genannte *plot* entscheidend, der von Donald Polkinghorne wie folgt definiert wird:

> The organizing theme that identifies the significance and the role of the individual events is normally called the 'plot' of the narrative. The plot functions to transform a chronicle or listing of events into a schematic whole by highlighting and recognizing the contribution that certain events make to the development and outcome of the story. (...) [A plot] is able to take into account the historical and social context in which the events took place and to recognize the significance of unique and novel occurrences. (...) Both the construction and the understanding of plots draw on the human ability to understand human activity as actions. The connecting concepts used in narrative configuration utilize the conceptual network that distinguishes the domain of action from that of physical movement. Key notions here are goals, motives, and agents. (…) The meaning and identity of an event is not an isolated phenomenon located in the single event itself. Rather, the meaning of the events in stories is produced by a recognition of how an event and the plot interact, each providing form for the other. (...) Thus, emplotment is not the imposition of a ready-made plot structure on an independent set of events; instead, it is a dialectic process that takes place between the events themselves and a theme which discloses their significance and allows them to be grasped together as parts of one story.[36]

Narrative verweisen demnach auf die kausalen Verknüpfungen, welche die gesellschaftlichen Akteure zwischen bestimmte Ereignissen und Handlungen in einem Diskurs vornehmen. Auf diese Weise werden bestimmte Handlungen ermöglicht, während andere ver- oder zumindest behindert werden.[37] Dabei sind narrative Bedeutungen als ein kognitiver Prozess zu verstehen, der die menschlichen Erfahrungen in bestimmte Episoden organisiert. Allerdings ist an dieser

---

[35] Donald E. Polkinghorne: *Narrative Knowing and the Human Sciences*, (Albany: State University of New York Press 1988), S. 13.

[36] Ebd., S. 18-20.

[37] Narrative spielen mindestens aus drei Gründen eine so wichtige Rolle: "First, a narrative's metaphors and images can tell us a great deal about how individuals and groups understand the social and political worlds in which they live. Second, they can reveal deep fears, perceived threats, and past grievances that drive a conflict. Third, narratives are important because they sanction certain kinds of action and not others." Marc Howard Ross: "The Political Psychology of Competing Narratives: September 11 and Beyond", *Social Science Research Council*, in: http://www.ssrc.org/sept11/essays/ross.htm

Stelle entscheidend, dass narrative Bedeutungen keine Objekte sind; d.h. sie sind nicht direkt beobachtbar. Nur die einzelnen Geschichten, die bei der Schaffung menschlicher Narrative entstehen, können erschlossen werden. Hierbei handelt es sich beispielsweise um persönliche oder soziale Geschichten, Mythen oder Alltagsgeschichten, mit denen menschliche Akteure ihre oder auch die Handlungen anderer Menschen erklären.[38]

Daher weist auch die Untersuchung von narrativen Bedeutungen einige Schwierigkeiten auf. Die Tatsache, dass der Bereich von Bedeutung kein Objekt ist, sondern eine Aktivität, impliziert, dass wir es hier nicht mit etwas Statischem zu tun haben. Aus diesem Grund ist es kompliziert, diesen dynamischen Bereich, der ständig reproduziert bzw. verändert wird, zu fassen.[39] Wie genau in einem kognitiven Prozess Bedeutung geschaffen wird, ist nicht zugänglich. Nur die Ergebnisse dieses Prozesses können in Sprache und Handlungen erschlossen werden. Jedoch muss man bei dieser Vorgehensweise stets den Kontext der „linguistischen Daten" beachten, da die Bedeutung im Diskurs niemals isoliert verstanden werden kann; d.h. man wählt eine hermeneutische Vorgehensweise, um bestimmte Analogien und Muster zu erschließen, aus denen man seine Schlussfolgerungen für die Fragestellung ziehen kann.[40]

Bis zu diesem Zeitpunkt stand ausschließlich im Vordergrund, wie die Akteure des Diskurses einen Bedeutungskontext mittels bestimmter Konzepte und kausaler Verknüpfungen in Form von Narrativen konstruieren. Da die Fragestellung dieser Untersuchung aber nicht nur auf den Bereich von Bedeutung zielt, sondern dieser mit der Problematik des sozialen Handelns verknüpft werden soll, kommen wir anschließend zu dieser zweiten Untersuchungsdimension.

Menschliches Handeln wird hier nicht nach den klassischen Stimulus-Response-Modellen konzeptualisiert, sondern als regel- bzw. norm-geleitet verstanden; d.h. der Mensch folgt auf der Basis eines Bedeutungskontextes bestimmten sozial konstruierten Regeln und Normen, wenn er handelt:

---

[38] "Perhaps what makes the human realm most difficult to investigate is its unique character: it is a sphere of awareness. It is consciousness, and consciousness permeates experience with meaning which, in turn, creates a second-order, non-physical reality of ideas. Consciousness searches for and interprets perceptual interaction with the environment, and this gives a multilayered depth to experience and provides a context in which action takes place." Donald E. Polkinghorne: *Methodology for the Human Sciences. Systems of Inquiry*, (Albany: State University of New York Press 1983), S. 260.

[39] Siehe hierzu, George Lakoff: Women, Fire, and Dangerous Things. What Categories Reveal about the Mind, (Chicago: The University of Chicago Press 1987), S. 292. Siehe hierzu auch, Tim Büthe: "Taking Temporality Seriously: Modeling History and the Use of Narratives as Evidence", *American Political Science Review*, Vol. 96, No.3, August 2002, S. 484-485.

[40] Siehe hierzu, Donald E. Polkinghorne: *Narrative Knowing and the Human Sciences*, (Albany: State University of New York Press 1988), S. 7-8. Eine detaillierte Darstellung der methodischen Vorgehensweise erfolgt im zweiten Abschnitt dieses Kapitels.

Human use the socially given linguistic domain to understand themselves, others, and the world as meaningful. The linguistic domain and human order of meaning are organized according to a hermeneutic rationality and aligned on various interactive levels. On this basis, humans make decisions about what they want what they need to do to satisfy these wants. We retrieve stories about our own and the community's past, and these provide models of how actions and consequences are linked. Using these retrieved models, we plan our strategies and actions and interpret the intentions of other actors. Narrative is the discourse structure in which human action receives its form and through which it is meaningful.[41]

Dabei ist es entscheidend, dass die Akteure nicht nur ihre eigenen Handlungen und Strategien planen, sondern auch immer die Handlungen der anderen interpretieren und ihnen auf dieser Basis bestimmte Intentionen zuweisen; d.h. auf der Grundlage von bestimmten Regeln und Normen können sich stabile Erwartungen etablieren, die soziales Zusammenleben ermöglichen oder auch erschweren können. Dieser Zusammenhang kann als normative Struktur eines Sozialsystems bezeichnet werden. Somit lässt sich die Konzeption von sozialem Handeln folgendermaßen zusammenfassen:

The concept of human action proposed by a narrative approach is that action is an expression of existence and that its organization manifests the narrative organization of human experience. Acting is like writing a story, and the understanding of action is like arriving at an interpretation of a story.[42]

Infolgedessen steht diese Untersuchung vor der Aufgabe, an Hand der Analyse des amerikanischen Diskurses, eine Geschichte der Ereignisse vom 11. September zu rekonstruieren. Die Interpretation dieser Geschichte ermöglicht ein Verständnis der folgenden Handlungen der USA. Auf Grund der Tatsache, dass in

---

[41] Ebd., S. 135.
"My *second* assumption is that human action in general is 'rule-governed', which means that – with the exception of pure reflexes or unthinking conditioned behavior – it becomes understandable against the background of norms embodied in conventions and rules which give meaning to an action. Thus, not only must an actor refer to rules and norms when he/she wants to make a choice, but the observer, as well, must understand the normative structure underlying the action in order to interpret and appraise choices. Norms are therefore not only 'guidance devices', but also the means which allow people to pursue goals, share meanings, communicate with each other, criticize assertions, and justify actions." Friedrich V. Kratochwil: *Rules, Norms, and Decisions. On the conditions of practical and legal reasoning in international relations and domestic affairs*, (Cambridge: Cambridge University Press 1989), S. 11.
[42] Donald E. Polkinghorne: *Narrative Knowing and the Human Sciences*, (Albany: State University of New York Press 1988), S. 142.
Die Vorstellung von regel- bzw. norm-geleitetes Handeln kann dabei auf verschiedene Denktraditionen zurückgeführt werden. Erstens waren die Überlegungen von Max Weber zur idealtypischen Zweckrationalität entscheidend. Zweitens spielten auch die Ausführungen der Strukturalisten zu angeborenen und logisch organisierten Regeln eine wichtige Rolle. Schließlich ist auch noch die Position von Ludwig Wittgenstein und Peter Winch zu nennen, welche davon ausgehen, dass eine Handlung immer sozial geschaffenen Regeln folgt.

einem Narrativ, bestimmte Ereignisse zu einem *plot* zusammengestellt werden, der wiederum bestimmten Ereignissen eine gewisse Signifikanz zuweist, werden die einzelnen, chronologischen Ereignisse zu bedeutsamen Zusammenhängen. Entscheidend ist aber, dass dies nicht bedeutet: „Anything goes!"[43] Auch wenn unterschiedliche Interpretationen innerhalb des Diskurses möglich sind, heißt dies nicht, dass willkürlich alles hineininterpretiert werden kann. Paul Ricoeur geht davon aus, dass Menschen ein bestimmtes „praktisches Verstehen" besitzen, vor dessen Hintergrund Handlungen bewertet werden können. Dieses Vorverständnis ähnelt dabei unserer Fähigkeit, bedeutsame Sätze durch die Verwendung von einzelnen Worten zu konstruieren.[44]

Die sprachliche Beschreibung von Ereignissen findet folglich nicht im „luftleeren Raum" statt; d.h. die Existenz dieser „praktischer Vorverständnisse" innerhalb einer Gesellschaft erschwert es erheblich, einen Diskurs willkürlich von oben zu steuern. Gewiss genießen bestimmte Akteure das Privileg einer expliziten „Sprechberechtigung" (z.B. Regierung); doch auch sie müssen den Kontext beachten und müssen plausible Gründe für ihr (sprachliches) Handeln anbringen:

> Human action occurs within cultural settings that maintain symbolic narrative forms for use in the articulation of action. These symbolic forms have a public character and are not the private understandings of a particular actor. Thus, an act is undertaken with the knowledge of what it will mean to the community in which it takes place. (...) The communal significance of actions confers an initial 'readability' on them. The manners, customs, and other social agreements also supply an evaluation of actions in terms of their conformity to moral norms, and they define which actions are good or bad, better or worse.[45]

Mit Bezug auf die Ereignisse vom 11. September impliziert dies in erster Linie, dass die sprachlichen Beschreibungen durch die politischen Entscheidungsträger nicht einfach als „bloße Rhetorik" abgehandelt werden können, wie dies bei einigen Autoren geschieht.[46] Vielmehr existiert in jeder Gesellschaft eine bestimmte normative Struktur, die durch Handeln reproduziert oder auch verändert wird.[47] In diesem Bedeutungskontext handeln die Akteure – allerdings nicht in einem „luftleeren Raum" von wahren Interessen, wie dies vor allem von der rea-

---

[43] John Gerard Ruggie: *Constructing the World Polity. Essays on international institutionalization*, (London/New York: Routledge 1998), S. 85.

[44] Siehe hierzu, Paul Ricoeur: *Time and Narrative*, 2 vols., (Chicago: University of Chicago Press 1984-1986), vol. 1, S. 59, zitiert nach: Donald E. Polkinghorne: *Narrative Knowing and the Human Sciences*, (Albany: State University of New York Press 1988), S. 143.

[45] Ebd., S. 144.

[46] Siehe beispielsweise, Grenville Byford: "The Wrong War", *Foreign Affairs*, Vol. 81, No. 4, July/August 2002, S. 34-43.

[47] Die Vorstellung einer „normativen Struktur" ähnelt durchaus Walter Lippmanns Idee von „Karten", die der Mensch benötigt, um sich in seiner Umwelt zurechtzufinden. Siehe hierzu, Walter Lippmann: *Die öffentliche Meinung*, (München: Rütten + Loening Verlag 1964), S. 18.

listischen Schule der internationalen Beziehungen weitgehend angenommen wird.[48] Vielmehr ist dieser Bedeutungskontext konstitutiv für die Praktiken der Akteure.

Der konzeptuelle Rahmen dieser Untersuchung lässt sich somit folgendermaßen abstecken: Basierend auf der Annahme, dass soziale Handlungssysteme auf sozial konstruierten Bedeutungssystemen beruhen müssen, stellen diese beiden Dimensionen den Gegenstand der Untersuchung dar. Dabei soll der Bereich von Bedeutung durch eine Untersuchung der politisch verwendeten Sprache gefasst werden. Die entscheidende Ebene ist hier der Diskurs. Die Beschreibung der Ereignisse vom 11. September verläuft entlang bestimmter politischer Konzepte und kausaler Verknüpfungen zwischen den verschiedenen Ereignissen und Handlungen. Wenn sich bestimmte Interpretationen als dominant durchsetzen, ist es möglich, eine Geschichte oder Narrativ von den Ereignissen zu rekonstruieren. Dieser sozial geschaffene Bedeutungskontext wird in politische Handlungen umgesetzt, da sich innerhalb dieses Kontextes bestimmte Regeln etablieren, die konstitutiv für politische Praktiken sind. Schließlich ist soziales Handeln regel- bzw. norm-geleitet; d.h. bestimmte Handlungen werden ermöglicht und andere verhindert bzw. unwahrscheinlich gemacht. Durch dieses Handeln wird der Bedeutungskontext wiederum reproduziert oder auch verändert.

2.2 Methodische Vorgehensweise

Die bisherigen Überlegungen zu Sprache, Bedeutung und sozialem Handeln legen eine hermeneutische Vorgehensweise nahe; d.h. ganz allgemein verstanden als Lehre vom *Verstehen* oder von der *Interpretation*.[49] Dabei soll eine Methodik verfolgt werden, die den Fragestellungen dieser Untersuchung gerecht wird. Schließlich werfen die Fragen bestimmte Probleme auf, die es gilt, möglichst plausibel zu beantworten. Die Argumentation in diesem Abschnitt erfolgt dabei folgendermaßen: Zunächst geht es darum, welchen Typ von Fragestellung diese Untersuchung beantworten will. In einem zweiten Schritt wird das Konzept einer *narrativen Erklärung* eingeführt, das es ermöglicht, diesen Typ von

---

[48] Mit Bezug auf die Ereignisse vom 11. September siehe beispielsweise, Barry R. Posen: "The Struggle Against Terrorism. Grand Strategy, Strategy, and Tactics", *International Security*, Vol. 26, No. 3, (Winter 2001/02), S. 39-55.
[49] Für eine gute Einführung siehe, Helmut Seiffert: *Einführung in die Hermeneutik. Die Lehre von der Interpretation in den Fachwissenschaften*, (Tübingen: Francke Verlag 1992).

Fragestellung zu beantworten.[50] Dabei wird auch auf ein verändertes Verständnis der wissenschaftlichen Kriterien Signifikanz, Validität und Reliabilität hingewiesen. Abschließend wird auf die Problematik des *hermeneutischen Zirkels* eingegangen und ein möglicher Ausweg vorgeschlagen.[51]

Welchen Weg die Argumentation einer Untersuchung einschlägt, entscheidet sich zumeist schon an Hand der Fragestellung. Handelt es sich bei der Problematik um eine kausale oder konstitutive Fragestellung? Während kausale Theorien nach dem „warum" und auch bis zu einem gewissen Grad nach dem „wie" fragen, steht für konstitutive Theorien „wie war etwas möglich" und „was ist" im Mittelpunkt der Überlegungen.[52] Ein Blick auf die Fragestellungen dieser Untersuchung verdeutlicht, dass diese nicht mit dem Instrumentarium positivistischer, kausaler Theorien beantwortet werden können. Erstens zielt die „Übersetzung" des Bedeutungskontextes in politische Handlungen nicht darauf ab, *warum* die USA so reagierte, wie sie es letztendlich tat. Vielmehr soll gezeigt werden, *wie es möglich* war, dass sie so reagierte. Zweitens, was die Frage nach der internationalen politischen Ordnung nach dem 11. September betrifft, soll gezeigt werden, wie sich eine „neue" bzw. veränderte Spielregel in der internationalen Politik konstituierte.[53] „Rather than asking how or why a temporally prior X produced an independently existing Y, how-possible and what-questions are requests for explications of the structures that constitute X or Y in the first place."[54]

Somit ist auch klar, warum hier nicht nach zeitlich vorangehenden, unabhängigen Variablen gesucht wird, die eine abhängige Variable erklären sollen. Schließlich ist für diese Untersuchung die Annahme entscheidend, dass ein soziales Handlungssystem durch ein Bedeutungssystem konstituiert wird. Aus diesem Grund muss auch der Prozess untersucht werden, wie bestimmte Bedeutungen und Handlungen geschaffen werden:

---

[50] An dieser Stelle ist auf einen wichtigen Unterschied hinzuweisen. Während im vorangegangenen Abschnitt im Mittelpunkt stand, wie Akteure im politischen Diskurs durch Konzepte und Narrative einen Bedeutungskontext konstruieren, ist mit *narrativer Erklärung* eine methodische Vorgehensweise gemeint. Die Ähnlichkeit dieser Kategorien liegt darin begründet, dass sich die methodische Vorgehensweise an der Bedeutungskonstruktion in der Alltagswelt orientiert. Siehe hierzu die Unterscheidung von „Human experience as narrative" und „Research with narrative" bei, Donald E. Polkinghorne: *Narrative Knowing and the Human Sciences*, (Albany: State University of New York Press 1988), S. 157-177.
[51] Die präzisierte, methodische Vorgehensweise für die Diskursanalyse erfolgt in Kapitel „6.1 Systematisierung der Vorgehensweise".
[52] Siehe hierzu, Alexander Wendt: *Social Theory of International Politics*, (Cambridge: Cambridge University Press 1999), S. 78.
[53] Dabei ist es ohnehin mehr als problematisch, Phänomene, bei denen Normen eine entscheidende Rolle spielen, mit einem positivistischen Instrumentarium zu bearbeiten. Siehe hierzu, John Gerard Ruggie: *Constructing the World Polity. Essays on international institutionalization*, (London/New York: Routledge 1998), S. 97-98.
[54] Alexander Wendt: *Social Theory of International Politics*, (Cambridge: Cambridge University Press 1999), S. 83.

[S]ocial kinds often are constituted in important part by external, discursive structures. In some instances these structures place social kinds in relationships of conceptual necessity to other social kinds: masters are constituted by the relationship to
slaves, professors by students, patrons by clients. In other instances external structures merely designate what social kind are: 'treaty violations' are constituted by a
discourse that defines promises, 'war' by a discourse that legitimates state violence,
'terrorism' by a discourse that delegitimates non-state violence. In both instances the
claim is not that external structures or discourses 'cause' social kinds, in the sense of
being antecedent conditions for a subsequent effect, but rather that what these kinds
are is logically dependent on the specific external structure.[55]

Heißt dies, dass in dieser Untersuchung „nur" *beschrieben*, nicht aber *erklärt*
werden kann, wie dies von einigen einflussreichen Vertretern in der Disziplin
proklamiert wurde? Alexander Wendt bestreitet zwar nicht, dass detaillierte Beschreibungen ein wichtiger Teil in der Beantwortung von konstitutiven Fragen
ist. Trotzdem weist er den „Vorwurf der ausschließlichen Beschreibung" mit
dem Verweis auf verschiedenste Quellen zurück und folgert daraus: „Coming
from disparate sources, these arguments all suggest that theories which answer
‚what?' or ‚how-possible?' questions ‚explain' the world."[56]

Wie kann man auf der Grundlage dieser Überlegungen zu *Erklärungen*
über menschliche, in diesem Fall politische, Probleme kommen? Die in dieser
Untersuchung vorgeschlagene Vorgehensweise beruft sich auf so genannte *narrative Erklärungen*; d.h. es werden nicht mehr konstante, zeitlich vorausgehende
Bedingungen für bestimmte Wirkungen gesucht, sondern Kausalität wird in ihrer Bedeutung ähnlich wie in der Alltagssprache verstanden. Aus der Vielzahl
von vergangenen Ereignissen und Handlungen, die miteinander verbunden werden müssen, werden diejenigen bestimmt, die „signifikant" für das Ende der Geschichte sind. Narrative Erklärungen bilden folglich eine Art Retrospektive. Dabei muss immer wieder beantwortet werden, welche Rolle einzelne Entscheidungen und Handlungen gespielt haben. Wo kann man bestimmte „turning
points" in der Geschichte lokalisieren?

In Abgrenzung zur paradigmatischen Vorgehensweise, die nach universel-
len Wahrheitsbedingungen sucht, untersucht die narrative Vorgehensweise den
Diskurs auf bestimmte Verbindungen zwischen Ereignissen. Hierbei sind zwei
Schritte zu unterscheiden:[57]

---

[55] Ebd., S. 84.

[56] Hier bezieht sich Alexander Wendt auf das einflussreiche Buch, Gary King/Robert O. Keo-
hane/Sidney Verba: *Designing Social Inquiry*, (Princeton: Princeton University Press 1994),
zitiert nach: ebd., S. 86. Auch in dieser Arbeit erfolgen in der Diskursanalyse detaillierte Beschreibungen. Trotzdem können in den Schlussfolgerungen wichtige Aspekte *erklärt* werden.

[57] Diese Vorgehensweise wird auch in dieser Arbeit angestrebt. Im ersten Schritt, der Diskursanalyse, müssen die Beschreibungen der Ereignisse systematisch erfasst werden. Im
zweiten Schritt, den Schlussfolgerungen, sollen sie in einer „interpretativen Gestalt" bzw.
„kohärenten Struktur" zusammengefasst werden. Siehe hierzu auch, John Gerard Ruggie:
Constructing the World Polity. Essays on international institutionalization, (London/New
York: Routledge 1998), S. 94.

Narrative ordering makes individual events comprehensible by identifying the whole to which they contribute. The ordering process operates by linking diverse happenings along a temporal dimension and by identifying the effect one event has on another, and it serves to cohere human actions and the events that affect human life into a temporal *gestalt*. (...) By inclusion in a narratively generated story, particular actions take on significance as having contributed to a completed episode.[58]

Somit ist festzuhalten, dass es grundsätzlich zwei Möglichkeiten gibt, mit Narrativen zu arbeiten, wie sie im vorangegangenen Abschnitt eingeführt wurden. Beispielsweise weist Tim Büthe darauf hin, dass man historische Narrative herausarbeiten kann, die dann auf ein bestimmtes Modell angewendet werden. Donald Polkinghorne tritt jedoch dieser Vorstellung eines Modells entgegen:

[E]mplotment is not the imposition of a ready-made plot structure on an independent set of events; instead, it is a dialectic process that takes place between the events themselves and a theme which discloses their significance and allows them to be grasped together as parts of one story.[59]

Darüber hinaus ist das Ziel bei dieser paradigmatischen Vorgehensweise in erster Linie, Gesetzmäßigkeiten aufzustellen und zu überprüfen.[60]

Die narrative Erklärung, wie sie in dieser Untersuchung verfolgt wird, arbeitet ebenfalls ein Narrativ heraus, löst sich aber dann zugunsten der narrativen von der paradigmatischen Vorgehensweise. Folglich wird hier nicht auf verallgemeinernde Gesetzmäßigkeiten abgezielt,[61] sondern auf eine „kohärente Struktur bzw. Gestalt" der politischen Handlungen nach dem 11. September. Demzufolge wird nicht nach bestimmten Grundvoraussetzungen gesucht, die in der Zukunft wiederum zu den gleichen Ergebnissen oder Handlungen führen.[62] Trotz-

---

[58] Donald E. Polkinghorne: *Narrative Knowing and the Human Sciences*, (Albany: State University of New York Press 1988), S. 18.

[59] Ebd., S. 20.

[60] Durch eine explizite Auseinandersetzung mit der zeitlichen Dimension gelingt es Büthe, die Probleme, welche aus einem solchen Kausalitätsverständnis resultieren, abzumildern. Zu seinen methodischen Vorschlägen im Bereich der "macro history" siehe, Tim Büthe: "Taking Temporality Seriously: Modeling History and the Use of Narratives as Evidence", *American Political Science Review*, Vol. 96, No.3, August 2002, S. 481-493. Siehe zur ähnlichen Verknüpfung von Narrativen mit Rational-Choice-Modellen, Robert H. Bates, et al.: *Analytic Narratives*, (Princeton: Princeton University Press 1998).

[61] Siehe hierzu vor allem, Carl Hempel: *Aspects of Scientific Explanation*, (New York: Free Press 1965).

[62] Siehe hierzu, Donald E. Polkinghorne: *Narrative Knowing and the Human Sciences*, (Albany: State University of New York Press 1988), S. 170-171. Darüber hinaus handelt es sich bei der Forschungsfrage dieser Arbeit um die konkrete Bedeutung eines Ereignisses und nicht um Regelmäßigkeiten auf der Basis von vielen voneinander unabhängigen Fällen (soweit dies überhaupt in den Sozialwissenschaften möglich ist). Daher ist es nicht sinnvoll, sich mit einem positivistischen Instrumentarium der Untersuchung zu nähern.

dem wird nicht bestritten, dass es zu ähnlichen Ereignissen und Handlungen kommen *kann*, nicht aber als eine Gesetzmäßigkeit.[63]

Das Ziel ist auch nicht ein abschließender Beweis, sondern vielmehr ein plausibles Ergebnis, das für andere Menschen, denen das identische Quellenmaterial zur Verfügung steht, intersubjektiv nachvollziehbar erscheint.[64] Somit bewegt sich die Untersuchung auch nicht in dem oben angesprochenen Bereich kausaler Theorien.[65]

Denn das Untersuchungsobjekt ist ein Ereignis, auf das die jeweiligen Akteure mit bestimmten Handlungen reagieren; d.h. in der Interpretation der Ereignisse müssen – bis zu einem gewissen Grad – stabile Erwartungen geschaffen werden, auf deren Basis gehandelt wird. Dieser Prozess verleiht den Ereignissen eine intersubjektive Qualität. Daraus resultiert, dass man die Handlungen nach dem 11. September und deren soziale Akzeptanz nur verstehen kann, wenn man den Prozess versteht, in dem ein allgemein anerkanntes Verständnis von den Ereignissen geschaffen wurde. Die sprachliche Beschreibung ermöglicht bestimmte Handlungen, wohingegen andere unmöglich oder zumindest unwahrscheinlich gemacht werden.[66] Dies sind die beiden entscheidenden Dimensionen dieser Untersuchung: die „Übersetzung" eines Bedeutungskontextes in politische Handlung. Für diese Aufgabe muss jedoch auch die methodische Vorgehensweise „passen":

That is, we view ourselves as intentionalistic human beings capable of representing the world meaningfully to one another; yet our scientific ideal is drawn from a physical world made up of unconscious particles in mechanical interaction.[67]

Diese Überlegungen führten viele Post-Positivisten zu der Schlussfolgerung, dass man gesellschaftliche Phänomene nicht in einer ähnlich mechanistischen Weise untersuchen kann, wie dies in den Naturwissenschaften überwiegend betrieben wird. Schließlich sind soziale Tatsachen stets abhängig von den Ideen

---

[63] Oder, um es mit Thukydides auszudrücken: „[W]er aber das Gewesene klar erkennen will und damit auch das Künftige, das, wieder einmal, nach der menschlichen Natur, gleich oder ähnlich sein wird, der mag sie [= seine Darstellung des Peloponnesischen Krieges] so für nützlich halten, und das soll mir genug sein: zum dauernden Besitz, nicht als Prunkstück fürs einmalige Hören ist sie verfasst." Thukydides: *Geschichte des Peloponnesischen Krieges*,(München: Artemis Verlag 1980), S. 36.
[64] "Consequently, 'knowledge' is no longer what is certain. 'Knowledge' is fallible. It merely represents the best explanations available, and these are the explanations in which we trust enough to act." Donald E. Polkinghorne: *Methodology for the Human Sciences. Systems of Inquiry*, (Albany: State University of New York Press 1983), S. 242.
[65] Siehe hierzu, John Gerard Ruggie: *Constructing the World Polity. Essays on international institutionalization*, (London/New York: Routledge 1998), S. 94.
[66] Siehe hierzu auch, Friedrich V. Kratochwil/John Gerard Ruggie: "International organization: a state of the art on an art of the state", *International Organization*, Vol. 40, No. 4, 1986, S. 753-775.
[67] John Gerard Ruggie: *Constructing the World Polity. Essays on international institutionalization*, (London/New York: Routledge 1998), S. 90.

und Vorstellungen, welche die Menschen über sie haben. Aus diesem Grund sollte ein hermeneutisches Verständnis der subjektiven Interpretationen der relevanten Akteure und der intersubjektiv geteilten Regeln angestrebt werden.[68] Somit ergibt sich für eine Erklärung mit Narrativen folgendes Bild:

> Explanation by narrative has the structure, 'one because of the other'. It includes rational explanation, in which the reasons a person gives for doing something – that is, his or her intentions – are acknowledged as the impetus for the performance. This type of explanation derives from the competence people possess for recognizing that an event is a human action and not a simple physical occurrence; that is, it recognizes that people can make something happen by intervening in the course of natural events, by setting a sequence of events in motion.[69]

Kontrafaktische Argumentationen bieten dabei eine Möglichkeit, zu zeigen, warum ein bestimmtes Ereignis oder eine Handlung „signifikant" für das Ende der Geschichte war. Dabei stellt man sich einen veränderten Ablauf der Ereignisse vor, wägt dessen Konsequenzen ab und vergleicht diesen mit den Konsequenzen der tatsächlichen Ereignisabfolge; d.h. man kann so verschiedene *plots* gegeneinander testen. Es handelt sich um ein Gedankenexperiment, wobei die Vorstellungen nicht willkürlich getroffen werden. Man muss zeigen, dass der veränderte Ereignisablauf zumindest im Bereich des Möglichen gewesen wäre.[70]

Abschließend sollen noch einige Bemerkungen zu den gängigen Kriterien wissenschaftlicher Untersuchungen *Validität, Reliabilität* und *Signifikanz* gemacht werden, und wie diese in dieser Untersuchung verstanden werden. In narrativen Forschungsvorhaben beziehen sich „valide" Ergebnisse auf die ursprüngliche Bedeutung, dass diese gut fundiert und grundsätzlich zu unterstützen sind. Somit wird nicht der Anspruch erhoben, absolute Sicherheit zu präsentieren, sondern eher einen gewissen Grad an Wahrscheinlichkeit. Das Argument ist dann valide, wenn es stark genug ist, sich gegen Angriffe zu wehren und Glaubwürdigkeit zu bewahren. Eine mathematisch überprüfbare Validität wird hingegen nicht angestrebt. Auch Signifikanz bezieht sich hier nicht auf eine statistische Definition von bestimmten Korrelationswerten. Sie verweist hingegen auf die Bedeutung oder Wichtigkeit eines gefundenen Ergebnisses. Das Konzept der Reliabilität, das hier verwendet wird, unterscheidet sich ebenfalls von einer positivistischen Sichtweise: „Reliability in narrative research usually refers to

---

[68] Siehe hierzu, Martin Hollis/Steve Smith: *Explaining and Understanding in International Relations*, (Oxford: Clarendon Press 1990), S. 68-91.
Siehe hierzu auch, Peter L. Berger/Thomas Luckmann: *Die gesellschaftliche Konstruktion von Wirklichkeit. Eine Theorie der Wissenssoziologie*, (Frankfurt am Main: S. Fischer Verlag 1970), S. 66-69.
[69] Donald E. Polkinghorne: *Narrative Knowing and the Human Sciences*, (Albany: State University of New York Press 1988), S. 172.
[70] Für die Geschichtswissenschaft bzw. auch für Sozialwissenschaften siehe, Richard Ned Lebow: „What's so different about a counterfactual?", *World Politics*, Vol. 52, No. 4, July 2000, S. 550-585.

the dependability of the data, and validity to the strength of the analysis of the data."[71]

Nachdem die hermeneutische Vorgehensweise dieser Untersuchung konkretisiert und begründet wurde, muss abschließend noch auf eine Problematik eingegangen werden, die auch diese Art der Forschung vor inhärente Schwierigkeiten stellt – den *hermeneutischen Zirkel*. Wie ist es möglich, das Allgemeine zu erkennen, ohne zuvor das Spezielle zu kennen, das doch dieses Allgemeine ausmacht? Dies gilt genauso andersherum: Wie kann ich das Spezielle verstehen, ohne einiges über das Allgemeine zu wissen, dessen Bestandteil nun wiederum das Spezielle ist und dem es Bedeutung verleiht? Für die Fragestellung dieser Untersuchung, die mittels einer Diskursanalyse beantwortet werden soll, heißt dies: Bei der Interpretation eines bestimmten Satzes muss der Kontext des Satzes berücksichtigt werden. Der allgemeine Kontext wird aber unter anderem auch durch diesen Satz geschaffen.[72]

Es handelt sich demnach um ein Dilemma, das nicht zu lösen ist. Dennoch existieren in der Literatur durchaus Vorschläge, mit dieser Problematik umzugehen. Vor allem Heidegger hat betont, dass es nicht darum geht, aus dem hermeneutischen Zirkel heraus, sondern vielmehr in ihn auf die richtige Art und Weise hineinzukommen.[73] Wie ist nun der allgemeine hermeneutische Zirkel für die Problematik dieser Untersuchung zu beschreiben, und wie kann es gelingen, „richtig" in diesen Zirkel hineinzukommen?

Einerseits ist es offensichtlich, dass die Sicherheitsproblematik nur innerhalb ihres politischen Kontextes zu verstehen ist; andererseits wird dieser Kontext unter anderem erst durch die politische Bedeutung von Sicherheit geschaffen. Der hier vertretene Ausweg aus dieser Problematik besteht aus zwei Teilen: Erstens werden konkurrierende Erklärungen in die Ausführungen miteinbezogen. Dafür muss gefragt werden, was uns andere theoretische Ansätze zu bestimmten Problematiken sagen können. Da die Fragestellung auf ein konkretes Ereignis und auf dessen Interpretation zielt, soll vor allem untersucht werden, was führende Vertreter aus der Disziplin der internationalen Beziehungen zu den Ereignissen des 11. September publiziert haben.[74] Das Ziel ist demnach, zu zeigen, dass die hier vertretene Vorgehensweise zu plausibleren Erklärungen kommt.

Da der Schwerpunkt der Fragestellung auf der „Übersetzung" des Bedeutungskontextes in Handlungsoptionen liegt, werden zweitens so genannte *Brückenkonzepte* eingeführt, die drei Eigenschaften besitzen müssen: Das jeweilige

---

[71] Donald E. Polkinghorne: *Narrative Knowing and the Human Sciences*, (Albany: State University of New York Press 1988), S. 176.

[72] Zur Problematik des hermeneutischen Zirkels siehe auch, Helmut Seiffert: *Einführung in die Hermeneutik. Die Lehre von der Interpretation in den Fachwissenschaften*, (Tübingen: Francke Verlag 1992), S. 211-215.

[73] Siehe hierzu, Helmut Seiffert/Gerard Radnitzky: *Handlexikon zur Wissenschaftstheorie*, (München: Verlag Beck 1992), S. 137.

[74] Siehe hierzu insbesondere das Kapitel „8.2 Der Diskurs der ‚security studies community'".

Konzept muss einen festen Platz im Diskurs über Sicherheit haben und damit den Bedeutungskontext der Problematik erfassen. Zweitens muss das Konzept den Aspekt des Handelns erfassen.[75] Schließlich muss das Konzept eine normative Wertung beinhalten, da genau dies seine „Umstrittenheit" im Diskurs ausmacht. Aus diesem Grund erscheint der Diskurs um dieses Konzept dann auch besonders fruchtbar, da man hier Rückschlüsse auf den gesamten Bedeutungshintergrund erwarten kann.[76] Die beiden Brückenkonzepte, mittels denen der Diskurs nach dem 11. September untersucht werden soll, sind *Krieg* und *Terror(ismus)*.[77]

Nachdem bis hierher der Zusammenhang von Narrativen, politischen Konzepten und sozialem Handeln ganz allgemein betrachtet sowie die methodische Vorgehensweise erklärt wurde, stellt sich anschließend die Frage, wie sich einerseits die Dimension der politischen Bedeutung weiter eingrenzen lässt und andererseits, welches soziale Handlungssystem für die Fragestellung dieser Untersuchung relevant ist.

---

[75] Siehe hierzu, Marius Schneider: *Sicherheit, Wandel und die Einheit Europas. Zur generativen Rolle von Sicherheitsdiskursen bei der Bildung zwischenstaatlicher Ordnungen vom Wiener Kongress bis zur Erweiterung der Nato*, (Opladen: Leske + Budrich 2002), S. 105-107.

[76] Siehe hierzu, William E. Connolly: *The Terms of Political Discourse*, (Princeton: Princeton University Press 1983), S. 22-34.

[77] In Kapitel „5.2 Die Brückenkonzepte Terrorismus und Krieg" wird veranschaulicht, warum dies keine willkürliche, sondern eine „sinnvolle" Auswahl darstellt.

3. DER KONZEPTUELLE RAHMEN DES HANDLUNGSSYSTEMS

Im folgenden Kapitel steht die Anwendung der bisherigen konzeptuellen Überlegungen auf die Problematik der Fragestellungen dieser Untersuchung im Mittelpunkt. Die von den USA initiierten Handlungen nach dem 11. September richteten sich nicht nur nach Innen, sondern vor allem auch nach Außen. Aus diesem Grund ist das für die Fragestellung relevante Handlungssystem in erster Linie das internationale politische System. William Connolly formuliert die Problematik, politische Handlungssysteme zu erklären, folgendermaßen:

> To explain the politics of a society we must be able to make the *actions, projects,* and *practices* of its members intelligible. But a single act or pattern of action embodied in institutions is not made intelligible merely by observing overt behavior. Actions and practices are *constituted* in part by the concepts and beliefs the participant themselves have. The concepts of politics are, that is, part of the political process itself; they give coherence and structure to political activities in something like the way the rules of chess provide the context that makes 'moving the bishop' and 'checkmating' possible as acts in the game of chess.[78]

Die zentrale Institution, die den Kontext des „Spiels" von internationaler Politik bereitstellt, ist das Konzept der Souveränität. Dieses stellt den Bedeutungshintergrund dar, der bestimmte Spielregeln ermöglicht und andere verhindert. Da sich aber die *Bedeutung* von Souveränität im Laufe der Geschichte immer wieder veränderte, ist es wichtig zu untersuchen, an welche anderen Regeln und Normen Souveränität innerhalb des gesellschaftlichen Diskurses gekoppelt wird.[79] Bevor wir aber diese Überlegungen konkretisieren können, müssen zunächst zwei Fragen beantwortet werden: Wer sind die Akteure der internationalen Politik, und wann kann man berechtigterweise von einem Wandel in der politischen Ordnung des internationalen Systems sprechen, der wissenschaftlich fundierter ist als die bloße Aussage: „Nach dem 11. September ist nichts mehr, wie es war."[80]

---

[78] William E. Connolly: *The Terms of Political Discourse*, (Princeton: Princeton University Press 1983), S. 36.

[79] Zur Verknüpfung von Souveränität mit staatlichen bzw. nationalen Prinzipien und deren Bedeutung für die internationale Politik, siehe: Samuel J. Barkin/Bruce Cronin: "The State and the Nation: Changing Norms and the Rules of Sovereignty in International Relations", *International Organisation*, Vol. 48, No. 1, 1994, S. 107-130. Zur allgemeinen Souveränitätsproblematik, siehe: Gene M. Lyons/Michael Mastanduno (Hrsg.): *Beyond Westphalia? State Sovereignty and International Intervention*, (Baltimore: The Johns Hopkins University Press 1995).

[80] „Noch nie hat ein einziges Ereignis die politische Weltbühne so unmittelbar und so gründlich verändert wie die Anschläge auf New York und Washington." „Anti-Terror-Allianz: Krieg oder Frieden?", in: Chronik aktuell: *Der 11. September 2001. Ereignisse, Reaktionen, Hintergründe, Folgen*, (Chronik Verlag: Gütersloh/München 2001), S. 86.

In dieser Untersuchung wird das internationale System als ein künstliches Konstrukt aus von Menschen geschaffenen Institutionen verstanden, wie dies vor allem, aber nicht ausschließlich, Staaten darstellen. Im Allgemeinen sind diese Institutionen zur Routine gewordene Praktiken, die durch Normen etabliert und geregelt bzw. gesteuert werden. Folglich sind Staaten soziale Institutionen, deren Existenz und Eigenschaften von der Reproduktion bestimmter Praktiken abhängen. Der Staat ist nicht nur eine rechtliche Gesamtheit oder eine formale Organisation. Vielmehr muss man ihn als ein Zusammenspiel normativ konstituierter Praktiken verstehen, mit denen eine Gruppe von Individuen einen bestimmten Typ einer politischen Vereinigung formt. Somit sind Innen-, Außen- und internationale Politik nicht strikt voneinander getrennte Bereiche, sondern hängen alle zusammen.[81]

Aus diesem Grund kann auch eine Veränderung der für die politischen Praktiken konstitutiven Konventionen innerhalb eines Staates die Konventionen der internationalen Politik verändern. Da die Reproduktion der Praktiken durch die Akteure des internationalen Systems, also Staaten, von der Reproduktion durch gesellschaftliche Gruppen und Individuen abhängen, kann ein Wandel in der internationalen Politik auch dann stattfinden, wenn sich die Überzeugungen und Identitäten von innenpolitischen Akteuren verändern. Denn auf diese Weise können sich die Regeln und Normen ändern, die konstitutiv für die politischen Praktiken im internationalen System sind.[82] Diese Überlegungen lassen sich zu der folgenden, allgemein gehaltenen Arbeitshypothese zusammenfassen, die im Kapitel zur politischen Ordnung nach dem 11. September noch einmal spezifiziert wird und schließlich nach der Diskursanalyse überprüft werden soll:

Die Ordnung des internationalen Systems verändert sich dann, wenn die Akteure durch ihr Handeln die Regeln und Normen verändern, die konstitutiv für internationale Interaktionen sind.

Aus der Perspektive des Wandels in der internationalen Politik steht die Diskursanalyse somit vor der Aufgabe, zu untersuchen, inwieweit sich neue Regeln und Normen im Bedeutungskontext etablieren konnten, die konstitutiv für politische Praktiken sind. Ist dies der Fall, kann man berechtigterweise von Wandel sprechen. Nachdem die Akteursfrage und die Problematik des Wandels geklärt sind, wendet sich die Argumentation der zentralen Institution des Handlungssystems zu.

Das Souveränitätsprinzip bezeichnet in erster Linie die *Grenze* zwischen den politischen Akteuren des internationalen Systems. Auch wenn funktionale Kriterien eine zunehmend wichtige Rolle spielen, wird diese Grenze im klassi-

---

[81] Siehe hierzu, Rey Koslowski/Friedrich Kratochwil: „Understanding Change in International Politics: The Soviet Empire's Demise and the International System", in: Richard Ned Lebow/Thomas Risse-Kappen (Hrsg.): *International Relations Theory and the End of the Cold War*, (New York: Columbia University Press 1995), S. 134-139.

[82] Ebd., S. 127-128.

schen Sinne immer noch territorial definiert.[83] Die Überschreitung dieser Grenze wird als Intervention bezeichnet. Daher sind die beiden Begriffe Souveränität und Intervention notwenig miteinander verbunden – sozusagen die Kehrseiten ein- und derselben Medaille. Aus der Akzeptanz des Souveränitätsprinzips als zentrale Institution der internationalen Politik ergibt sich die Spielregel des Verbots der Einmischung in die inneren Angelegenheiten eines anderen Staates. Diese intersubjektiv geteilte Regel etabliert stabile Erwartungen und konstituiert so die Praxis der internationalen Politik. Nichtsdestotrotz gab es in der Geschichte immer Interventionen und Kriege, die einen Verstoß gegen die Regel der Nichteinmischung darstellten. Man kann sogar von einer bestimmten Interventionspraxis sprechen, die typisch ist für bestimmte historische Phasen (z.B. die Stellvertreterkriege des Kalten Krieges oder auch humanitäre Interventionen in den 1990ern).[84]

Insofern sieht man, dass es einerseits eine Regel der internationalen Praxis gibt, gegen die aber immer wieder – aus mehr oder weniger legitimen Gründen – verstoßen wird. Dies führt zur zentralen Schlussfolgerung, dass es im politischen Diskurs zu einer Rechtfertigung des Regelbruchs kommen muss. Welche normativen Begründungen können eine Verletzung des Souveränitätsprinzips legitimieren? Was wird als ‚gerechter‘ Grund für einen Krieg bzw. eine Intervention akzeptiert? Mit dem Diskurs über diese Frage verlässt man die völkerrechtliche Dimension und hat es mit einer genuin politischen Problematik zu tun: „Die Frage der Intervention ist Teil eines politischen Diskurses um die praktische Interpretation der bestehenden Ordnung. Dieser Diskurs führt zu historisch unterschiedlichen Konzepten einer politisch gerechtfertigten Intervention."[85]

Aus diesen Überlegungen lässt sich folgende Schlussfolgerung ziehen: Das Souveränitätsprinzip, auf dessen Grundlage internationale Politik betrieben wird, ist eine soziale Institution. Somit steckt aber weder eine bestimmte Logik in der Institution selbst, noch liegt sie allein in ihrer äußeren Funktionalität begründet. Vielmehr ist für die Bedeutung von Souveränität entscheidend, wie die

---

[83] Vor allem Diskussionen über die europäische Integration zeigen, dass die Annahme, politischer Raum sei auch heute noch ausschließlich territorial organisiert, höchst problematisch ist. Trotzdem spielen territoriale Grenzen immer noch eine wichtige Rolle. Siehe hierzu beispielsweise das Kapitel „Territoriality at millennium's end" in: John Gerard Ruggie: *Constructing the World Polity. Essays on international institutionalization*, (London/New York: Routledge 1998), S. 172-197.

[84] Für Souveränitäts- und Interventionskonzeptionen im Kalten Krieg siehe beispielsweise, R.J. Vincent: *Nonintervention and International Order*, (Princeton: Princeton University Press 1974), S. 145-232.
Für die Veränderung der Bedeutung von Souveränität durch den Diskurs über Menschenrechte siehe beispielsweise, Samuel J. Barkin: „The Evolution of the Constitution of Sovereignty and the Emergence of Human Rights Norms", *Millennium*, Vol. 27, No. 2, 1998, S. 229-252.

[85] Marius Schneider: *Sicherheit, Wandel und die Einheit Europas. Zur generativen Rolle von Sicherheitsdiskursen bei der Bildung zwischenstaatlicher Ordnungen vom Wiener Kongress bis zur Erweiterung der Nato*, (Opladen: Leske + Budrich 2002), S. 140.

Akteure über dieses Prinzip reflektieren.[86] Da eine Intervention einen Verstoß gegen das Souveränitätsprinzip darstellt, trotzdem aber unter bestimmten Umständen von den Akteuren akzeptiert wird, kann dies als Indikator dafür herangezogen werden, wie die Akteure über die Institution der Souveränität reflektieren. In dem Augenblick, wenn „neue" normative Begründungen eine Intervention legitimieren, heißt dies auch, dass sich die Bedeutung des Souveränitätsprinzips verändert hat. Dies hat Implikationen für die internationale politische Ordnung.

Die Überlegungen zum konzeptuellen Rahmen des Handlungssystems lassen sich wie folgt zusammenfassen: Das internationale System – wie jedes soziale Handlungssystem – beruht auf einem System von Bedeutungen. Akteure sind dabei in erster Linie staatliche Institutionen, deren Existenz von der Reproduktion von politischen Praktiken abhängen. Diese konstituieren sich durch intersubjektiv geteilte Regeln und Normen. Die für den Bereich der politischen Bedeutung zentrale Institution der internationalen Politik ist das Souveränitätsprinzip. Dieses legt die Grenze zwischen den politischen Akteuren fest und konstituiert damit die Regel von der Nichteinmischung in die inneren Angelegenheiten eines anderen Akteurs. Trotzdem treten Interventionen und Kriege in der Geschichte immer wieder auf. Sie stellen aber einen schwerwiegenden Verstoß gegen diese Regel dar und müssen aus diesem Grund gerechtfertigt werden. Gelingt die Rechtfertigung; d.h. werden die Gründe für die Intervention von den anderen Akteuren als legitim angesehen, etablieren sich diese Argumente als für das politische Handeln konstitutive Regeln und Normen und verändern somit auch die Bedeutung von Souveränität. Diese Veränderung des Bedeutungskontextes stellt einen Wandel in der internationalen politischen Ordnung dar.

Nachdem der konzeptuelle Rahmen des Handlungssystems abgesteckt ist, und gezeigt wurde, dass Souveränität den zentralen Bedeutungskontext für dieses System zur Verfügung stellt, geht es im nächsten Schritt darum, den Bereich von Bedeutung mit der konkreten Fragestellung dieser Untersuchung zu verbinden. Weil die Sicherheitsproblematik den politischen Diskurs nach dem 11. September beherrschte, wendet sich die folgende Argumentation der Bedeutung dieses Konzepts zu.

---

[86] Siehe hierzu, Peter L. Berger/Thomas Luckmann: *Die gesellschaftliche Konstruktion von Wirklichkeit. Eine Theorie der Wissenssoziologie*, (Frankfurt am Main: S. Fischer Verlag 1970), S. 66-69.

4. SICHERHEITSDISKURSE UND POLITISCHE ORDNUNG

Durch einen Einblick in die Diskussionen über den Sicherheitsbegriff sollen zunächst die Schwächen der gängigen Verständnisse herausgearbeitet werden. In einem zweiten Schritt wird mit Rückgriff auf die Begriffsgeschichte ein vollständigeres Konzept von Sicherheit vorgeschlagen, das im darauf folgenden Kapitel detailliert dargelegt wird.

4.1 Traditionelles Sicherheitsverständnis oder Ausweitung des Begriffs?

Die Diskussion um den Sicherheitsbegriff ist seit den 1980ern, verstärkt jedoch nach Ende des Kalten Krieges, geprägt von Ausweitungs- bzw. Einengungsargumenten. Dabei vertritt die traditionelle Position ein sehr enges Verständnis, das zumeist auf den rein militärischen Bereich beschränkt bleibt. Stephen Walt, einer der wichtigsten Vertreter dieser Schule, spricht sich deutlich gegen eine Ausweitung der Forschungsagenda aus. Denn Untersuchungen zur Sicherheit sind seiner Ansicht nach über das Phänomen des Krieges und können deswegen als „the study of the threat, use, and control of military force"[87] definiert werden.

Diesem Verständnis haben die Vertreter einer Ausweitung des Sicherheitsbegriffes entgegenzusetzen, dass in der heutigen Zeit Bedrohungen für die Werte von Staat und Gesellschaft zumeist nicht-militärische Wurzeln haben und somit auch Herausforderungen aus dem zivilen Bereich in der Sicherheitsforschung berücksichtigt werden müssen.[88] Diese Debatte fand aber nicht nur im „wissenschaftlichen Elfenbeinturm" statt, sondern bewegte die politischen Entscheidungsträger gleichermaßen. Beispielsweise musste sich auch die NATO mit dieser Problematik auseinandersetzen. Es ist offensichtlich, dass hier die militärische Komponente das entscheidende Moment bleibt. Doch selbst das Bündnis musste seine Sicherheitskonzeption nach Ende des Kalten Krieges überdenken. Das spiegelt sich auch explizit im strategischen Konzept der NATO von 1999 wider.[89]

Dies bedeutet allerdings nicht, dass die Debatte zu Gunsten der Ausweitungsvertreter entschieden wäre. Schließlich konnten die Vertreter der traditionellen Po-

---

[87] Stephen M. Walt: „The Renaissance of Security Studies", *International Studies Quarterly*, Vol. 35, No. 2, June 1991, S. 211-212.
Ein weiterer wichtiger Aufsatz in diesem Kontext ist, Richard K. Betts: „Should Strategic Studies Survive?", *World Politics*, Vol. 50, No. 1, October 1997, S. 7-33.

[88] Für die Vertreter einer Ausweitung des Sicherheitsbegriffes siehe beispielsweise, Mathews J. Tuchman: „Redefining Security", *Foreign Affairs*, Vol. 68, No. 2, S. 162-177.
Einen guten Überblick über die gesamte Diskussion gibt der „Review Article" von, David A. Baldwin: „Security Studies and the End of the Cold War", *World Politics*, Vol. 48, No. 1, October 1995, S. 117-141.

[89] Siehe zum „breit angelegten sicherheitspolitischen Ansatz", „Das Strategische Konzept der NATO, 1999", zitiert nach: http://www.nato.int/docu/pr/1999/p99-065e.htm

sition plausibel nachweisen, was passiert, wenn man der Logik einer Ausweitung des Sicherheitsbegriffes folgt. Erstens ist es heuristisch fruchtlos, wenn eine Ausweitung der schützenswerten Bereiche dahingehend erfolgt, dass auch nicht von Menschen verursachte Thematiken in den Sicherheitsbegriff inkorporiert werden. Denn dies führt analytisch in eine Sackgasse. Zweitens würde eine Ausweitung des Begriffes auf sämtliche Politikbereiche bedeuten, dass die für dieses Verständnis konstitutive Unterscheidung von Subjekt und Objekt nicht mehr aufrechtzuerhalten wäre. Drittens wäre auch der Charakter als Subdisziplin mit der Zeit obsolet. Man könnte einfach wieder internationale Beziehungen studieren, da praktisch jeder Bereich der modernen Gesellschaft einen Wert darstellt, der bedroht werden kann. Dies führt zu intellektueller Inkohärenz. Damit ist aber nicht das Problem der Sicherheit gelöst.[90]

Man kann die Problematik dieser Diskussion dahingehend zusammenfassen, dass eine quasi-beliebige Ausweitung des Begriffes Gefahr läuft, analytische Schärfe zu verlieren.[91] Andererseits vernachlässigt die traditionelle Position Problemfelder und Werte, die einer modernen Gesellschaft als schützenswert erscheinen. Sie „sieht" demnach bestimmte Sicherheitsprobleme nicht. Aus diesen Gründen sollte man sich einmal ansehen, wo die konzeptuellen Gemeinsamkeiten liegen. Schließlich ist es möglich, dass hier der Grund für die Sackgasse liegt, in welche diese Diskussion geführt hat. Beide Ansätze teilen das Konzept eines Akteurs, der eine strategische Entscheidung in Bezug auf ein Referenzobjekt fällt, das ihm schützenswert erscheint und für das er bereit ist, bestimmte Mittel aufzubringen. Somit will ein Akteur in einer interdependenten Handlungssituation seine Interessen durchsetzen.

Ein Blick in die Begriffsgeschichte von Sicherheit zeigt, dass sich in dieser Verwendung nur ein Teil der Bedeutung von Sicherheit widerspiegelt. Der Begriff geht zurück auf das lateinische „sine-cura" und bedeutet soviel wie „Freiheit von Sorge". Sicherheit hat auf der einen Seite einen „psychologisch-subjektiven Sinn", der sich in einem individuellen Gefühl der Geborgenheit ausdrückt, auf der anderen Seite jedoch auch einen „objektiv bestimmbaren, rechtlich definierten Zustand des Geschütztseins".[92] Franz-Xaver Kaufmann attestiert dem Begriff seit dem späten Mittelalter eine gewisse „Psychologisierung", der sich mit Be-

---

[90] Siehe hierzu, David A. Baldwin: „Security Studies and the End of the Cold War", *World Politics*, Vol. 48, No. 1, October 1995, S. 117-141.

[91] Ein weiterer Kritikpunkt an den Ausweitungsbefürwortern ist: „Second, the wider agenda tends, often unthinkingly, to elevate ‚security' into a kind of universal good thing – the desired condition toward which all relations should move. (...) Security should not be thought of too easily as always a good thing. It is better, as Waever argues, to aim for desecuritization: the shifting of issues out of emergency mode and into the normal bargaining process of the political sphere." Barry Buzan/Ole Waever/Jaap de Wilde: *Security. A new framework for analysis*, (Boulder: Lynne Rienner Publishers 1998), S. 4.

[92] Werner Conze: „Sicherheit, Schutz", in: Otto Brunner/Werner Conze/Reinhart Koselleck (Hrsg.): *Geschichtliche Grundbegriffe. Historisches Lexikon zur politisch-sozialen Sprache in Deutschland*, Bd. 5, (Stuttgart: Klett-Cotta 1984), S. 831.

ginn des 20. Jahrhundert endgültig durchsetzt und auf diese Weise das Verständnis von Sicherheit prägt.[93] Es ist exakt diese Perspektive, in der die Gemeinsamkeit der beiden oben dargestellten Sichtweisen liegt – ein „psychologisiertes", strategisches Verständnis von Sicherheit. Hier wird die Annahme deutlich, die nicht nur die sicherheitspolitische Forschung zu weiten Teilen dominiert. Man kann bzw. muss sogar in den Sozialwissenschaften zwischen „deskriptiven" und „normativen Konzepten" unterscheiden. Folgt man hingegen den Ausführungen dieser Untersuchung, wird schnell deutlich, dass dies weder möglich noch sinnvoll ist.[94]

Schon im Titel des Buches von Kaufmann wird der zweite Bedeutungsaspekt des Sicherheitsbegriffes deutlich – die „Wertidee". Werner Conze beginnt seinen Aufsatz zur Etymologie des Begriffes mit den Worten:

'Sicherheit' ist ein mit dem Fürstenstaat der europäischen Neuzeit entstandenes Abstraktum, das seit dem 17. Jahrhundert in immer neuen Bedeutungsfeldern konkretisiert und, meist affirmativ gebraucht, zu einem ‚normativen Begriff' wurde. (...) Es handelt sich also heute offensichtlich um einen vielseitig verwendeten Grund- und Wertbegriff der politisch-sozialen Sprache. (...) Die Abhängigkeit jeglicher Art von Sicherheit von einer Schutzgewalt weist auf den Staat hin, der beim Rechtsschutz des Individuums, bei den sozialen Absicherungen in der industriellen Arbeitswelt, bei der Verbrechensbekämpfung und schließlich bei der Verteidigung der Grenzen überall als Sicherheitsgarant erscheint. Es ist daher zu vermuten, daß der Begriff mit seinen verschiedenen Konkretionen erst im Zusammenhang der Entstehung, Entwicklung und Intensivierung des modernen Staates geschaffen worden ist.[95]

Diese Vermutung kann Conze in seinen begriffsgeschichtlichen Untersuchungen weiter erhärten. Das hat für diese Diskussion zwei entscheidende Implikationen: Erstens weist die Bedeutung von Sicherheit nicht nur in die individualisierte, psychologisierte Richtung, sondern beschreibt immer auch eine *Wertsetzung*, die einem bestimmten gesellschaftlichen Zustand zugewiesen wird – und zwar auf Grund der positiven Konnotation eine Art Zielsetzung. Diese für ein Verständnis von Sicherheit entscheidende, normative Dimension wird von weiten Teilen der Forschung vollkommen vernachlässigt.

Die zweite Implikation der Etymologie verweist auf die enge Verbindung des Sicherheitsargumentes mit der Entstehung des modernen Staates, der als „Schutzgarant" der Sicherheit auftritt. An dieser Stelle wird der wichtige Zusammenhang von Sicherheit, Ordnung und Gewalt deutlich. Worauf beruht jedoch die Autorität des Staates, Ordnung herzustellen? Für Conze ist Sicherheit

---

[93] Siehe hierzu, Franz-Xaver Kaufmann: *Sicherheit als soziologisches und sozialpolitisches Problem. Untersuchung zu einer Wertidee hochdifferenzierter Gesellschaften*, (Stuttgart: Verlag Enke 1973), S. 49-55.

[94] Siehe hierzu, William E. Connolly: *The Terms of Political Discourse*, (Princeton: Princeton University Press 1983), insbesondere S. 22-34.

[95] Werner Conze: „Sicherheit, Schutz", in: Otto Brunner/Werner Conze/Reinhart Koselleck (Hrsg.): *Geschichtliche Grundbegriffe. Historisches Lexikon zur politisch-sozialen Sprache in Deutschland*, Bd. 5, (Stuttgart: Klett-Cotta 1984), S. 831-832.

abhängig von einer „Schutz*gewalt*". Demnach muss der Staat Gewaltressourcen aufbringen, um die Sicherheit der Bürger „garantieren" zu können. Diese materielle Seite von Autorität ist eine wichtige Bedingung zur Herstellung von Sicherheit durch den Staat. Aber reicht dies wirklich aus? Max Weber beantwortet die Frage danach, was ein Staat eigentlich sei, indem er die materielle Seite der Autorität betont, andererseits aber verdeutlicht, dass dies nicht hinreichend sei:

> Mann [sic!] kann vielmehr den modernen Staat soziologisch letztlich nur definieren aus einem spezifischen *Mittel*, das ihm, wie jedem politischen Verband, eignet: der physischen Gewaltsamkeit. (...) Gewaltsamkeit ist natürlich nicht etwa das normale oder einzige Mittel des Staates: - davon ist keine Rede- , wohl aber: das ihm spezifische. Gerade heute ist die Beziehung des Staates zur Gewaltsamkeit besonders intim. In der Vergangenheit haben die verschiedensten Verbände – von der Sippe angefangen – physische Gewaltsamkeit als ganz normales Mittel gekannt. Heute dagegen werden wir sagen müssen: Staat ist diejenige menschliche Gemeinschaft, welche innerhalb eines Gebietes – dies: das ‚Gebiet', gehört zum Merkmal – das *Monopol legitimer physischer Gewaltsamkeit* für sich (mit Erfolg) beansprucht. Denn das der Gegenwart Spezifische ist: daß man allen anderen Verbänden oder Einzelpersonen das Recht zur physischen Gewaltsamkeit nur so weit zuschreibt, als der *Staat* sie von ihrer Seite zuläßt: er gilt als alleinige Quelle des ‚Rechts' auf Gewaltsamkeit.[96]

Man sieht, dass Autorität neben der materiellen auch eine ideelle Quelle besitzt, die sich im Begriff der *Legitimität* ausdrückt. Bevor dieses Argument, das in ähnlicher Form auch bei Thomas Hobbes zu finden ist, auf die Konzeption von Sicherheit in dieser Untersuchung angewendet wird, kann an Hand dieser Überlegungen verdeutlicht werden, warum die Einengungs- vs. Ausweitungsdebatte in die Sackgasse führt, also innerhalb des gemeinsamen konzeptionellen Rahmens auch kein goldener Ausweg gefunden werden kann.

Das Kernproblem der beiden Ansätze ist das strategische Verständnis von Sicherheit, da auf diese Weise die Sicherheitsproblematik zu einem Problem der rationalen Wahl von Zielen und Mitteln degradiert wird. Da bestimmte Staatsziele aber nicht natürlich gegeben sind oder vom System vorgegeben werden, wie sowohl Realisten als auch Liberale sowie teilweise auch so genannte

---

[96] Max Weber: „Politik als Beruf", in: Max Weber: *Schriften zur Sozialgeschichte und Politik*, (Stuttgart: Reclam 1997), S. 272.
Auch John Searle betont die Wichtigkeit von Legitimität für die Ausübung von Autorität: „Es ist verführerisch zu glauben, daß derartige institutionelle Strukturen wie Eigentum und der Staat selbst durch die bewaffnete Polizei und Militärgewalt des Staates aufrechterhalten werden und daß die Zustimmung, wenn nötig, erzwungen werden wird. Aber in den Vereinigten Staaten und verschiedenen anderen demokratischen Gesellschaften ist es genau andersherum. Die bewaffnete Macht des Staates beruht auf der Anerkennung der Systeme konstitutiver Regeln, viel stärker als umgekehrt." John R. Searle: *Die Konstruktion der gesellschaftlichen Wirklichkeit. Zur Ontologie sozialer Tatsachen*, (Reinbek bei Hamburg: Rowohlt Verlag 1997), S. 100.

Konstruktivisten annehmen,[97] sondern immer eine normative Wertung beinhalten, hilft ein rein strategisches Verständnis von Sicherheit nicht weiter. Denn wie will man ohne Bezug zu bestimmten Normen und Regeln die Frage „Was sind die ‚richtigen' Staatsziele, die es rechtfertigen bestimmte Mittel aufzubringen?" beantworten.

Gerade das Problem der Sicherheit stellt die Politikwissenschaft vor das Problem der Wertung. Viele Theorien der internationalen Politik beziehen sich explizit auf die Analogie zu den Naturzustandskonzeptionen von politischen Philosophen wie Hobbes oder Locke. Wie wir wissen, lösen diese das Sicherheitsproblem durch die Etablierung einer souveränen Staatsgewalt. Thomas Hobbes stellt aber berechtigterweise die Frage, warum die Menschen im staatlichen Zustand trotzdem ihre Türen verschließen und teilweise sogar Waffen zur Selbstverteidigung tragen? Sowohl Rechtssicherheit mit Bezug auf Eigentumsfragen als auch der körperlichen Unversehrtheit existieren doch hier nicht nur in der Theorie, sondern auch in der Praxis.[98] Das eigentliche Problem an den vermuteten Implikationen dieser Grenzziehung zwischen Innen und Außen ist nicht das von absoluter Sicherheit und absoluter Unsicherheit. Vielmehr geht es um eine Grenzziehung, die immer auch eine politische Wertung beinhaltet: Mit welchen Unsicherheiten gelingt es zu leben, und mit welchen nicht? Welche anderen Ziele werden vernachlässigt, um hinreichend Mittel für ein bestimmtes Ziel aufbringen zu können? Darüber hinaus ist es auch möglich, dass bestimmte Ziele grundsätzlich in einem Spannungsverhältnis stehen, so dass es nicht einmal eine Frage der Mittel ist.[99]

Somit ist festzuhalten, dass Wertungen im Bereich des Politischen eine zentrale Rolle spielen. Diese beruhen auf einem bestimmten normativen Diskurs. Für diese Wertung ist ein rein strategisches Verständnis von Sicherheit jedoch „blind", denn hier wird die Wichtigkeit eines Bedeutungskontextes für Handlungen und deren Interpretationen vollkommen vernachlässigt.

Nachdem bis hierher gezeigt wurde, warum es nicht möglich ist, die Fragestellungen dieser Untersuchung stringent zu beantworten, solange man an ei-

---

[97] Für einen guten Überblick zur realistischen und liberalen Position zu dieser Thematik siehe David A. Baldwin: „Introduction: Neoliberalism, Neorealism, and World Politics" in: David A. Baldwin. (Hrsg.): *Neorealism and Neoliberalism. The Contemporary Debate*, (New York: Columbia University Press, 1993), S. 3-25. Ein Beispiel für eine konstruktivistische Position, die im Kontext der „corporate identity" bestimmte Staatsziele quasi annimmt siehe, Alexander Wendt: *Social Theory of International Politics*, (Cambridge: Cambridge University Press 1999), insbesondere S. 233-238.

[98] Siehe hierzu, Thomas Hobbes: *Leviathan oder Stoff, Form und Gewalt eines kirchlichen und bürgerlichen Staates*, (Frankfurt am Main: Suhrkamp Verlag 1996), S. 96-97.

[99] Nicholas Rengger macht beispielsweise darauf aufmerksam, wie tief das Spannungsverhältnis von "Sicherheit" und "Freiheit" als Staatsziele im liberalen Denken verwurzelt ist – einem Problem, dem sich die politischen Entscheidungsträger immer wieder stellen müssen und das durch eine politische Bewertung des Kontextes entschieden wird. Siehe hierzu, Nicholas Rengger: "On the just war tradition in the twenty-first century", *International Affairs*, Vol. 78, No. 2, 2002, S. 353-363.

nem strategischen Verständnis von Sicherheit festhält, soll – in Anknüpfung an die Ausführungen zur Etymologie des Begriffes – die normative Dimension von Sicherheit näher untersucht werden. Auf diese Weise kann die generative bzw. konstitutive Funktion von Sicherheit herausgearbeitet werden, die entscheidend für die Konzeptualisierung von politischen Ordnungen ist. Hier kann auch der Zusammenhang zwischen der oben angesprochenen Bedeutung von Souveränität und der Sicherheitsproblematik geklärt werden. Somit kann der anfangs sehr weit gefasste Bereich von politischer Bedeutung in einer Weise eingegrenzt werden, so dass er analytisch fassbar wird.

4.2 Ein generatives Verständnis von Sicherheit

Das hier vertretene generative Verständnis von Sicherheit ermöglicht einen Zugang zur „Übersetzung" des politischen Bedeutungsbereiches in bestimmte Handlungsoptionen. Denn die folgenden Ausführungen zeigen, dass die eigentliche Bedeutung von Sicherheitsargumenten darin liegt, dass man mit ihrer Hilfe bestimmte Probleme über die „normalen" Spielregeln der Politik heben kann. Dies eröffnet weitreichende Handlungsoptionen. Das wiederum kann sich auf die Bedeutung von Souveränität auswirken, weil auf diese Weise Interventionen gerechtfertigt werden können. Versteht man folglich Sicherheit als Diskurs und nicht als reines Ziel-Mittel-Problem, besteht die Möglichkeit, einen konzeptuellen Zusammenhang von Sicherheit und Ordnung herzustellen, der im zweiten Abschnitt dieses Kapitels im Mittelpunkt stehen wird.[100]

Sicherheit als Sprechakt

Die Notwendigkeit einer Neu-Konzeptualisierung von Sicherheit wird von Barry Buzan, Jaap de Wilde und vor allem Ole Waever explizit aufgezeigt:

> The need is to construct a conceptualization of security that means something much more specific than just any threat or problem. Threats and vulnerabilities can arise in many different areas, military and nonmilitary, but to count as security issues they have to meet strictly defined criteria that distinguish them from the normal run of the merely political. They have to be staged as existential threats to a referent object by a

---

[100] Diese Überlegungen implizieren nicht, dass es nicht auch Forschungsvorhaben geben kann, in denen ein reines Ziel-Mittel-Verständnis von Sicherheit nützlich ist. Doch für die Fragestellungen dieser Arbeit erscheint ein generatives Verständnis angemessener, da hier der Zusammenhang von Sicherheitsargumenten mit der politischen Ordnung im Mittelpunkt steht. Für äußerst nützliche strategische Argumente im Kalten Krieg siehe vor allem, Thomas C. Schelling: *Arms and Influence*, (New Haven/London: Yale University Press 1966).

securitizing actor who thereby generates endorsement of emergency measures beyond rules that would otherwise bind.[101]

Hier wird der entscheidende Unterschied zum strategischen Sicherheitsverständnis deutlich: Während man sich dort auf Sicherheitsprobleme als Ausgangspunkt der Überlegungen – in Form von Ziel-Mittel-Analysen – bezieht, wird der Definitionsprozess von Sicherheitsproblemen in dem hier vertretenen Ansatz selbst zum Gegenstand der Untersuchungen. Die Problematik der Sicherheit dreht sich nicht mehr ausschließlich um das Problem der Gewaltanwendung, sondern wird als Diskurszusammenhang verstanden – als eine bestimmte Thematik von intersubjektiver Politik, die es unter Umständen ermöglicht, gegen bestimmte Spielregeln der internationalen Politik zu verstoßen.

Die Antwort darauf, was ein Problem von internationaler Sicherheit darstellt, ist im traditionellen politisch-militärischen Verständnis des Begriffes zu finden. In diesem Bedeutungskontext dreht sich Sicherheit um das Überleben. Das Problem tritt dann auf, wenn eine bestimmte Thematik als eine existenzielle Bedrohung für ein zuvor designiertes Referenzobjekt dargestellt wird. Dieses ist im klassischen, aber nicht unbedingt notwendigen Sinne der Staat bzw. die Nation. Die Darstellung als Sicherheitsbedrohung rechtfertigt die Anwendung von außergewöhnlichen Maßnahmen. Dies betrifft in erster Linie die Anwendung von Gewalt, aber auch ganz allgemein die Mobilisierung von Ressourcen. Allein durch den Sprechakt der Sicherheit erklärt zumeist, aber nicht notwendigerweise, die Regierung eine Notstandssituation und somit die Notwendigkeit, bestimmte Maßnahmen zu ergreifen.[102] Entscheidend ist hierbei, dass die Situation nicht mehr eine freie, sondern zumindest eine eingeschränkte Wahl repräsentiert. Durch den Rückgriff auf das Argument der Notwendigkeit wird jedoch im Allgemeinen die Möglichkeit einer Wahl vollkommen geleugnet. Dies hat nicht nur wichtige Implikationen für die Frage der Verantwortlichkeit, sondern lässt auch manchmal Regelverstöße als unvermeidlich erscheinen.[103]

Die eigentliche Bedeutung des Prozesses der „Versicherheitung" (= securitization) liegt in der Logik, dass der Sprechakt der Sicherheit eine Thematik über die normalen Spielregeln der Politik hebt, weil es um das Überleben geht. Deswegen können auch die normalen Spielregeln der Politik ausgeklammert werden. Die Thematik besitzt absolute Priorität. Dies rechtfertigt die Maßnahmen, die ansonsten schwer zu legitimieren wären. Somit ist Sicherheit eine

---

[101] Barry Buzan/Ole Waever/Jaap de Wilde: *Security. A new framework for analysis*, (Boulder: Lynne Rienner Publishers 1998), S. 5. Diese Vorstellung, die heutzutage vor allem mit Ole Waever verbunden wird, geht eigentlich schon auf Arnold Wolfers zurück, wurde aber in der Forschung weitgehend vernachlässigt. Siehe hierzu, Arnold Wolfers: *Discord and Collaboration. Essays on International Politics*, (Baltimore: The Johns Hopkins University Press 1962), S. 147.

[102] Siehe hierzu, Barry Buzan/Ole Waever/Jaap de Wilde: *Security. A new framework for analysis*, (Boulder: Lynne Rienner Publishers 1998), S. 21.

[103] Zur Problematik der Verantwortlichkeit siehe insbesondere, William E. Connolly: *The Terms of Political Discourse*, (Princeton: Princeton University Press 1983), S. 86-128.

selbst-referenzielle Praktik, da es nicht darum geht, ob wirklich eine existentielle Bedrohung besteht, sondern darum, ob eine Thematik so dargestellt wird, als ob diese Bedrohung existieren würde. Die entscheidende Frage lautet: Wann kann ein sicherheitspolitisches Argument hinreichend Wirkung erzielen; d.h. „geglaubt" werden, so dass die „Zuhörerschaft" den Verstoß gegen gültige Regeln toleriert? Eine erfolgreiche „Versicherheitung" hat drei Bestandteile: eine „geglaubte" existenzielle Bedrohung für ein Referenzobjekt; Notstandsmaßnahmen, die einen Regelverstoß beinhalten und Auswirkungen auf andere Akteure auf Grund des Regelverstoßes.[104] Im Rahmen dieser Untersuchung geht es in erster Linie um den perlokutiven Aspekt des Sprechaktes; d.h. die Wirkung oder Konsequenz, welche die illokutiven Akte auf die Zuhörerschaft haben. Dabei können, aber müssen die perlokutiven Akte nicht intentional sein.[105]

Diese Überlegungen machen darüber hinaus einen weiteren Punkt deutlich, der für die Konzeptualisierung von Sicherheit entscheidend ist. Der hier dargelegte Definitionsprozess kann durch Vorstellungen von objektiver oder subjektiver Sicherheit nicht gefasst werden. Der Konstruktionscharakter verweist vielmehr auf ein intersubjektives Verständnis, denn die Sicherheitsproblematik liegt weder in den Subjekten noch in den Objekten, sondern findet zwischen den Subjekten statt. Es handelt sich dabei um eine Art soziale Qualität, die ein Teil des diskursiven, sozial konstituierten und intersubjektiven Bereichs ist.[106] Dies ist der im zweiten Kapitel angesprochene Bereich von Bedeutung.

Die Bestimmung von Referenzobjekten ist theoretisch auf sämtlichen Ebenen der internationalen Politik möglich. In der Praxis jedoch hat sich der Staat bzw. die Nation besonders erfolgreich als Referenzobjekt erwiesen. Der Vorteil dieser mittleren Ebene zwischen Individuum und System liegt darin, dass der Staat üblicherweise eine Art Interpretationsgemeinschaft bildet, in der Prinzipien der Legitimität und Wertschätzung zirkulieren. Innerhalb dieser Gemeinschaft interpretiert das Individuum die Ereignisse.[107] Aus diesem Grund steht in dieser Arbeit auch der amerikanische Diskurs im Vordergrund der Untersuchungen – vor allem, wenn es um die Verknüpfung des Bedeutungskontextes mit den Handlungsoptionen geht. Im Kontext des Problems der internationalen Ordnung müssen auch andere internationale Akteure in die Untersuchung einbezogen werden.

Für das hier vertretene Verständnis von Sicherheit kann man zusammenfassend festhalten, dass der Definitionsprozess von Sicherheitsproblemen den Gegenstand der Untersuchung bildet. Da sich Sicherheit um das Überleben dreht, geht es um existenzielle Bedrohungen für ein zuvor designiertes Refe-

---

[104] Siehe hierzu, Barry Buzan/Ole Waever/Jaap de Wilde: *Security. A new framework for analysis*, (Boulder: Lynne Rienner Publishers 1998), S. 24-26.
[105] Siehe hierzu, John R. Searle: *Mind, Language, and Society. Philosophy in the Real World*, (New York: Basic Books 1998), S. 136-138.
[106] Siehe hierzu, Barry Buzan/Ole Waever/Jaap de Wilde: *Security. A new framework for analysis*, (Boulder: Lynne Rienner Publishers 1998), S. 29-31.
[107] Ebd., S. 36-37.

renzobjekt, das in der internationalen Politik sehr häufig der Staat bzw. die Nation ist. Die eigentliche Bedeutung des Prozesses der Versicherheitung liegt darin, dass bestimmten Problemen eine *besondere* Bedeutung zugeschrieben wird, die es ermöglicht, Regelverstöße zu rechtfertigen. Dies hat dann auch Auswirkungen auf die Regeln des Handlungszusammenhanges.

Sicherheitspolitik ist demnach intersubjektiv, da sie zwischen den Akteuren stattfindet. Einerseits dominierte die Sicherheitsthematik den Diskurs nach dem 11. September, andererseits konnte gezeigt werden, dass Sicherheitsargumente immer auch eine normative Wertsetzung darstellen. Somit rechtfertigen diese Argumente, gegen etablierte Regeln der internationalen Ordnung zu verstoßen. Denn die besondere Bedeutung eines Problems (z.B. Grenzen, Kultur, Freiheit) durch den Sprechakt ist nur vor dem Hintergrund des engen konzeptuellen Zusammenhanges von Sicherheit mit der politischen Ordnung zu verstehen. Dies wird auch teilweise von der sicherheitspolitischen Forschung berücksichtigt. Was diese Beiträge allerdings aus den Augen verlieren, ist der wiederum enge Zusammenhang dieser Problematik mit dem Konzept der Legitimität – und dies vor dem Hintergrund einer möglichen Gewaltanwendung.

Folgt man diesen Überlegungen, so schließt sich der Kreis, warum Sicherheitsdiskurse eng mit der internationalen Ordnung zusammenhängen. Die Diskussion über Souveränität und Intervention zeigte, dass es in der Geschichte immer wieder zu Interventionen kam, die mit normativen Argumenten gerechtfertigt werden konnten, obwohl dies der zentralen Institution der internationalen Politik – dem Souveränitätsprinzip – zuwiderlief. Die Überlegungen zu Sicherheit als Sprechakt wiederum konnten verdeutlichen, dass die Bedeutung von Sicherheitsargumenten vor allem darin liegt, dass man mit Rückgriff auf sie Regelverstöße – also beispielsweise gegen das Prinzip der Nichteinmischung in die inneren Angelegenheiten eines anderen Staates – besonders wirkungsvoll legitimieren kann, wenn diese Rechtfertigungen von den anderen Akteuren der Ordnung akzeptiert werden. Demnach besteht eine enge konzeptuelle Verbindung zwischen Sicherheitsargumenten und der Interventionsproblematik. Dies hat Auswirkungen auf die Bedeutung von Souveränität und somit auch auf die internationale Ordnung.

Sicherheit und Ordnung

Ein kurzer Einblick in wichtige Sicherheitskonzeptionen in der Disziplin der internationalen Beziehungen sowie in der politischen Philosophie soll anschließend einen Einstieg in den Zusammenhang von Sicherheit und Ordnung ermöglichen. Dabei soll kurz auf drei wichtige Theorierichtungen eingegangen werden. Alle drei verweisen dabei implizit auf ein bestimmtes Verhältnis von Sicherheit und Ordnung, dem in dieser Untersuchung nicht gefolgt wird. Das hier vertretene Verständnis wird im zweiten Teil dieses Abschnitts dargelegt.

Grundsätzlich kann festgehalten werden, dass das Problem der Sicherheit bzw. der für weite Teile der Disziplin notwendig damit verbundene Begriff des

Krieges den Ausgangspunkt für die Gründung als wissenschaftliches Fach bildete. Aus diesem Grund kann im Rahmen dieser Untersuchung auch unmöglich auf sämtliche Entwicklungen eingegangen werden. Trotzdem sollen einige Eckpfeiler der Forschung aufgezeigt werden, um dann im zweiten Schritt die Schwächen aufzuzeigen, welche die wissenschaftliche Diskussion in eine konzeptionelle Sackgasse führten.

Die beiden zentralen Konzeptionen in der sicherheitspolitischen Forschung waren nach Ende des Zweiten Weltkrieges die Anarchieproblematik und das Sicherheitsdilemma.[108] Ein weiterer Schwerpunkt, der für die Fragestellung dieser Untersuchung von besonderer Relevanz ist, stellte das Problem der Herstellung von Sicherheit dar. Im Kontext der nuklearen „balance of terror"[109] des Kalten Krieges war Abschreckung das zentrale Konzept, um Sicherheit herzustellen. Basierend auf dem Konzept der Zweitschlagskapazität sollte durch Abschreckung ein gewisser Grad an Stabilität in der bipolaren Ordnung des Kalten Krieges hergestellt werden.[110] Die weiteren Ausführungen dieser Untersuchung werden zeigen, wie stark das Abschreckungskonzept im sicherheitspolitischen Denken verankert ist. Dies ist zwar in einem hohen Maße auf die Zeit des Kalten Krieges zurückzuführen, hat aber seine Wurzeln darüber hinaus in der politischen Philosophie, wie man beispielsweise bei Thomas Hobbes sehen kann.

Auch wenn dessen Staatskonzeption sehr viel weiter geht, als dass man behaupten könnte, sie drehe sich nur um Abschreckung, spielt diese auch hier zur Herstellung von Sicherheit eine wichtige Rolle. Denn es ist die Verbindung von Furcht und Vernunft, die den Souverän etabliert. Außerdem ist es in erster Linie die Furcht vor der Bestrafung durch den Souverän, welche die friedliche Ordnung bewahren soll. Die Funktion des Souveräns ist somit insbesondere die Herstellung von Sicherheit. Die Autorisierung durch die Untertanen verliert nur dann ihre Wirksamkeit, wenn der Souverän nicht mehr die Sicherheit der Untertanen gewährleisten kann (= Problematik des Widerstands*rechts* bei Hobbes).[111] Dieser kurze Ausflug in die politische Philosophie sollte zweierlei zeigen. Erstens sollte veranschaulicht werden, wie tief das Konzept der Abschreckung in unserem politischen Denken verankert ist und, dass es aus diesem Grund nicht

---

[108] Grundlegend für die Entwicklung der Konzeption des Sicherheitsdilemmas war vor allem, John Herz: "Idealist Internationalism and the Security Dilemma", *World Politics*, Vol. 2, No. 2, 1950, S. 157-180. Zum möglichen Umgang mit dem Sicherheitsdilemma siehe beispielsweise, Robert Jervis: „Cooperation under the Security Dilemma", *World Politics*, Vol. 30, No. 2, January 1978, S. 167-214, oder auch, Robert Jervis: *Perception and Misperception in International Politics*, (Princeton: Princeton University Press 1976), insbesondere S. 58-113.

[109] Zu diesem Begriff siehe vor allem, Albert Wohlstetter: "The Delicate Balance of Terror", *Foreign Affairs*, Vol. 37, No. 4, 1958/59, S. 211-234.

[110] Zum Problem der Abschreckung siehe vor allem, Thomas C. Schelling: *Arms and Influence*, (New Haven/London: Yale University Press 1966). Zum Problem der erweiterten Abschreckung siehe beispielsweise, Paul H. Nitze: „The Relationship of Strategic and Theater Nuclear Forces", *International Security*, Vol. 2, No. 1, Fall 1977, S. 123-132.

[111] Siehe hierzu, Thomas Hobbes: *Leviathan oder Stoff, Form und Gewalt eines kirchlichen und bürgerlichen Staates*, (Frankfurt am Main: Suhrkamp Verlag 1996).

unbedingt verwunderlich ist, dass es auch heute noch einen so prominenten Platz in der Diskussion über die Herstellung von Sicherheit einnimmt. Trotzdem wird später die Frage zu diskutieren sein, inwieweit das Konzept der Abschreckung auf jede Art von Sicherheitsproblematik anzuwenden ist, oder ob hier nicht vielmehr versucht wird, eine Situation *umzudefinieren*, damit die alt hergebrachten Konzepte wieder passen.[112] Zweitens, und dieser Punkt wird im Laufe der Arbeit noch näher zu untersuchen sein, richtet der Rückbezug auf Hobbes das Augenmerk auf den Zusammenhang von der Herstellung von Sicherheit auf der einen Seite und der Etablierung bzw. Legitimation von Herrschaft andererseits.

Bevor aber diese Überlegungen in die Argumentation eingebaut werden, soll zunächst gezeigt werden, wie die drei „Schulen" der internationalen Beziehungen den Zusammenhang von Sicherheit und Ordnung sehen. Während der hier vertretene Ansatz ein Verständnis des Zusammenhangs dieser Begriffe etablieren möchte, verknüpfen weite Teile der Forschung diese zu einer Art Kausalbeziehung. Sicherheit durch Ordnung wird konzeptuell gefasst durch: „Sicherheit ist hergestellt, wenn Ordnung herrscht".[113] Dabei vertreten die drei wichtigsten Schulen Realismus, Institutionalismus und Konstruktivismus verschiedene Ansätze, wie man Sicherheit durch Ordnung herstellen kann.

Das realistische Paradigma geht davon aus, dass ein Gleichgewicht der Mächte einen gewissen Grad an Ordnung in der internationalen Politik und dadurch auch Sicherheit herstellen kann.[114] Dabei gibt es jedoch innerhalb dieser Schule große Meinungsverschiedenheiten, inwieweit die Ordnung intendiert

---

[112] In der Psychologie wird für diesen Prozess der Begriff der kognitiven Dissonanz verwendet. Siehe hierzu, Leon Festinger: *Theorie der kognitiven Dissonanz*, (Bern/Stuttgart/Wien: Verlag Huber 1978).

[113] Diese Darstellung ist insoweit ein wenig verkürzt, da in der Forschung noch häufig das Stabilitätskonzept eingebaut wird; d.h. „Weil Ordnung, Sicherheit durch Stabilität". Siehe hierzu, Marius Schneider: *Sicherheit, Wandel und die Einheit Europas. Zur generativen Rolle von Sicherheitsdiskursen bei der Bildung zwischenstaatlicher Ordnungen vom Wiener Kongress bis zur Erweiterung der Nato*, (Opladen: Leske + Budrich 2002), S. 37-47 und S. 261-282. Da im Rahmen dieser Untersuchung aber der Zusammenhang von Sicherheit und Ordnung im Mittelpunkt steht, kann das Stabilitätskonzept aus arbeitstechnischen Gründen vernachlässigt werden.

[114] Für einen guten Überblick über den Zusammenhang von realistischer Tradition und Sicherheitsproblematik siehe, Sean M. Lynn-Jones: „Realism and Security Studies", in: Craig A. Snyder (Hrsg.): *Contemporary Security and Strategy*, (New York: Routledge 1999), S. 53-76. "[M]ost realists believe that aspects of the international system, especially the distribution of power among states, are the most important causes of the basic patterns of international politics and foreign policy." (S. 55)

oder unintendiert eintritt.[115] Darüber hinaus herrscht im Realismus auch Uneinigkeit, inwieweit bipolare oder hegemoniale Systeme einen größeren Grad an
Ordnung bieten.[116] Jedoch bleibt auch hier die grundsätzliche Verbindung „Sicherheit, *weil* Ordnung" weitestgehend erhalten.

Der liberale Institutionalismus geht hingegen davon aus, dass Ordnung in
der internationalen Politik durch Institutionen zumindest erleichtert, wenn nicht
sogar geschaffen wird. Auf diese Weise wird die Herstellung von Sicherheit gewährleistet. Das Argument ähnelt jedoch durchaus dem der Realisten: „Sicherheit, *weil* Ordnung". Einzig der Weg zur Ordnung ist ein anderer.[117]

Auch Teile der Konstruktivisten verfolgen einen ähnlichen Weg wie die
beiden anderen Denkrichtungen. Der Hebel liegt für sie allerdings in der Konstitution einer kollektiven Identität. Sie beziehen sich dabei in erster Linie auf den
transatlantischen Raum, der ihrer Auffassung nach eine so genannte „security
community"[118] bildet: Ordnung konstituiert sich hier durch gemeinsame Normen
und Werte, die zur Bildung von kollektiver Identität führen. Die Definition des
Selbst umschließt nicht mehr nur den eigenen Staat, sondern wird auf die anderen Mitglieder der Gemeinschaft ausgeweitet. Aber auch hier bleibt der Kern des
Arguments erhalten: „Sicherheit herrscht, wenn Ordnung hergestellt ist". Allerdings berücksichtigt diese Schule noch am Stärksten das normative und konstitutive Element der Beziehung von Sicherheit und Ordnung und distanziert sich
damit ein wenig von der kausalen Konzeptualisierung der beiden anderen Schulen.[119]

---

[115] Während die „klassischen Realisten" eher von der Möglichkeit einer durch Akteure geschaffenen Ordnung ausgehen, betonen die „strukturellen Realisten", dass Ordnung nicht geschaffen werden kann, sondern aus der Handlungslogik der Anarchie resultiert. Für eine unin-
tendierte Ordnung siehe vor allem, Kenneth N. Waltz: *Theory of International Politics*, (Reading, MA: Addison Wesley 1979), insbesondere S. 102-128. Für ein realistisches Argument,
jedoch mit einer intendierten Ordnung siehe beispielsweise, Henry A. Kissinger: *A World
Restored. Metternich, Castlereagh and the Problems of Peace, 1812-22*, (Boston: Houghton
Mifflin 1967), insbesondere S. 41-62.

[116] Kenneth Waltz favorisiert bipolare Systeme, wohingegen Robert Gilpin betont, dass Ordnung durch Hegemonie geschaffen wird. Siehe hierzu, Robert Gilpin: *War and Change in
World Politics*, (Cambridge: Cambridge University Press 1989).

[117] Siehe hierzu beispielsweise, Helga Haftendorn/Robert O. Keohane/Celleste A. Wallander
(Hrsg.): *Imperfect Unions: Security Institutions over Time and Space*, (Oxford: Oxford Uni-
versity Press 1999). Dabei ähnelt das Institutionenargument durchaus an einigen Stellen den
Rüstungskontrollargumenten des Kalten Krieges. Siehe hierzu beispielsweise, Kenneth
Adelman: „Arms Control With and Without Agreements", *Foreign Affairs*, Vol. 63, No. 2,
Winter 1984/85, S. 240-263.

[118] Zum ersten Mal wurde dieses Argument angeführt von, Karl Deutsch, et al.: *Political
Community and the North Atlantic Area*, (Princeton: Princeton University Press 1957).

[119] Siehe hierzu beispielsweise, Emanuel Adler/Michael Barnett (Hrsg.): *Security Communi-
ties*, (Cambridge: Cambridge University Press 1998). Derselbe Tenor wird auch in Alexander
Wendts "Kantschen Kultur der Anarchie" deutlich. Siehe hierzu, Alexander Wendt: *Social
Theory of International Politics*, (Cambridge: Cambridge University Press 1999), S. 297-308.

Nachdem bis hierher die Wichtigkeit von Abschreckung herausgearbeitet und die Dominanz der Vorstellung von „Sicherheit, *weil* Ordnung" dargestellt wurde, soll im Folgenden ein Verständnis des Zusammenhanges von Sicherheit und Ordnung erarbeitet werden, das über die hier angeführten Vorstellungen hinausgeht. Dieser Zusammenhang ist nicht zu verstehen, wenn man seine Verbindung mit den Begriffen Legitimität und Gewalt vernachlässigt. Dies bedeutet aber nicht automatisch eine Ausweitung der Problematik, da der Zusammenhang zwischen den verschiedenen Konzepten am Ende zu einer dreiteiligen Frage zusammengefügt werden kann. Diese stellt den Schlüssel zur Beurteilung einer politischen Ordnung dar.

Sowohl die kurzen Ausflüge in die politische Philosophie von Thomas Hobbes und Max Weber als auch die Begriffsgeschichte konnten zeigen, dass die Sicherheitsproblematik nur im Zusammenhang mit anderen politischen Konzeptionen zu verstehen ist. Dabei stehen drei Konzepte im Vordergrund: Das Verhältnis von Sicherheit zu den Begriffen Ordnung, Legitimität und Gewalt konstituiert innerhalb von Sicherheitsdiskursen eine spezielle Art von politischer Semantik, die im Folgenden näher untersucht wird.[120]

Beim Prozess der Versicherheitung wurde gezeigt, dass die konstitutive bzw. generative Logik des Sicherheitsbegriffes darin liegt, dass sie einem praktischen Problem eine besondere Bedeutung verleiht. Auf diese Weise wird das praktische zu einem politischen Problem. Dies hat zwei Implikationen: Erstens wird dadurch immer auch ein Regelverstoß zumindest zur Option, der mit dem Sicherheitsargument zwar legitimiert werden kann, aber trotzdem immer auch ein gewisses Konfliktpotenzial in sich birgt.[121]

Zweitens stehen Sicherheitsprobleme folglich immer im direkten Bezug zu Herrschaftsverhältnissen. Schließlich ist die Herstellung von Sicherheit, wie man beispielsweise in Hobbes' Staatskonzeption sieht, die Grundlegitimation von Autorität. Die Ausübung von Herrschaft impliziert eine Arbeits- bzw. Rollenteilung. Sicherheit drückt so einen Anspruch aus, der an die Ausübenden

---

[120] Unter den Realisten ist Henry Kissinger derjenige, der diesem Zusammenhang noch am Meisten Rechnung trägt. Siehe hierzu, Henry A. Kissinger: *A World Restored. Metternich, Castlereagh and the Problems of Peace, 1812-22*, (Boston: Houghton Mifflin 1967).

[121] Zur konstitutiven Funktion des Konflikts für Politik siehe, Marius Schneider: *Sicherheit, Wandel und die Einheit Europas. Zur generativen Rolle von Sicherheitsdiskursen bei der Bildung zwischenstaatlicher Ordnungen vom Wiener Kongress bis zur Erweiterung der Nato*, (Opladen: Leske + Budrich 2002), S. 92. Diese Überlegungen folgen dabei in erster Linie dem Politikbegriff von Carl Schmitt. Siehe hierzu, Carl Schmitt: *Der Begriff des Politischen*, (Berlin: Duncker & Humblot 1963).

von Autorität gestellt wird. Somit ist Sicherheit ein konstitutives Element von politischen Ordnungen.[122]

Während der Rückgriff auf Hobbes besonders fruchtbar für den Zusammenhang von Sicherheitsherstellung und legitimer Ordnung ist, verweisen die Ausführungen zu Max Weber auf die besondere Bedeutung von legitimer Gewaltanwendung. Es ist praktisch unmöglich, die Sicherheitsproblematik zu fassen, ohne den Aspekt der Gewalt zu berücksichtigen, der für die Durchsetzung von Sicherheit konstitutiv ist. Dabei geht es im Rahmen dieser Untersuchung nicht um die bloße Anwendung von Gewalt, sondern um die Frage, unter welchen Bedingungen Gewalt zur Herstellung von Sicherheit angewendet werden *darf*. Die Frage nach der Legitimität rückt in den Mittelpunkt der Überlegungen. Herrschaft wird in einer politischen Ordnung nicht nur dadurch legitimiert, dass tatsächlich Sicherheit hergestellt wird, sondern vor allem dadurch, dass die Mobilisierung von Gewaltressourcen als legitim angesehen wird.[123] Der Zusammenhang von Sicherheit, Gewalt und Legitimität lässt sich in einer dreiteiligen Frage zusammenfassen, deren Beantwortung den Kern einer politischen Ordnung widerspiegelt:

Wer darf gegenüber wem legitimerweise Gewalt ausüben und warum?

Diese Frage ist grundsätzlich anwendbar sowohl auf politische Ordnungen innerhalb von Gemeinschaften als auch zwischen Gemeinschaften. Innerhalb einer politischen Gemeinschaft – z.B. des Staates – ist das Problem der legitimen Gewaltanwendung in erster Linie durch das Repräsentationsprinzip und die Zentralisierung der Staatsgewalt geregelt. Dies impliziert jedoch nicht, dass Legitimität im internationalen System zu vernachlässigen ist. Auch wenn hier kein eindeutiges Herrschaftsverhältnis im Sinne einer zentralisierten Organisation legitimer Gewaltanwendung vorliegt, steht bei Sicherheitsproblemen in der internationalen Politik die Frage der legitimen Gewaltanwendung auf dem Spiel. Warum würden sonst sämtliche Interventionen mit bestimmten normativen Gründen gerechtfertigt werden? In diesem Diskurs werden durch Interaktion, Kommunika-

---

[122] Siehe hierzu, Marius Schneider: *Sicherheit, Wandel und die Einheit Europas. Zur generativen Rolle von Sicherheitsdiskursen bei der Bildung zwischenstaatlicher Ordnungen vom Wiener Kongress bis zur Erweiterung der Nato*, (Opladen: Leske + Budrich 2002), S. 76-80. Die Legitimation des Staates auf der Basis der Sicherheitsherstellung kann auch an Hand der Begriffsgeschichte des Krieges gezeigt werden: „,Krieg' ist demnach eine gewaltsame Auseinandersetzung zwischen souveränen Staaten, die im Innern Krieg und Feindschaft durch die Etablierung einer effektiven *summa potestas iurisdictionis* beseitigt haben. Die Grenze des Staates trennt einen Bereich des Friedens und der Sicherheit von einem Bereich des Krieges und der Unsicherheit." Wilhelm Janssen: „Krieg", in: Otto Brunner/Werner Conze/Reinhart Koselleck (Hrsg.): *Geschichtliche Grundbegriffe. Historisches Lexikon zur politisch-sozialen Sprache in Deutschland*, Bd 3, (Stuttgart: Klett-Cotta), S. 583.

[123] Marius Schneider: *Sicherheit, Wandel und die Einheit Europas. Zur generativen Rolle von Sicherheitsdiskursen bei der Bildung zwischenstaatlicher Ordnungen vom Wiener Kongress bis zur Erweiterung der Nato*, (Opladen: Leske + Budrich 2002), S. 83.

tion und symbolische Handlungen dezentral Regeln etabliert, die entweder explizit oder auch implizit die internationale politische Ordnung konstituieren.[124]

Dieser Aspekt ist entscheidend für die dritte Fragestellung dieser Untersuchung. Im Diskurs über die erarbeitete, dreiteilige Frage entscheidet sich die Qualität der internationalen Ordnung: Wenn sich hier ein Konsens zwischen den Akteuren etabliert, kann man von einer positiven Sicherheitsordnung sprechen. Wenn ein Dissens zwischen den Akteuren über diese Frage entsteht, spricht man von einer negativen Sicherheitsordnung. Dieses Analyseinstrumentarium wird im folgenden Kapitel auf die Problematik der Ereignisse vom 11. September angewendet.

---

[124] Ebd., S. 74-76.

5. DIE PROBLEMATIK DER POLITISCHEN ORDNUNG NACH DEM 11. SEPTEMBER 2001

Die Ereignisse des 11. September stellten die internationalen Akteure vor bestimmte Probleme, da sie allgemein als etwas „Neues" wahrgenommen wurden. Daher musste auf internationaler Ebene eine „konsensuale Sprachregelung" gefunden werden. Diese musste einerseits die neue Problematik definieren und andererseits ein bestimmtes Regelwerk zum Umgang mit diesem Problem vorschlagen. Im Fall der Ereignisse des 11. September wurde nicht einfach ein Regelwerk etabliert (wie z.b. bei Regimen), sondern vielmehr wurde den USA ein *Recht* zugestanden. Dieser Vorgang hatte wichtige Implikationen für die internationale Ordnung.

5.1 Die praktische Umsetzung des Rechtes auf Selbstverteidigung

Nachdem der konzeptuelle Rahmen des relevanten Handlungssystems festgelegt und anschließend der Zusammenhang von Sicherheitsdiskursen und politischer Ordnung diskutiert wurde, wendet sich die Argumentation dem konkreten Fall dieser Arbeit zu – der Problematik der politischen Ordnung nach dem 11. September 2001. In Anlehnung an Hedley Bulls Untersuchungen zur politischen Ordnung wird diese hier ganz allgemein als „a pattern of activity that sustains the elementary or primary goals of the society of states, or international society"[125] verstanden. Eine politische Ordnung wird deshalb zweidimensional konzeptualisiert: Zum Einen ist sie immer eine Frage von politischen Bedeutungen, zum Anderen umschließt sie auch die Problematik des Handelns. Schließlich entstehen, reproduzieren und verändern sich politische Ordnungen erst dadurch, dass diese Bedeutungszusammenhänge in politische Handlungen umgesetzt und teilweise institutionalisiert werden. Demnach muss der Diskurs um Sicherheit so analysiert werden, dass deutlich wird, in welchen Bedeutungskontexten sicherheitspolitische Argumente auftauchen und wie diese schließlich in politische Handlungen „übersetzt" werden. Dies kann unter Umständen auch Regelverstöße rechtfertigen.[126]

Nehmen wir nun an, dass durch eine neue, unvorhergesehene Situation die politische Ordnung vor ein Problem gestellt wird, das den Erhalt der primären Ziele der internationalen Gesellschaft zu gefährden scheint. Der erste Schritt, über den nun eine Einigung erzielt werden muss, ist die Definition des Problems. Da aber zumeist das jeweilige Problem nicht alle Akteure in derselben Art

---

[125] Hedley Bull: *The Anarchical Society: A Study of Order in World Politics*, (London: Macmillan 1977), S. 8.

[126] Siehe hierzu, Marius Schneider: *Sicherheit, Wandel und die Einheit Europas. Zur generativen Rolle von Sicherheitsdiskursen bei der Bildung zwischenstaatlicher Ordnungen vom Wiener Kongress bis zur Erweiterung der Nato*, (Opladen: Leske + Budrich 2002), S. 102.

und Weise betrifft, sie zudem häufig unterschiedliche Identitäten und Interessen haben, ist es mehr als wahrscheinlich, dass der zweite Schritt, das vereinbarte Regelwerk zur Problembearbeitung, eher allgemein gehalten wird, da auf diese Weise leichter ein Kompromiss gefunden werden kann. Je breiter das Regelwerk und sein Begründungshintergrund angelegt sind, desto höher ist die Wahrscheinlichkeit, dass „für jeden etwas dabei ist", er demnach eher zum Konsens bereit ist. Zudem sind politische Entscheidungsträger in unvorhergesehenen Situationen dem Druck ausgesetzt, „etwas tun zu müssen".[127] Die Definition und der allgemeine Rahmen von Regeln konstituieren eine neue Konsensbasis, die in einer „konsensualen Sprachregelung" mündet. Solche Regelungen manifestieren sich auf internationaler Ebene zumeist in Formeln internationaler Verträge oder auch in Resolutionen von internationalen Institutionen.[128]

Erstens ist im Kontext der Fragestellung dieser Untersuchung festzuhalten, dass die Ereignisse des 11. September durch die Akteure als ein sicherheitspolitisches Problem dargestellt wurden. Aus der Perspektive des generativen Sicherheitsverständnisses bedeutet dies, dass den Ereignissen eine besondere Bedeutung zugeschrieben wurde, die das Problem *über* die „normalen" Spielregeln der internationalen Politik hob.[129] Auf diese Weise stand wiederum der Zusammenhang von Sicherheit, Ordnung, Gewalt und Legitimität im Vordergrund des Diskurses: *Wer darf gegenüber wem legitimerweise Gewalt ausüben und warum?* Die Beantwortung dieser Problematik entschied über die Qualität der internationalen politischen Ordnung und stellte somit die Schnittstelle von Sicherheitsargumenten und politischer Ordnung dar.

Zweitens und ebenfalls entscheidend, handelte es sich im Falle der Ereignisse des 11. September um eine besondere Art der konsensualen Sprachregelung. Es ging hier nämlich weniger um die Etablierung eines Regelwerkes zur

---

[127] Zu dieser Problematik nach dem 11. September siehe auch, Michael Howard: "What's in a Name? How to Fight Terrorism?", *Foreign Affairs*, Vol. 81, No. 1, January/February 2002, S. 11.

[128] Siehe hierzu, Marius Schneider: *Sicherheit, Wandel und die Einheit Europas. Zur generativen Rolle von Sicherheitsdiskursen bei der Bildung zwischenstaatlicher Ordnungen vom Wiener Kongress bis zur Erweiterung der Nato*, (Opladen: Leske + Budrich 2002), S. 92-93. Für die Fragestellung dieser Arbeit sind insbesondere die *einstimmig* angenommenen Resolutionen 1368 und 1373 des UN-Sicherheitsrates entscheidend. Denn diese verkörpern immer wieder die konsensuale Sprachregelung, also den Begründungshintergrund, auf dessen Grundlage der Diskurs verläuft. Darüber hinaus ist vor allem noch die Entscheidung der NATO zu berücksichtigen, Art. 5 des Washingtoner Vertrages in Kraft zu setzen: Ein Angriff gegen ein Mitglied ist ein Angriff auf alle Mitglieder. Die UN-Resolutionen bieten sich auch deswegen an, da es zur Ausübung des Selbstverteidigungsrechtes eigentlich keine Resolution des UN-Sicherheitsrates benötigen würde; d.h. interpretiert man die beiden Resolutionen so (wie dies auch zumeist geschieht), dass sie nicht ein „Tätigwerden des UN-Sicherheitsrates" bedeuten, kann man die beiden Resolutionen als eine zusätzliche „symbolische" Legitimierung durch die Staatengemeinschaft betrachten.

[129] Siehe hierzu, Barry Buzan/Ole Waever/Jaap de Wilde: *Security. A new framework for analysis*, (Boulder: Lynne Rienner Publishers 1998), S. 5.

Bearbeitung eines Sachproblems, sondern vielmehr um die Anerkennung, dass die USA ein *Recht auf Selbstverteidigung hatten*:

> All arguments about rights stake out claims backed by reasons why these demands should be socially protected. Rights are, therefore, not only insistent claims, but are also claims imposing obligations on others, which, for instance, even the most persistent claims about 'interests' cannot do. But precisely because right-claims are based on reasons, they can be defeated by certain other reasons. What *types* of reasons can serve as defeating ones in this context creates considerable difficulties.[130]

Neben dieser Besonderheit der Konzeption eines „Rechtes" kam noch hinzu, dass es nicht mehr nur darum ging, was zur Problembearbeitung *richtig war*, sondern, dass die USA ein *Recht hatten*:

> Claims that something is right, i.e., the right thing to do, make necessary the giving of reasons and invites challenges on the basis of intersubjectively shared standards. *Having a right* means that such challenges need not be entertained by the right-holder and, that in doing so, he/she is not committing a wrong. (...) Having a right, therefore, means having discretion of how to exercise it, even when this entails doing 'the wrong thing'. Rights, therefore, not only confer entitlements belonging to the right-holder at his discretion, they are also 'bars' to interferences and to arguments made against certain types of actions on moral and/or utilitarian grounds.[131]

Diese Überlegungen hatten für die Diskussion der internationalen Ordnung nach dem 11. September drei Implikationen: Erstens zeigen sie, dass die Anerkennung der internationalen Akteure, die USA hätten ein Recht auf Selbstverteidigung, zu einem grundsätzlichen Legitimationsvorsprung der USA für die Art der Maßnahmen führte. Es war schließlich ihre Sache, wie sie dieses Recht ausübten. Dieses diente als eine Art Schutzschild für Kritik von anderen Akteuren. Zweitens implizierte dies auch, dass die USA auf Grund ihres Rechtes eine unangefochtene Führungsposition in der Ausübung der Maßnahmen hatten. Dies hatte aber nicht nur mit ihren materiellen Machtmitteln zu tun, sondern basierte auf der Anerkennung des Selbstverteidigungsrechtes durch die Staatengemeinschaft. Drittens: Weil ein Recht, warum bestimmte Forderungen geschützt werden müssen, begründet werden muss, kann die Beanspruchung eines Rechtes auch wiederum durch andere Gründe ungültig oder zumindest angegriffen werden.[132]

---

[130] Friedrich V. Kratochwil: *Rules, Norms, and Decisions. On the conditions of practical and legal reasoning in international relations and domestic affairs*, (Cambridge: Cambridge University Press 1989),S. 155.
Außerdem ist – nach Kratochwil – noch ein weiterer Unterschied zu Normen und Regeln zu beachten: "Rights are not simply rules but complex composites which attain their meaning not from the concept of rule and norm alone, but rather from the *speech act* of claiming." (S. 163)
[131] Ebd., S. 160.
[132] An dieser Stelle musste die Etablierung des Selbstverteidigungsrechtes der USA vorgezogen werden, da anderenfalls die Diskussion der konsensualen Sprachregelung die Besonderheiten dieses Konzeptes vernachlässigt hätte.

Basierend auf diesen Überlegungen stellt sich für die Problematik der internationalen politischen Ordnung in dieser Untersuchung die Frage, mit welchen Argumenten der noch offene Interpretationsspielraum im Kontext des Selbstverteidigungsrechtes der USA gefüllt wurde. Die Frage nach der politischen Ordnung kann dann beantwortet werden, wenn im Diskurs ein Konsens bzw. Dissens über die Füllung dieses Interpretationsspielraumes mit praktischen Argumenten nachgewiesen werden kann. Mit anderen Worten: Kann ein praktischer Konsens über die Frage, „wer gegenüber wem legitimerweise Gewalt anwenden darf", etabliert werden? Somit steht ein Analyseinstrumentarium zur Verfügung, um die dritte Fragestellung dieser Untersuchung nach der politischen Ordnung nach dem 11. September beantworten zu können – vor allem auch aus der vielbeschworenen Perspektive, dass die Ereignisse des 11. September so viel verändert hätten.

Diese Ausführungen werden nun in falsifizierbare Hypothesenform gebracht. Anschließend wird die Operationalisierung vorgenommen. Die oben aufgestellte Arbeitshypothese lautete: *Die Ordnung des internationalen Systems verändert sich dann, wenn die Akteure durch ihr Handeln die Regeln und Normen verändern, die konstitutiv für internationale Interaktionen sind.* Basierend auf den Überlegungen in diesem Kapitel rückt zunächst die Beantwortung der dreiteiligen W-Frage nach dem 11. September in den Mittelpunkt. Zweitens muss untersucht werden, inwieweit ein internationaler Konsens über diese Frage gefunden werden konnte und schließlich, inwieweit die Regeln eine Veränderung in der internationalen Politik darstellen. Die Beantwortung und praktische Umsetzung dieser Fragen verweisen schließlich auf diejenigen Regeln und Normen, die konstitutiv für internationale Interaktionen sind. Dementsprechend kann folgende Hypothese zur internationalen politischen Ordnung nach dem 11. September aufgestellt werden:

Wenn international ein Konsens über die praktische Umsetzung des Selbstverteidigungsrechtes der USA nach dem 11. September gefunden werden kann, kann man von einer positiven Sicherheitsordnung sprechen. Auf diese Weise können sich bestimmte, intersubjektiv geteilte Regeln etablieren, die konstitutiv für internationale Interaktionen sind. Wenn diese Regeln eine Veränderung darstellen, kann man von einem Wandel der internationalen Ordnung sprechen.

Wenn hingegen ein Dissens über die praktische Umsetzung des Selbstverteidigungsrechtes der USA nach dem 11. September entsteht, wird es zu einem politischen Konflikt um die Frage „wer gegenüber wem legitimerweise Gewalt anwenden darf" kommen. Dann kann man von einer negativen Sicherheitsordnung sprechen, und es ist unwahrscheinlich, dass sich neue Spielregeln für die

Praxis der internationalen Politik etablieren können.[133] Wenn dieser Konflikt in der Folgezeit nicht wieder aufgelöst werden kann, wird dies dazu führen, dass der erreichte Konsens, verkörpert in der Zuweisung des Rechtes auf Selbstverteidigung an die USA, wieder zum Politikum, zum Konflikt wird. Dies kann im Extremfall dazu führen, dass die Beanspruchung des Selbstverteidigungsrechtes selbst wieder angezweifelt wird. Denn wie das Recht durch bestimmte Gründe etabliert wurde, kann es auch durch andere Gründe ungültig werden. In diesem Fall müsste eine neue konsensuale Sprachregelung gefunden werden.[134]

Wie lassen sich nun diese Hypothesen operationalisieren, so dass eine plausible Erklärung zum Zustand der (internationalen) politischen Ordnung nach dem 11. September 2001 gemacht werden kann? Die bisherigen Ausführungen haben die Wichtigkeit der sprachlichen Beschreibung und der Konstruktion eines Bedeutungskontextes herausgearbeitet, mittels denen die Menschen bestimmten Ereignissen Sinn verleihen. Auf der Basis dieses konstruierten Bedeutungskontextes werden bestimmte Handlungen ermöglicht und andere verhindert oder zumindest unwahrscheinlich gemacht. Dies bedeutet für die weitere Vorgehensweise, dass der amerikanische Diskurs über die Ereignisse des 11. September 2001 so analysiert werden muss, dass die Vorstellungen der USA zur praktischen Umsetzung des Selbstverteidigungsrechtes deutlich werden.[135] Auf diese Weise lassen sich die beiden ersten Fragestellungen der Untersuchung beantworten.

Diese Ausführungen beinhalten beide Dimensionen der politischen Ordnung – Bedeutungskontext und Handlungsproblematik. Für die dritte Fragestellung der Untersuchung müssen allerdings auszugsweise noch andere Akteure der internationalen Politik in die Analyse integriert werden, da nur so die Frage nach Konsens oder Dissens über bestimmte Regeln beantwortet werden kann. Dies geschieht einerseits durch ihre Aussagen, andererseits aber auch durch ihr praktisches Handeln. Auf dieser Grundlage kann eine plausible Antwort auf die Frage der internationalen Ordnung gegeben werden, die klar herausstellt, ob sich neue Regeln für die Praxis der internationalen Politik etablieren konnten.

---

[133] Die Bezeichnungen „positiv" und „negativ" sind nur insoweit als normative Wertungen zu verstehen, als dass sie sich darauf beziehen, ob ein Konsens oder ein Dissens über die dreiteilige W-Frage zwischen den Akteuren herrscht. Dies bedeutet aber nicht, dass ein Konsens aus normativer Perspektive immer positiv sein muss. Denn ein Konsens über bestimmte Regeln kann sowohl Kooperation als auch Konflikt konstituieren. Siehe hierzu auch, Alexander Wendt: *Social Theory of International Politics*, (Cambridge: Cambridge University Press 1999), S. 251-252.

[134] Die Hypothesen lassen sich folgendermaßen falsifizieren: Wenn es sich nachweisen lässt, dass neue Spielregeln für internationale Politik etabliert werden, die aber in keiner Weise auf einem internationalen Konsens, sondern beispielsweise auf „reiner Gewalt" beruhen, wäre die Hypothese falsifiziert. Eine zweite Möglichkeit wäre, dass schon die konsensuale Sprachregelung ausreicht, um Regeln zu etablieren. Der praktischen Umsetzung würde somit keinerlei Bedeutung für die internationale Ordnung zukommen.

[135] Siehe zur genauen Begründung der Vorgehensweise in der Diskursanalyse das Kapitel „6.1 Systematisierung der Vorgehensweise".

Trotzdem steht die Operationalisierung noch vor einem gravierenden Problem, nämlich der oben angesprochenen Problematik des hermeneutischen Zirkels. Es wurde gezeigt, dass die Sicherheitsproblematik nur innerhalb ihres politischen Kontextes zu verstehen ist; andererseits wurde auch deutlich, dass dieser Kontext unter anderem erst durch die politische Bedeutung von Sicherheit geschaffen wird. Darüber hinaus ist auch die Bedeutung einer bestimmten Aussage – beispielsweise von US-Präsident Bush – nur im Kontext zu verstehen. Dieser wird aber auch unter anderem durch diese Aussage geschaffen. Wie oben angekündigt, werden aus diesem Grund so genannte *Brückenkonzepte* oder auch Indikatoren eingeführt.

Auf Grund der Tatsache, dass politische Ordnungen soziale Konstrukte sind, die sich durch Intersubjektivität und Interaktivität auszeichnen, sind sie nicht direkt beobachtbar. Daher müssen die Brückenkonzepte ebenfalls diese Eigenschaften mit sich bringen. Auf der anderen Seite wurde auch gezeigt, dass eine Art notwendige semantische Beziehung zwischen dem Sicherheitsdiskurs und der politischen Ordnung besteht.[136] Demnach müssen Brückenkonzepte gefunden werden, die einerseits einen festen Platz in der Sicherheitsgrammatik haben und damit den Bedeutungskontext des Problems erfassen. Andererseits muss das Brückenkonzept auch die Handlungsproblematik integrieren. Darüber hinaus, und dieser Punkt ist mit Blick auf die bisherigen Ausführungen entscheidend, sollte das Konzept eine normative Wertung beinhalten und damit potenziell „umstritten" sein:

When the disagreement does not simply reflect different readings of evidence within a fully shared system of concepts, we can say that a conceptual dispute has arisen. When the concepts involved is *appraisive* in that the state of affairs it describes is a valued achievement [hier im negativen Sinn; Anmerkung des Verfassers], when the practice described is *internally complex* in that its characterization involves reference to several dimensions, and when the agreed and contested rules of application are relatively *open*, enabling parties to interpret even those shared rules differently as new and unforeseen situations arise, then the concept in question is an 'essentially contested concept'. Such concepts 'essentially involves endless disputes about their proper uses on the part of their users.'[137]

Aus diesen Gründen müssen Begriffe gefunden werden, die einerseits selbst miteinander, andererseits aber vor allem mit den Begriffen Sicherheit und Ordnung zusammenhängen. Schließlich sollen sie die Funktion einer Brücke übernehmen. Im Kontext der Ereignisse des 11. September rücken dabei zwei Begriffe in den Mittelpunkt, nämlich *Terror(ismus)* und *Krieg*. Beide Begriffe erfüllen die oben aufgestellten Voraussetzungen, um die Funktion eines Brückenkon-

---

[136] Zu notwendigen semantischen Beziehungen in der Geschichtswissenschaft siehe, Reinhart Koselleck/Wolf-Dieter Stempel (Hrsg.): *Geschichte – Ereignis und Erzählung*, (München: Wilhelm Fink Verlag 1973).

[137] In Anlehnung an W.B. Gallie, William E. Connolly: The *Terms of Political Discourse*, (Princeton: Princeton University Press 1983), S. 10.

zeptes übernehmen zu können. Während mit dem Konzept des Terrorismus vor allem die Definition der dominierenden Thematik aus einer bewertenden Perspektive gefasst werden kann, spiegelt das Konzept des „Krieges" einen weiteren wichtigen Aspekt der Ereignisdefinition wider und verweist darüber hinaus auf die Problematik der angemessenen Handlungsoptionen. Außerdem verkörpern die beiden Konzepte das Projekt, das die Zeit nach dem 11. September bestimmte, den „Krieg gegen den Terror(ismus)". Weil demzufolge *Terror(ismus)* und *Krieg* entscheidend für die Konstruktion des Bedeutungskontextes und deshalb für die angemessenen Handlungsoptionen waren, sollen sie im folgenden Abschnitt gesondert diskutiert werden.

5.2 Die Brückenkonzepte Terror(ismus) und Krieg

In einem ersten Schritt soll sich der Bedeutung von Terror und Terrorismus etymologisch genähert werden. Anschließend wird dargelegt, dass keine Einigung über eine Definition dieses Begriffes existiert, was in erster Linie an seiner negativen Konnotation liegt. In der Diskussion des Kriegsbegriffes muss im Falle dieser Untersuchung eine zentrale Unterscheidung durchgeführt werden. Zunächst geht es um die Einordnung der Ereignisse des 11. September als Kriegsakt, also um die Unterscheidung von Krieg und anderen Feindseligkeiten. Zweitens sollen verschiedene Kriegstypen vorgestellt werden, die für die Einordnung des „Krieges gegen den Terror" wichtig sind. Abschließend soll noch kurz der Kriegsbegriff als eine Art rhetorische Figur diskutiert werden und dabei auf die normative Dimension dieses Begriffes verwiesen werden.

Als politischer Begriff wurde Terror erstmals während der Französischen Revolution und der Jakobinerherrschaft verwendet. In deren Regierungszeit war er positiv besetzt, da Terror das Mittel zur Erreichung von Tugend darstellte.[138] Diese positive Besetzung des Begriffs endete aber schlagartig: „Das Ende der Jakobinerherrschaft markiert das vorläufige Ende des positiv gefaßten Terrorbegriffs."[139] Während sich seit dieser Zeit seine Bedeutung immer wieder veränderte, blieb der Begriff doch weitgehend negativ besetzt. Diese Tendenz verstärkte sich im 20. Jahrhundert. Dies lag einerseits an der Auseinandersetzung mit dem Totalitarismus, der den Begriff des Terrors im Kontext staatlicher Gewalt zunehmend diskreditierte, und andererseits mit dem Aufkommen des linksradikalen Terrorismus, der sich gegen den Staat richtete. Dies hatte weitreichende Implikationen für die Bedeutung des Begriffes:

---

[138] „Die Jakobiner schufen aus dem vagen Schlagwort eine Staats- und Regierungsdoktrin, mit der die verschiedenen politischen Strömungen beherrscht, die Versorgungskrise bewältigt, die militärische Lage verbessert und vor allem die Loyalität der Bevölkerung erzwungen werden sollte." Rudolf Walter: „Terror, Terrorismus" in: Otto Brunner/Werner Conze/Reinhart Koselleck (Hrsg.): *Geschichtliche Grundbegriffe. Historisches Lexikon zur politisch-sozialen Sprache in Deutschland*, Bd. 6, (Stuttgart: Klett-Cotta 1990), S. 340.
[139] Ebd., S. 347.

,Terror' und ,Terrorismus' verschlissen sich, vor allem im Laufe dieses Jahrhunderts – zu enthistorisierten, beliebig beziehbaren Feindbegriffen. In dieser Funktion sind sie Vehikel, mit denen Schuldzurechnungen und Entlastungsgewinne im ideologisch gesättigten Raum hin und her geschoben werden können. Beide Begriffe sind Synonyme für das negativ besetzte, sonst aber beliebig Andere (...). Das Wort allein genügt zur Stigmatisierung. Die Gleichsetzung von Handeln und bloßer Bezichtigung macht den Begriff allseitig verfüg- und beziehbar, während die geschichtlichen Momente verblassen.[140]

Bruce Hoffman attestiert dem Begriff des Terrorismus seit Beginn der 1990er einen erneuten Bedeutungswandel, der sich durch seinen inflationären Gebrauch im öffentlichen Diskurs etablierte. Terrorismus ist nicht mehr nur ein Einzelphänomen subnationaler Gewalt, sondern hat sich vielmehr zu einem unter mehreren Elementen eines breiter angelegten Musters von nichtstaatlichen Konflikten entwickelt.[141]

Es ist folglich festzuhalten, dass es sich hier um ein sehr weites Konzept handelt, dessen Inhalt zwar weitgehend umstritten ist, das aber dennoch eindeutig als negative Bewertung verwendet wird.[142] Nicht einmal die verschiedenen Behörden in den USA verwenden eine einheitliche Definition. Sowohl das FBI als auch das State Department sowie das Pentagon betonen in ihren Definitionen unterschiedliche Aspekte des Terrorismusbegriffs.[143] Bis heute konnte man sich darüber hinaus auf internationaler Ebene nicht auf eine Definition einigen.[144] Gerade diese Definitionsprobleme machen die normative Dimension des Begriffes deutlich – vor allem auch im Hinblick darauf, dass die Anwendung von Gewalt aus der einen Perspektive legitim erscheinen mag (z.B. Freiheitskämpfer), während sie dies aus einer anderen Perspektive gerade nicht ist (z.B. Terrorist). Das bedeutet, dass hinter der Bezeichnung „Terrorist" oder „Terrorismus" immer auch ein normativer Standpunkt deutlich wird.

Nachdem gezeigt wurde, dass das Konzept des Terrorismus äußerst problematisch ist und dass lediglich ein Konsens über dessen negative Besetzung besteht, wird anschließend der Kriegsbegriff untersucht. Auf Grund der Tatsache, dass dieser Begriff im Kontext der Ereignisse des 11. September in zweifa-

---

[140] Ebd., S. 324.

[141] Siehe hierzu, Bruce Hoffman: *Terrorismus – der unerklärte Krieg. Neue Gefahren politischer Gewalt*, (Frankfurt am Main: Fischer Taschenbuch Verlag 2001), S. 32-34.

[142] „Terrororganisationen wählen heutzutage fast ohne Ausnahme Bezeichnungen für sich aus, die bewußt das Wort ,Terrorismus' in all seinen Spielarten vermeiden." Ebd., S. 35.

[143] Ebd., S. 47-49.

[144] Siehe hierzu beispielsweise die „Kuala Lumpur Declaration on International Terrorism. Adopted at the extraordinary session of the Islamic Conference of Foreign Ministers on Terrorism" von 1.-3. April 2002: "We reiterate the principled position under international law and the Charter of the United Nations of the legitimacy of resistance to foreign aggression and the struggle of peoples under colonial or alien domination and foreign occupation for national liberation and self-determination. In this context, we underline the urgency for an internationally agreed definition of terrorism, which differentiates such legitimate struggles from acts of terrorism." zitiert nach: http://www.oic-oci.org

cher Weise auftritt, muss auch hier in zwei Schritten vorgegangen werden. Erstens impliziert die Einordnung der Ereignisse als „Kriegsakt" bzw. als „bewaffneter Angriff", dass zunächst zwischen Krieg und anderen Arten von Feindseligkeiten unterschieden werden muss. Da die Antwort der USA auf die Ereignisse als „Krieg gegen den Terror" dargestellt wurde, muss im zweiten Schritt versucht werden, verschiedene Unterscheidungskriterien für unterschiedliche „Kriegstypen" bzw. „internationale bewaffnete Konflikte"[145] zu finden.

Was ist demnach der Unterschied zwischen Krieg und anderen Feindseligkeiten? Da der Begriff des Krieges in der UN-Charta gemieden wird, wurde es zunächst üblich, den Begriff des bewaffneten Konflikts als eine Art Mittelkategorie zwischen Krieg und Frieden zu etablieren, wobei dies mit der Zeit auf eine annähernde Gleichsetzung mit dem Begriff des Krieges hinauslief.[146] Dabei wurde aber implizit immer wieder angenommen, Krieg sei die breitere Kategorie als bewaffneter Konflikt. Da es sich bei dieser Unterscheidung aber nicht um unterschiedliche Typen, sondern um eine Frage des Ausmaßes oder des Grades handelt, kommt Ingrid Detter zu dem Schluss, dass dies heuristisch fruchtlos sei.[147]

Anders sieht dies schon für die Unterscheidung zwischen Krieg und sporadischen Angriffen („raids") aus:

> There must, however, obviously exist a *de minimis* rule to distinguish war and other forms of armed conflict from raids. Sporadic operations fall outside the concept of 'armed attack' unless 'powerful bands of irregulars' are involved in a 'coordinated and general campaign'. It will be a considerable problem to decide *in casu* whether the required 'intensity of coercion' has come about for actual armed conflict to have taken place. All might agree that for this to happen the disputes must be of a certain 'magnitude' but decisions will have to be made in each individual case before the relevant line can be drawn. (...) Yet, unless incursions by groups sponsored by a State or self-sponsored groups are of a prolonged and intensive nature, they will fall under *de minimis* rule and will not constitute war.[148]

Hier werden einige Argumente offensichtlich, die für die Einordnung der Ereignisse des 11. September entscheidend sind: Zum Einen die Frage nach dem Ausmaß des Angriffes, die nur von Fall zu Fall zu entscheiden ist. Zum Anderen die Verbindung von Terroristen mit einem bestimmten Staat und somit das Prinzip der Staatenverantwortlichkeit. Schließlich auch die Frage, ob es sich um einzelne Angriffe oder eine Art Kampagne handelt. Diese drei Unterscheidungen

---

[145] „Wird auf staatlicher Entscheidungsgrundlage Waffengewalt gegen den völkerrechtlichen Schutzbereich eines anderen Völkerrechtssubjekts angewendet, liegt ein internationaler bewaffneter Konflikt vor." Knut Ipsen: *Völkerrecht*, (München: Verlag C. H. Beck 1999), S. 1066.

[146] „Nicht abschließend geklärt ist, ob der Begriff des ‚bewaffneten Konflikts' den ‚Kriegsbegriff' vollständig ersetzt hat." Ebd., S. 1055.

[147] Siehe hierzu, Ingrid Detter: *The Law of War*, (Cambridge: Cambridge University Press 2000), S. 17-20.

[148] Ebd., S. 20-21.

mussten innerhalb des öffentlichen Diskurses nach dem 11. September beantwortet werden, um die Frage zu klären, „was die Ereignisse eigentlich waren".

Eine andere Feindseligkeit – mit besonderer Relevanz für diese Untersuchung – ist der Terrorismus. Wie lässt sich dieser vom Konzept des Krieges unterscheiden? Der Unterschied liegt nicht darin, dass hier eine der Parteien ein nichtstaatlicher Akteur ist, da dies in der Zwischenzeit bei sämtlichen internationalen bewaffneten Konflikten nicht mehr die Ausnahme, sondern eher die Regel ist.[149] Folglich ist die anerkannte Staatlichkeit der beiden Konfliktparteien kein sinnvolles Unterscheidungskriterium. Das Hauptproblem für die Unterscheidung der beiden Konzepte ist, dass beide durch ein hohes Maß an Komplexität gekennzeichnet sind. Trotzdem kommt beispielsweise Ingrid Detter zu einer Definition, die eine Möglichkeit darstellt, die beiden Konzepte zu unterscheiden, wobei sie gleichzeitig darauf aufmerksam macht, dass auch dies gewisse Problematiken in sich birgt:

> International terrorism implies the intermittent use or threat of force against person(s) to obtain certain political objectives of international relevance from a third party. But at the same time intermittent time factor, which is a hallmark of terrorism, excludes it from constituting war *per se*. But as will be shown, terrorist tactics may be adopted in war for the purposes of guerilla warfare.[150]

Der Unterschied zum Guerilla-Krieg liegt jedoch in erster Linie darin, dass Terroristen nicht als militärisch operierende Einheiten auftreten, die feindliche militärische Streitkräfte angreifen, teilweise Territorien erobern und diese halten. Trotzdem verwenden Guerillakämpfer und Terroristen manchmal ähnliche Taktiken und vertreten ähnliche Ziele.[151] Die Unterscheidung durch das Zeitkriterium wird vor allem dann problematisch, wenn es darum geht, verschiedene terroristische Aktionen einzuordnen. Stellen sie eine Art Kampagne dar, so haben wir gesehen, dass sie als Krieg aufgefasst werden können. Folglich ist die Interpretation früherer Anschläge von al Qaida auch eine wichtige Frage für die Ereignisse des 11. September. Nachdem bis jetzt die Aspekte diskutiert wurden, die entscheidend für die Einordnung der Ereignisse waren, sollen im Anschluss einige mögliche Typisierungen dargestellt werden.

Clausewitz unternahm seinen typisierenden Unterscheidungen vor allem durch die Perspektive der Kriegsziele. Während der absolute oder abstrakte

---

[149] „Entscheidend aber ist, daß Erscheinungsformen bewaffneter Auseinandersetzungen und Konzeptionen der organisierten Gewaltanwendung entstanden sind, denen auf der Basis der klassischen Kriegsauffassungen gar nicht mehr zu begegnen ist." Knut Ipsen: *Völkerrecht*, (München: Verlag C. H. Beck 1999), S. 1048. Zur engen Verknüpfung der Begriffe Krieg und Terrorismus im Sprachgebrauch siehe beispielsweise den Titel des Buches eines anerkannten Terrorismusexperten, Bruce Hoffman: *Terrorismus – der unerklärte Krieg. Neue Gefahren politischer Gewalt*, (Frankfurt am Main: Fischer Taschenbuch Verlag 2001).

[150] Ingrid Detter: *The Law of War*, (Cambridge: Cambridge University Press 2000), S. 25.

[151] Siehe hierzu, Bruce Hoffman: *Terrorismus – der unerklärte Krieg. Neue Gefahren politischer Gewalt*, (Frankfurt am Main: Fischer Taschenbuch Verlag 2001), S. 52-53.

Krieg darauf zielt, den Feind niederzuwerfen, verfolgt der begrenzte Krieg beschränkte politische Ziele.[152] Die Typisierung nach den Kriegszielen oder -zwecken ist eine Möglichkeit, die auch Ingrid Detter in ihrer konzeptuellen Auseinandersetzung mit Krieg vorschlägt. Sie kommt zu dem Schluss, dass es heutzutage nicht mehr sinnvoll ist, die klassische geographische Unterscheidung zu verfolgen (zwischenstaatlicher Krieg, Bürgerkrieg, interner Krieg, internationalisierter Krieg). Sie nennt die Unterscheidung nach Kriegszielen „programmatische Kriege", beschränkt sich aber hier auf nichtstaatliche Kriege. Eine weitere Unterscheidungsmöglichkeit ist die relative Stärke der Kriegsparteien. Dies nennt sie ungleiche Kriege. Schließlich bietet auch noch die Methodik der Kriegsführung ein Unterscheidungskriterium – z.B. der Guerillakrieg.[153]

Neben den hier vorgestellten Kriegstypen, die eng an die Entwicklung des klassischen Kriegsverständnisses angelehnt sind, muss jedoch noch ein anderer Typ angesprochen werden, der als eine Art rhetorische Figur zu verstehen ist, aber im Diskurs von modernen Gesellschaften durchaus eine Rolle spielt:

> There are also cases where 'war' is used as a figure of speech. (...) There are situations when it is said that 'war is declared' when this expression is used as a euphemism for saying that there are severe differences and considerable hostility between the parties.[154]

Dabei ist die Verwendung des Kriegsbegriffes in diesem Kontext untrennbar verbunden mit einer breit angelegten Strategie zur Legitimation der Mobilisierung von Gewaltressourcen, da der Kriegsbegriff eine Art Ausnahmesituation impliziert. Ähnlich, wie schon beim Prozess der Versicherheitung gezeigt wurde, hebt der Kriegsbegriff eine Situation über die „normalen" Spielregeln der Politik und rechtfertigt auf diese Weise unter Umständen den Verstoß gegen bestimmte Regeln. Dabei ist die Aussage „wir befinden uns im Krieg" eine erneute Steigerung der Aussage „Problem X ist eine Gefahr für die nationale Sicherheit".[155] Die generative Logik, die hinter der Verwendung der beiden Begriffe steht, ist aber durchaus vergleichbar und verändert die Wahrnehmung von angemessenen Maßnahmen: „The use of force is seen no longer as a last resort, to

---

[152] Siehe hierzu, Carl von Clausewitz: *Vom Kriege*, (Stuttgart: Reclam Verlag 1998).

[153] Siehe hierzu, Ingrid Detter: *The Law of War*, (Cambridge: Cambridge University Press 2000), S. 38-61.

[154] Ebd., S. 9.

[155] Zur Konstitution einer Ausnahmesituation durch die Verwendung des Kriegsbegriffes siehe, Frédéric Mégret: „'War'? Legal Semantics and the Move to Violence", in: http://www.ejil.org/journal/Vol13/No2/art1.pdf, S. 1-38. Einige Aussagen von Außenminister Colin Powell veranschaulichen die Wichtigkeit dieses Bedeutungsaspektes mit Bezug auf die Ereignisse des 11. September: „[We are] speaking about war as a way of focusing the energy of America and the energy of the international community." in: (13 September 2001), „Powell Very Pleased with Coalition-Building Results", zitiert nach: http://www.usinfo.state.gov/topical/pol/terror/01091366.htm

be avoided if humanly possible, but as the first, and the sooner it is used the better."[156]

Nachdem nun einige Unterscheidungsmöglichkeiten innerhalb des Kriegsbegriffes dargelegt wurden, die es ermöglichen, beide Verwendungsformen von Krieg im Diskurs nach dem 11. September zu erfassen, sollen abschließend noch ein paar kurze Bemerkungen zur normativen Dimension des Kriegsbegriffs gemacht werden. Dabei stellt der normative Aspekt für diese Untersuchung die Schnittstelle zwischen der Unterscheidung von Krieg und anderen Feindseligkeiten und der Unterscheidung von verschiedenen Kriegstypen dar, vor allem, wenn man die Kriegsziele als Unterscheidungskriterium heranzieht:

> To speak of war against the background of 11 September is to engage, analytically speaking, in an eminently Schmittian exercise of enemy designation that simultaneously seeks to bind the political community within and points to its enemy without, thus filling that most unintelligible and traumatizing gap: the attacks' lack of an explicit signature as the ultimate depoliticization, even depriving the victim of the possibility of ascribing responsibility for her suffering.[157]

Somit kommt man über die Definition einer Kriegssituation zu der Auseinandersetzung mit dem Feind, gegen den sich der eigene Krieg wendet. Was die Kriegsziele sind, kann nur durch eine normative Wertung festgelegt werden. Will man bestimmte politische Zwecke erreichen oder einem designierten Feind den eigenen Willen aufzwingen? Oder will man ihn gar vernichten, da auch er einen vernichten will? Dies bedeutet, dass die Definition der eigenen Kriegsziele von der Intentionszuweisung an den designierten Feind abhängig ist. Dessen Intentionen sind aber nicht an und für sich gegeben, sondern man muss durch die Interpretation seiner Aussagen und Handlungen zu einem Rückschluss auf seine Intentionen kommen.[158] Insofern ist klar, dass in einer nach Kriegszielen erfolgten Typisierung des Krieges die normative Bewertung der Intentionen des Feindes eine entscheidende Rolle spielt.

Die Diskussion des Kriegsbegriffes machte deutlich, welche Unterscheidungen notwendig sind, um seine Bedeutungsdimensionen analytisch zu erfassen. Für die Frage nach der internationalen politischen Ordnung nach dem 11. September lässt der Diskurs über das Konzept des Krieges insbesondere Schlussfolgerungen für die dreiteilige W-Frage zu, da hier die legitime Gewalt-

---

[156] Michael Howard: "What's in a Name? How to Fight Terrorism?", *Foreign Affairs*, Vol. 81, No. 1, January/February 2002, S. 9.

[157] Frédéric Mégret: 'War'? Legal Semantics and the Move to Violence, in: http://www.ejil.org/journal/Vol13/No2/art1.pdf, S. 6.

[158] Die Unterscheidung von „dem Gegner, den Willen aufzuzwingen" und „ihn zu vernichten" ist vergleichbar mit Wendts Unterscheidung von „Feind" (Hobbes) und „Rivale" (Locke): „The distinction concerns the perceived scope of the Other's intentions, in particular whether he is thought to be trying to kill or enslave the Self or merely trying to beat or steal from him." Alexander Wendt: *Social Theory of International Politics*, (Cambridge: Cambridge University Press 1999), S. 260-261.

anwendung im Mittelpunkt steht. Ein Konsens über die Bedeutung von Krieg verweist darauf, inwieweit die Akteure einen gemeinsamen Bedeutungskontext teilen, der konstitutiv für ihre Interaktionen ist.

6. DER DISKURS DER POLITISCHEN ENTSCHEIDUNGSTRÄGER ZUM 11. SEPTEMBER 2001

Nachdem bis hierher eine Analyseinstrumentarium zur Beantwortung der drei Fragestellungen dieser Untersuchung entwickelt wurde, folgt auf dieser Grundlage eine Systematisierung der Vorgehensweise in der Diskursanalyse zu den Ereignissen des 11. September. Nach der Untersuchung des amerikanischen Diskurses werden die Ergebnisse mit den konzeptuellen Ausführungen in den Schlussfolgerungen zusammengeführt.[159]

6.1 Systematisierung der Vorgehensweise

In dem folgenden Abschnitt werden zunächst die Akteure bestimmt, deren sprachliche Beschreibungen in die Diskursanalyse einfließen werden. In einem zweiten Schritt erfolgt eine temporale Einteilung von Phasen. Schließlich wird eine inhaltliche Systematik entwickelt, mit deren Hilfe sich dem Diskurs genähert wird. Dabei werden die zentralen Fragestellungen aufgezeigt, welche beantwortet werden sollen. Der öffentliche Diskurs über die Ereignisse vom 11. September 2001 muss im Rahmen dieser Untersuchung jedoch zunächst eingegrenzt werden, da es aus arbeitstechnischen Gründen unmöglich ist, sämtliche Beschreibungen der Ereignisse in die Untersuchung einzubauen. Andererseits erscheint dies nicht problematisch, da gerade diese Ereignisse – insbesondere in den USA – nicht sehr divergierende Interpretationen hervorbrachten, was viele Kommentatoren auch immer wieder anprangerten.[160] Selbstverständlich gab es vor allem in Intellektuellenkreisen (z.B. Susan Sontag oder Noam Chomsky[161]) immer wieder Interpretationen, die sich von denen durch die politischen Entscheidungsträger gegebenen Beschreibungen deutlich unterschieden. Trotzdem ergaben schon einige kurze Stichproben in verschiedene Quellen des öffentlichen Diskurses ein relativ einheitliches Bild.

Mit Bezug auf den amerikanischen Diskurs sollen in dieser Untersuchung drei Ebenen unterschieden werden, die allerdings nicht konträr, sondern viel-

---

[159] Die Quellengrundlage für die folgende Diskursanalyse ist in Kapitel „10.2 Verwendete Quellen für die Diskursanalyse" nachzuschlagen.

[160] Aus journalistischer Perspektive siehe hierzu beispielsweise, Göran Rosenberg: Der Krieg ums Wort. Über die Beschreibbarkeit des Denkbaren und des Möglichen, in: www.eurozine.com/article/2002-05-02-rosenberg_de:html.
Oder auch Jürgen Habermas: „Mit Kritik mussten selbst die, die wie ich bei meinen amerikanischen Freunden einen ganz unverdächtigen *record* genießen, behutsam sein." Jürgen Habermas: „Fundamentalismus und Terror. Antworten auf die Fragen (von Giovanna Borradori) zum 11. September 2001", *Blätter für deutsche und internationale Politik*, Jahrgang 47, Heft 2, 2002, S. 165.

[161] Siehe hierzu beispielsweise, Noam Chomsky: *The Attack. Hintergründe und Folgen*, (Hamburg/Wien: Europa Verlag 2001).

mehr komplementär verstanden werden können: Die erste und wohl auch wichtigste Ebene war die der politischen Entscheidungsträger. Hierbei handelte es sich in erster Linie um Reden des amerikanischen Präsidenten George W. Bush und Aussagen anderer politischer Funktionsträger wie Außenminister Colin Powell. In Anknüpfung an die oben dargelegte generative Logik von Sicherheitsdiskursen, hat es sich in unserer politischen Praxis sehr stabil etabliert, dass die Regierung ultimativ den „Sprechberechtigten" im Kontext von Fragen der nationalen Sicherheit darstellt.[162]

Die Art und Weise wie die Ereignisse von dieser Ebene „interpretativ gerahmt"[163] wurden, spiegelte sich deutlich auf der zweiten Untersuchungsebene wider – den Medien. Die Berücksichtigung dieser Ebene ist, folgt man den Überlegungen zur generativen Logik von Sicherheit, notwendig, da es innerhalb dieses Ansatzes nicht ausreicht, dass die Sprechberechtigten etwas äußern, sondern es muss vom Publikum auch akzeptiert werden.[164] Hier wurde die Serie „A Nation Challenged" der *New York Times* als wichtigste Grundlage für die Untersuchung herangezogen. Dies bot sich dadurch an, dass es sich hierbei, sowohl um ein so genanntes Meinungsmacher-Medium handelt, als auch eine sehr aus-

---

[162] „The distinction between securitizing actor and referent object is less of a problem in the context of the state and therefore has not previously been clearly noted. The state (usually) has explicit rules regarding who can speak of its behalf, so when a government says 'we have to defend our national security', it has the right to act on behalf of the state. The government *is* the state in this respect." Barry Buzan/Ole Waever/Jaap de Wilde: *Security. A new framework for analysis*, (Boulder: Lynne Rienner Publishers 1998), S. 41.

[163] Der Begriff wird zwar überwiegend in den Kommunikationswissenschaften verwendet, lässt sich aber in einer allgemeinen Definition durchaus auch auf eine politikwissenschaftliche Diskursanalyse übertragen.„Framing" bezeichnet die Organisation vielfältiger Einzelinformationen in übergreifenden Deutungsstrukturen. „Frames" lassen sich damit als Deutungsmuster begreifen, mit denen Ereignisse „interpretativ gerahmt" werden. Siehe hierzu, Christiane Eilders/Albrecht Lüter: „Germany at War – Competing Framing Strategies in German Public Discourse", *European Journal of Communication*, Vol. 15, No. 3, 2000, S. 415-428.

[164] "A discourse that takes the form of presenting something as an existential threat to a referent object does not by itself create securitization – this is a *securitizing move*, but the issue is securitized only if and when the audience accepts it as such." Barry Buzan/Ole Waever/Jaap de Wilde: *Security. A new framework for analysis*, (Boulder: Lynne Rienner Publishers 1998), S. 25.
Dabei ist klar, dass die eigene Bevölkerung auch dann bestimmte Beschreibungen *nicht* akzeptieren kann, selbst wenn politische Entscheidungsträger *und* Medien bestimmte Interpretationsmuster vorschlagen. Aus diesem Grund wurden an einigen Stellen Meinungsumfragen mit in die Untersuchung einbezogen. Das Bild, das sich hier andeutete, zeigte allerdings sehr rasch, dass die vorgegebenen „Frames" auch von der Bevölkerung angenommen wurden. Somit handelte es sich zumeist um vollständige „Sicherheitsakte" und nicht nur „securitizing moves". Aus diesem Grund ist der Umfang des Medien-Kapitels auch deutlich geringer. Die Problematik, inwieweit andere Akteure der internationalen politischen Ordnung die Interpretationsmuster der USA annahmen, wird in dieser Arbeit durch die Betrachtung der konsensualen Sprachregelungen, durch öffentliche Reaktionen der Regierungschefs und durch ihr tatsächliches Handeln kontrolliert. Diese Vorgehensweise ermöglicht plausible Argumentationen innerhalb der generativen Logik von Sicherheitsdiskursen.

führliche Berichterstattung stattfand. Darüber hinaus wurden auch stichpunktartig andere Medien in die Untersuchung miteinbezogen.

Eine weitere Ebene des Diskurses stellte der so genannte Expertendiskurs dar. Auch wenn sich immer wieder Überschneidungen ergaben, konnte grundsätzlich zwischen dem völkerrechtlichen Diskurs darüber, was diese Ereignisse waren und dem sicherheitspolitischen Diskurs darüber, was zu unternehmen sei, unterschieden werden. Mit Bezug auf die zweite Gruppe ist in erster Linie die amerikanische „security studies community" gemeint, deren Diskurs in Fachzeitschriften wie *Foreign Affairs* oder *International Security* stattfand. Die erstgenannte Gruppe wurde gefasst durch einige Beiträge aus der internationalen, völkerrechtlichen Diskussion. Diese Expertenebene sollte vor allem aus zwei Perspektiven untersucht werden: Zum Einen, inwieweit hier Alternativen zur offiziellen Politik der Regierung angeboten wurden. Zum Anderen als Art konkurrierende Erklärungen zu den hier vorgelegten Argumenten Dies wurde oben als erster Teil des Umgangs mit dem hermeneutischen Zirkel erwähnt. Folglich bildet diese Ebene den Abschluss der Diskursanalyse und gleichzeitig die Überleitung zur Schlussdiskussion.

Nachdem nun die Akteure des Diskurses bestimmt wurden, stellt sich anschließend die Frage nach der zeitlichen Einteilung. Die erste Phase ist besonders kurz (ca. vier Tage), da hier die entscheidende Antwort gegeben werden musste auf die Frage „Was war das, was am 11. September 2001 passierte?". Diese Definition der Ereignisse konnte sich in den folgenden Phasen reproduzieren und manifestierte sich dadurch als eine Art gesellschaftlicher Wirklichkeit.[165] Die Argumentation der Untersuchung wird zeigen, warum es sich hierbei um *den* kritischen „turning point" im öffentlichen Diskurs handelte.

Nachdem sich in dieser ersten Phase schnell herauskristallisierte, „was das war", drehte sich die zweite Phase darum, welche Maßnahmen getroffen wurden, wie diese interpretiert wurden und wie sich in dieser Zeit ein breiter Konsens über die Beschreibung der Ereignisse und über die Bewertung von angemessenen Maßnahmen entwickelte. Diese Phase begann ungefähr mit dem 15. September, als der erste Schock überwunden war und endete mit dem Entsenden der internationalen Friedenstruppe nach Afghanistan, also im Dezember 2001.

Als die erste Schlacht im „Krieg gegen den Terror" weitgehend erfolgreich beendet war, stellte sich die Frage „Was nun?". An dieser Stelle wurde der

---

[165] Zu diesem Prozess der Konstruktion gesellschaftlicher Wirklichkeit siehe, Peter L. Berger/Thomas Luckmann: *Die gesellschaftliche Konstruktion von Wirklichkeit. Eine Theorie der Wissenssoziologie*, (Frankfurt am Main: S. Fischer Verlag 1970), insbesondere das Kapitel zu „Gesellschaft als objektive Wirklichkeit", S. 49-138.

Konsens brüchig. Zeitlich lokalisieren lässt sich diese dritte Phase rund um die Rede des amerikanischen Präsidenten zur „Achse des Bösen" im Januar 2002. Mit diesem Zeitpunkt endet die Diskursanalyse dieser Untersuchung.[166]

Nachdem bis hierher die Bestimmung der Akteure und die zeitliche Einteilung des Diskurses begründet wurden, stellt sich abschließend die Frage, wie man sich inhaltlich dem Diskurs nähern kann, um systematische Ergebnisse zu erhalten und nicht einfach nur Zitate aneinander zu reihen. Aus diesem Grund wurde ein Kategorienschema mit bestimmten Fragestellungen entworfen, das auf das Quellenmaterial zum Diskurs angewendet wird: Grundsätzlich lassen sich zwei Arten von Fragestellungen unterscheiden, aus denen sich dann bestimmte Unterfragen ergeben. Auf der einen Seite stellt sich die Frage nach den Ursachen der Ereignisse vom 11. September: Wer ist für die Ereignisse verantwortlich? Welche Ursachekategorien werden für die terroristischen Anschläge gegeben? Was ist überhaupt Terrorismus? Was sind die Intentionen der Attentäter?

Der zweite Untersuchungskatalog setzt sich mit den angemessenen Maßnahmen auseinander: Welche Art von Maßnahmen werden getroffen und wie werden diese kommentiert? Wie wird das Interventionsrecht konstruiert? Welche Rolle spielt der Kriegsbegriff? Mit welchen politischen Konzepten wird die internationale Koalition aufgebaut bzw. dann versucht, sie zusammen zu halten?Beide Arten von Fragestellungen sind trotzdem eng miteinander verknüpft, da sich erwartungsgemäß die definierten Ursachen auch in den getroffenen Maßnahmen widerspiegeln müssten. Aus analytischen Gründen ist es jedoch sinnvoll, die Frage der Verantwortlichkeit und die Frage nach der angemessenen Reaktion zu trennen, da hier die „Übersetzung" des Bedeutungskontextes in politische Handlungen gut nachgezeichnet werden kann. Auf diese Weise können explizit die kausalen Verknüpfungen im Diskurs herausgearbeitet werden.

Neben diesen zentralen Fragestellungen sollen jedoch auch Aspekte aus der Metaphorik in die Diskursanalyse miteinbezogen werden. Ausgangspunkt ist die so genannte *Doppelfunktion* von Metaphern. Einerseits wird immer wieder versucht, die Bedeutung der Ereignisse des 11. September dadurch zu fassen, dass man sie mit Hilfe eines anderen Konzeptes, dessen Bedeutung allgemein akzeptiert ist, beschreibt (z.B. Pearl Harbour). Hier wird existierende Realität mit Hilfe von Metaphern konzeptualisiert. Andererseits wird der Begriff des 11. September im Verlauf der Zeit selbst zur Metapher; d.h. die eingeführte (ontologische) Metapher schafft selbst eine neue Realität. Mit anderen Worten: Welche Metaphern, Analogien und Bilder werden im Diskurs verwendet? Auch diese

---

[166] Wie oben schon angedeutet wurde, wird in dieser Untersuchung weitestgehend auf Verallgemeinerungen verzichtet. Dies liegt zum Einen am vertretenen Wissenschaftsverständnis, zum Anderen aber auch in der Thematik der Arbeit selbst begründet: „The second problem concerns the need to "conclude" the narrative while the process may be ongoing, which restricts the "generality" of our conclusions." Tim Büthe: "Taking Temporality Seriously: Modeling History and the Use of Narratives as Evidence", *American Political Science Review*, Vol. 96, No.3, August 2002, S. 488.

Überlegungen sollen in der Diskursanalyse berücksichtigt werden, da hier interessante Rückschlüsse auf die „Konzepte, nach denen wir leben"[167] erwartet werden.

6.2 Die Definition der Ereignisse in der ersten Phase[168]

In den folgenden Kapiteln wird gezeigt, wie es zu dominanten Interpretationen der politischen Entscheidungsträger innerhalb des Diskurses kam. Dabei halten sich die einzelnen Kapitel weitgehend an die oben erfolgte Systematisierung, wobei an besonders wichtigen Stellen Exkurse eingeschoben werden.

Die Frage der Verantwortlichkeit

Der oben dargestellten Systematisierung folgend stellt sich zunächst die Frage „wer" oder „was" von Präsident Bush für die Ereignisse verantwortlich gemacht wurde. "[O]ur way of life, our very freedom came under attack in a series of deliberate and deadly terrorist acts. (...) Thousands of lives were suddenly ended by evil, despicable acts of terror."[169] Es waren demnach Terroristen, die für die Ereignisse verantwortlich waren. Welche Intentionen wurden diesen Akteuren unterstellt? Warum könnten sie diese Handlungen ausgeführt haben? Schließlich gab es keinerlei Bekennerschreiben, wie dies bei terroristischen Anschlägen ansonsten der Fall ist. Aus diesem Grund mussten Intentionen aus den Handlungen der Terroristen abgeleitet werden.

> America was targeted for attack because we're the brightest beacon for freedom and opportunity in the world. And no one will keep that light from shining. Today, our nation saw evil, the very worst of human nature. And we respond with the best of America – with the daring of our rescue workers, with the caring for strangers and neighbors who came to give blood and help in any way they could.[170] Und drei Tage später sagte Bush: Today, we feel what Franklin Roosevelt called the warm courage of national unity. This is a unity of every faith, and every background. (...) Our unity is a kinship of grief, and a steadfast resolve to prevail against our enemies. And this

---

[167] Siehe hierzu vor allem, George Lakoff/Mark Johnson: *Leben in Metaphern. Konstruktion und Gebrauch von Sprachbildern*, (Heidelberg: Carl-Auer Systeme Verlag 1998). Mit expliziten Bezug zu den Ereignissen vom 11. September siehe, George Lakoff: „September 11, 2001", in: http://www.metaphorik.de/aufsaetze/lakoff-september11.htm.

[168] Die folgende Diskursanalyse basiert in erster Linie auf Dokumenten aus dem Internet. Die mit Abstand wichtigsten Quellen waren die Internetseiten des *Weißen Hauses*, der *New York Times* und der *Vereinten Nationen*. Diese werden im Folgenden aus platztechnischen Gründen mit der Startseite zitiert. Der genaue Link findet sich chronologisch sortiert in der Bibliographie. Die anderen verwendeten Dokumente werden wie in den bisherigen Ausführungen mit dem kompletten Link auch in den Fußnoten zitiert.

[169] 11.09.2001, (8.30 p.m.): Statement by the President in His Address to the Nation, zitiert nach: http://www.whitehouse.gov

[170] 11.09.2001, (8.30 p.m.): Statement by the President in His Address to the Nation, zitiert nach: http://www.whitehouse.gov

unity against terror is now extending across the world. (...) In every generation, the world has produced enemies of human freedom. They have attacked America, because we are freedom's home and defender. And the commitment of our fathers is now the calling of our time.[171]

An diesen Aussagen wird deutlich, dass man offensichtlich davon ausging, dass es einfach das „Schlechte" oder "Böse" in der Welt schon immer gab, das sich immer wieder gegen das Gute (= das Selbst) wendet. Dies ist nicht das Ergebnis von bestimmten politischen Prozessen. Somit ist klar, dass keinerlei Eigenverantwortlichkeit für die Ereignisse bestand. Wenn man den islamistischen Terrorismus als Ergebnis eines bestimmten politischen oder sozialen Prozesses aufgefasst hätte, wäre es theoretisch möglich, dass man selbst an einigen Stellen Einfluss auf das Ergebnis gehabt hätte oder zumindest auch Akteur in diesem Prozess war. Dies wird aber entschieden abgelehnt.

Außerdem wird auch die Zuweisung von Intentionen durch die politischen Entscheidungsträger deutlich. Die Problematik, „was" eigentlich am 11. September von den Terroristen angegriffen wurde, wird von Präsident Bush folgendermaßen beschrieben: „Freedom and democracy are under attack."[172] Dies bedeutet, dass die Attentäter nicht nur das Leben von zahlreichen Menschen, sondern die beiden identitäts- und sinnstiftenden Prinzipien der amerikanischen Gesellschaft angriffen – im Endeffekt das, was neben der Wirtschaftskraft und der militärischen Stärke das kollektive „Selbst" der USA ausmacht. Aus diesen Überlegungen kann gefolgert werden, dass die Intention der Terroristen nicht auf bestimmte amerikanische Handlungen zielten, sondern auf ihr „Sein", die amerikanische Existenz.[173]

Auf der Suche nach bestimmten Ursachekategorien fällt auf, dass Präsident Bush nur sehr allgemeine Gründe anführte. Später fokussierte sich der Diskurs immer stärker auf die (technischen) Bedingungen einer offenen, liberalen Gesellschaft, die immer anfällig für terroristische Angriffe ist. Dies ist hier noch nicht der Fall. Weder die religiöse oder gar politische Weltsicht der Attentäter wurde in die Beschreibung der Ereignisse integriert, noch wurden die Wurzeln des islamischen Fundamentalismus und sein Entstehungskontext weiter thematisiert. Vielmehr wurde eine *natürliche* Erklärung gegeben, eine Art ehernes

---

[171] 14.09.2001, (1.00 p.m.): President's Remarks at National Day of Prayer and Remembrance (The National Cathedral, Washington D.C.), zitiert nach: http://www.whitehouse.gov
[172] 12.09.2001, (10.53 a.m.): Remarks by the President in Photo Opportunity with the National Security Team (The Cabinet Room), zitiert nach: http://www.whitehouse.gov
[173] Diese Meinung wird auch häufig in der wissenschaftlichen Diskussion vertreten. Siehe hierzu, Claus Offe: „Die Neudefinition der Sicherheit", *Blätter für deutsche und internationale Politik*, Jahrgang 46, Heft 12, 2001, S. 1442-1450.

Gesetz: Es gab einfach schon immer, und es wird auch immer „böse" Menschen auf der Welt geben.[174]

Die Frage danach, was Terrorismus eigentlich ist, wurde nicht schlüssig beantwortet. Das Einzige, was dazu gesagt wurde, war eine Art Negativdefinition. Die Ereignisse wurden als etwas beschrieben, das „mehr" als Terror war. Demnach scheint „Terror" „weniger" als Krieg zu sein.[175] Wenn auch nicht klar artikuliert wurde, „was" Terrorismus ist, so wurde doch der neue Gegner anschaulich beschrieben und gleichzeitig mit dem Prinzip der Staatenverantwortlichkeit verknüpft.[176]

Zur Frage der Verantwortlichkeit kann man für die erste Phase zusammenfassend sagen, dass innerhalb des Diskurses einerseits Staaten, die Terroristen unterstützen, und andererseits die Attentäter und ihre Hintermänner selbst für die Ereignisse des 11. September verantwortlich gemacht wurden. Die ihnen zugeschriebene Intention war ein Angriff auf die identitätsstiftenden Grundprinzipien der amerikanischen Gesellschaft, vor allem auf die Freiheit. Der Entstehungskontext von Terrorismus wurde nicht weiter hinterfragt. Vielmehr wurde eine *natürliche* Erklärung gegeben: Die Geschichte hat gezeigt, dass es schon immer „böse" Menschen gab. Die Verknüpfung von Ursachenanalyse mit Handlungsoptionen zeigte schon in dieser ersten Phase in die Richtung, die später entscheidend werden sollte – die so genannte *Bush-Doktrin*.

Exkurs: Krieg oder Verbrechen?

Auf Grund der Tatsache, dass die Definition der Ereignisse als Krieg den kritischen „turning point" darstellte, muss dieser Definitionsprozess noch ein Mal genau nachgezeichnet werden. Denn in der ersten Phase wurde der Diskurs in

---

[174] "Today, our nation saw evil, the very worst of human nature." Dieser Ausspruch des Präsidenten diente auch vielen nationalen Zeitungen als Hauptüberschrift. Siehe hierzu, The Poynter Institute (Hrsg.): *September 11, 2001. A Collection of Newspaper Frontpages*, (Kansas City: Andrews McMeel Publishing 2001).

[175] "The deliberate and deadly attacks which were carried out yesterday against our country were more than acts of terror. They were acts of war." 12.09.2001, (10.53 a.m.): Remarks by the President in Photo Opportunity with the National Security Team (The Cabinet Room), zitiert nach: http://www.whitehouse.gov
In Anbetracht der Tatsache, dass es keine universal akzeptierte Definition von Terrorismus gibt, verwendet das amerikanische Außenministerium in offiziellen Papieren noch die in „Title 22 of the United States Code, Section 2656f(d)" angeführte Definition von 1983. Siehe hierzu: „Patterns of Global Terrorism 2001", S. 17, zitiert nach: http://www.state.gov Andere amerikanische Institutionen verwenden teilweise andere Definitionen.

[176] "The American people need to know that we're facing a different enemy than we have ever faced. This enemy hides in shadows, and has no regard for human life. This is an enemy who preys on innocent and unsuspecting people, then runs for cover. But it won't be able to run for cover forever. This an enemy that tries to hide. But it won't be able to hide forever. This is an enemy that thinks its harbors are safe. But they won't be safe forever." 12.09.2001, (10.53 a.m.): Remarks by the President in Photo Opportunity with the National Security Team (The Cabinet Room), zitiert nach: http://www.whitehouse.gov

eine bestimmte Richtung gelenkt, die vor allem für das Spektrum an Handlungsoptionen entscheidend war. Hier lässt sich zeigen, wie die Konstruktion eines Bedeutungskontextes durch die Beschreibung der Ereignisse bestimmte Handlungen ermöglichte, andere jedoch erschwerte oder verhinderte.[177]

In den ersten 24 Stunden nach den Ereignissen wurde von den Entscheidungsträgern der USA über die Frage entschieden, mit welchem politischen Konzept die Ereignisse des 11. September beschrieben wurden; d.h. in erster Linie, ob es sich bei den terroristischen Anschlägen um ein *Verbrechen* oder einen *Kriegsakt* handelte. Die hier erfolgte Definition als Kriegsakt setzte sich im weiteren Verlauf des Diskurses durch und wurde von der internationalen Gemeinschaft auch weitgehend akzeptiert. Sie wurde zwar teilweise angegriffen, konnte sich aber letztendlich doch als „konsensuale Sprachregelung" durchsetzen. Wie lässt sich nun dieser Definitionsprozess detailliert nachzeichnen?

Präsident Bush war zur Zeit der Anschläge in Florida und besuchte dort eine Grundschule. Als das erste Flugzeug ins World Trade Center flog, ging man zunächst von einem Unfall aus. Dies änderte sich, als die Nachricht vom Einschlag des zweiten Flugzeugs den Präsidenten erreichte. Nach Bekanntwerden der Anschläge auf das World Trade Center in New York, jedoch noch vor dem auf das Pentagon bewegten sich die Aussagen noch im Kontext des Verbrechens und der Strafverfolgung.[178] Interessanterweise wurden noch nicht politische Institutionen angesprochen, die zuständig sind für auswärtige Politik wie das Verteidigungsministerium, der Auslandsgeheimdienst CIA oder das State Department. Offensichtlich wurde die unvorhergesehene Situation der innenpolitischen Jurisdiktion und Strafverfolgung zugeordnet, wie dies bei terroristischen Anschlägen bisher auch üblich war. Auch die ersten Stellungnahmen von Außenminister Colin Powell bestätigen diese Überlegungen. Er sprach von der Aufgabe, die Täter zu finden und vor Gericht zu stellen.[179]

---

[177] Der Quellennachweis für diesen Definitionsprozess durch die politischen Entscheidungsträger sind vier Stellungnahmen von Präsident Bush in der Zeit von 9:30 Uhr am 11. September bis 11:00 Uhr am darauf folgenden Tag und auf der anderen Seite einige Verweise aus der Sekundärliteratur zu Stellungnahmen von Außenminister Colin Powell. Darüber hinaus wurden noch die ZDF-Dokumentationen „Der 11. September – Der Tag. Der die Welt veränderte" von Johannes Hano und Elmar Theveßen miteinbezogen (ZDF, 11.08.2002, 23:25 bis 00:10 Uhr) und „Tot oder lebendig", Ein Film von Brian Lapping und Norma Percy, deutsche Bearbeitung Hilde Buder, (ZDF, 1. Teil: 27.08.2002, 22:15 Uhr bis 23:00 Uhr, 2. Teil: 28.08.2002, 22:15 Uhr bis 23:00 Uhr) verwendet.

[178] "I have spoken to the Vice President, to the Governor of New York, to the Director of the FBI, and have ordered the full resources of the federal government go to help the victims and their families, and to conduct a full-scale investigation to hunt down and find those folks who committed this act." 11.09.2001, (9.30 a.m.): Remarks by the President After Two Planes Crash Into World Trade Center, Emma Booker Elementary School, Sarasota/Florida, zitiert nach: http://www.whitehouse.gov

[179] Siehe hierzu, Göran Rosenberg: „Der Krieg ums Wort. Über die Beschreibbarkeit des Denkbaren und des Möglichen", in: www.eurozine.com/article/2002-05-02-rosenberg_de:html, oder auch, George Lakoff: „September 11, 2001", in: http://www.metaphorik.de/aufsaetze/lakoff-september11.htm.

Die zweite festgehaltene Stellungnahme von George Bush datiert von 11:00 Uhr des 11. September. Da er auf Grund der Gefahrenlage nicht nach Washington zurückkehren sollte, befand er sich zu dieser Zeit auf einem Stützpunkt der Air Force in Barksdale/Louisiana:

> Make no mistake: The United States will hunt down and punish those responsible for these cowardly acts. I've been in regular contact with the Vice President, the Secretary of Defense, the national security team and my Cabinet. We have taken all appropriate security precautions to protect the American people. Our military at home and around the world is on high alert status, and we have taken the necessary security precautions to continue the functions of your government. We have been in touch with the leaders of Congress and with world leaders to assure them that we will do whatever is necessary to protect America and Americans.[180]

Man kann hier deutlich sehen, dass sich die Bedeutung der Ereignisse zu verschieben begann. Man bewegte sich weg vom Kontext des Verbrechens, denn es handelte sich bereits um ein „Problem der nationalen Sicherheit" mit allen Implikationen, welche diese Definition hatte (z.B. Einschaltung des Militärapparates). Dies kann man auch an den genannten Institutionen sehen, deren Zuständigkeit damit indirekt bestätigt wurde. Darüber hinaus wurde an dieser Aussage auch die Verknüpfung des Sicherheitsargumentes mit der Herrschaftslegitimation deutlich, da Bush immer wieder betonte, dass er die amerikanische Bevölkerung „beschützen" werde – ein Argument, das in der ersten Phase große Prominenz gewann.

Am Abend des 11. September hielt Präsident Bush vom Weißen Haus aus eine Fernsehansprache an die amerikanische Nation; d.h. es handelte sich hier nicht mehr um (relative spontane) Statements, sondern um eine unter massiven Zeitdruck vorbereitete Rede:

> The search is underway for those who are behind these *evil acts*. I've directed the resources of our intelligence and law enforcement communities to find those responsible and to bring them to justice." Und weiter sagte er: America and our friends and allies join with all those who want peace and security in the world, and we stand together to win the war against terrorism.[181]

Aus der Perspektive des Definitionsprozesses hatten diese Ausführungen in erster Linie zwei Implikationen: Einerseits fiel zum ersten Mal der Begriff des *Krieges*. Andererseits wurden die Ereignisse selbst immer noch als „böswilliger Akt" beschrieben; d.h. die Verwendung des Kriegsbegriffes erfolgte hier eher metaphorisch. So befinden sich politische Entscheidungsträger immer wieder im

---

[180] 11.09.2001, (11.00 a.m.): Remarks by the President Upon Arrival at Barksdale Air Force Base, Barksdale Air Force Base, Louisiana, zitiert nach: http://www.whitehouse.gov
[181] 11.09.2001, (8.30 p.m.): Statement by the President in His Address to the Nation, zitiert nach: http://www.whitehouse.gov

Krieg (z.B. gegen Drogen oder Carters „moralischer Krieg" in der Ölkrise[182]). In dieser Rede ebnete Präsident Bush der Definition der Ereignisse als *Krieg* den Weg; endgültig beantwortet wurde die Frage „Was war das?" allerdings erst am nächsten Tag nach einer Sitzung des nationalen Sicherheitsrates. Den Ausführungen der Sicherheitsberaterin Condoleezza Rice zufolge hatte Präsident Bush die Definition der Ereignisse als Kriegsakt noch selbst aus dem vorbereiteten Entwurf zur abendlichen Fernsehansprache gestrichen, da er zuerst die eigene Bevölkerung beruhigen wollte.[183]

Am Morgen des 12. September gab der amerikanische Präsident die Definition der Ereignisse des vergangenen Tages aus, die sich im weiteren Diskurs durchsetzen sollte:

> The deliberate and deadly attacks which were carried out yesterday against our country were *more than acts of terror. They were acts of war.* This will require our country to unite in steadfast determination and resolve. Freedom and democracy are under attack.[184] [Hervorhebung durch den Verfasser]

Auch Außenminister Colin Powell äußerte sich ähnlich: "Kriegerische Handlungen wurden gegen das amerikanische Volk begangen, und wir werden entsprechend reagieren."[185] Die Frage danach, um was es sich bei den Ereignissen vom 11. September handelte, war beantwortet – zumindest war klar, dass es sich um „mehr" als Terrorismus handelte. Diese vage Begründung dafür, dass die terroristischen Anschlägen einen *Kriegsakt* darstellten, eröffnete dem weiteren Diskurs den Interpretationsspielraum, in dem die Diskussion um das Konzept des Krieges stattfand. Die Definition selbst konnte sich im Diskurs jedoch durchsetzen und wurde trotz einiger verbaler Angriffe reproduziert. Auch der amerikanische Kongress schloss sich dieser Definition in einer gemeinsamen Resolution indirekt an, indem er den Präsidenten autorisierte, die „notwendigen Maßnahmen" einzuleiten.[186]

---

[182] Zu diesem Beispiel siehe die interessanten Ausführungen in, George Lakoff/Mark Johnson: *Leben in Metaphern. Konstruktion und Gebrauch von Sprachbildern*, (Heidelberg: Carl-Auer Systeme Verlag 1998), S. 179-182.

[183] Siehe hierzu die Ausführungen von Condoleezza Rice in der ZDF-Dokumentation „Der 11. September – Der Tag. Der die Welt veränderte" von Johannes Hano und Elmar Theveßen (ZDF, 11.08.2002, 23:25 bis 00:10 Uhr).

[184] 12.09.2001, (10.53 a.m.): Remarks by the President in Photo Opportunity with the National Security Team (The Cabinet Room), zitiert nach: http://www.whitehouse.gov

[185] Zitiert nach: Göran Rosenberg: „Der Krieg ums Wort. Über die Beschreibbarkeit des Denkbaren und des Möglichen", in: www.eurozine.com/article/2002-05-02-rosenberg_de:html.

[186] In einer gemeinsamen Resolution des Repräsentantenhauses und des Senats wird zwar in der Beschreibung der Ereignisse der Begriff des Krieges vermieden und nur das Recht der USA auf Selbstverteidigung betont. Allerdings bezieht man sich explizit auf die „War Powers Resolution". Siehe hierzu, „September 14, 2001: Resolution 64: Authorizing Use Of United States Armed Forces Against Those Responsible For Recent Attacks Against The United States", zitiert nach: http://www.fas.org/irp/threat/useofforce.htm

Aber auch auf internationaler Ebene setzte sich die Definition der Ereignisse des 11. September als „bewaffneter Angriff" durch. Dieser Ausdruck ist dem des Krieges am Nächsten, da der Begriff des Krieges in der UNO-Charta (Ausnahme: Präambel) gemieden wird. In der einstimmig angenommenen Sicherheitsratsresolution 1368 vom 12. September wurden die Ereignisse zwar nicht explizit als „armed attack" definiert, doch wurde hier das „inherent right of individual or collective self-defence" betont, das nur dann in Kraft tritt, wenn eine „armed attack" auf einen Staat erfolgt ist.[187] Interessanterweise verwendete aber keiner der fünfzehn Vertreter in seiner Stellungnahme den Kriegsbegriff – mit einer Ausnahme, dem amerikanischen Botschafter. Man beschrieb die Ereignisse als „inhuman and barbaric terrorist acts", „horrendous acts", „unacceptable crime" oder auch ganz allgemein „terrorist attacks". Auffällig war vor allem, dass die Ereignisse zumeist in den Kontext eines Verbrechens gestellt wurden. Der Kriegsbegriff fiel nur an der Stelle, an der sich der amerikanische Vertreter auf die Fernsehansprache des Präsidenten vom Vorabend bezog.[188]

Darüber hinaus wurden die terroristischen Anschläge in der Resolution als Bedrohung für den internationalen Frieden und die Sicherheit eingestuft. Auch die Problematik der Staatenverantwortlichkeit im Argument des „harbouring terrorists", das später den Kern der *Bush-Doktrin* bildete, wurde in der Resolution 1368 angesprochen. Wie jede Resolution des Sicherheitsrates, so ließ auch diese einen gewissen Interpretationsspielraum, über den einige Diskussionen entstanden.[189]

Für die Problematik dieser Untersuchung ist entscheidend, dass die von den amerikanischen Entscheidungsträgern eingebrachte Definition der Ereignisse als Kriegsakt von der wichtigsten Institution der internationalen Gemeinschaft mit Bezug auf solche Fragen weitgehend akzeptiert wurde. Basierend auf dem argumentativen Zusammenhang von „inherent right of (...) self-defence" und „armed attack" kann festgehalten werden, dass auf internationaler Ebene die

---

[187] In der Resolution 1368 heißt es u.a.: „*Determined* to combat by all means threats to international peace and security caused by terrorist acts,
Recognizing the inherent right of individual or collective self-defence in accordance with the Charter,
1. *Unequivocally condemns* in the strongest terms the horrifying terrorist attacks which took place on 11 September 2001 in New York, Washington, D.C. and Pennsylvania and *regards* such acts, like any act of international terrorism, as a threat to international peace and security; (...)
3. *Calls* on all States to work together urgently to bring to Justice the perpetrators, organizers and sponsors of these terrorist attacks and *stresses* that those responsible for aiding, supporting or harbouring the perpetrators, organizers and sponsors of these acts will be held accountable; (...)." zitiert nach: http://www.un.org
[188] Siehe hierzu, 12.09.2001, Offizielles Gesprächsprotokoll der 4370. Sitzung des Sicherheitsrates, zitiert nach: http://www.un.org
[189] Für eine klare Meinung aus dem Völkerrecht, dass es sich bei den Ereignissen *nicht* um einen *Kriegsakt* handelte siehe beispielsweise, Alain Pellet: „No, This is not War!", in: http://www.ejil.org/forum_WTC/ny-pellet.html, S. 1-3.

Ereignisse des 11. September ebenfalls im Kontext des Krieges angesiedelt wurden. Man kann demnach hier von einer konsensualen Sprachregelung ausgehen, die in der Folgezeit aber noch mit etwas konkreterem Inhalt gefüllt werden musste.

Diese ausführliche Darstellung der sprachlichen Beschreibung der Ereignisse sollte zeigen, dass es nicht von vorne herein klar war, die Ereignisse als Kriegsakt zu definieren. Damit sind wir zurück bei der Kernthese dieser Arbeit: Ereignisse sprechen nicht *an und für sich*, sondern müssen interpretiert werden. Welche Bedeutung ein Ereignis erlangt, kann nur durch eine Untersuchung des Diskurses herausgefunden werden. Dies bedeutet nicht, dass die Beschreibung durch die politischen Entscheidungsträger willkürlich war. Das Ausmaß der (medial vermittelten) Ereignisse, die enge Verbindung von al Qaida und den Taliban sowie auch die Tatsache, dass dies nicht der erste Anschlag des Netzwerkes war, sondern als Teil einer breit angelegten Kampagne gegen die USA angesehen werden konnte, machten die Definition als Kriegsakt durchaus plausibel, aber eben auch nicht zwingend.[190] Dennoch bestand die Möglichkeit, dass sich die Verbrechensdefinition im politischen Diskurs durchgesetzt hätte.

Diese Überlegungen waren für die Untersuchung aber nicht nur entscheidend, da sie die Kernthese belegen. Vielmehr hatte die Schaffung dieses Bedeutungskontextes wichtige Implikationen für das Spektrum an Handlungsoptionen, das den politischen Entscheidungsträgern nun zur Verfügung stand.[191] Schließlich ist das Konzept des Krieges auch eines der Brückenkonzepte, mit denen die Untersuchung die Problematik der politischen Ordnung erfassen wird. Aus diesem Grund musste zunächst die „Rückkehr" des Begriffes in den Diskurs der internationalen Politik nachgezeichnet werden, da später auch die getroffenen Maßnahmen als „Krieg gegen den Terror" konzeptualisiert wurden.

Der Diskurs über die angemessenen Maßnahmen

Bis zu diesem Punkt der Ausführungen standen die Frage der Verantwortlichkeit und der Definitionsprozess der Ereignisse im Vordergrund. Im Folgenden ist zu klären, welche Maßnahmen in der Anfangszeit als angemessen vertreten und dann auch angestrebt wurden. In den Stunden unmittelbar nach den Ereignissen standen zunächst Notstandspläne und eine Verhinderung von weiteren Anschlägen im Vordergrund. Das Chaos sollte möglichst vermieden werden. Die politischen Eliten zogen sich in die vorgesehenen Schutzvorrichtungen zurück. Außerdem sollte vor allem New York durch verschiedene Bundesmittel unterstützt

---

[190] Diese drei Argumente entsprechen der Unterscheidung von sporadischen Angriffen („raids") und Krieg, die in der Diskussion der Brückenkonzepte dargestellt wurde.
[191] Dies wird in den Schlussfolgerungen in einer kurzen kontrafaktischen Argumentation veranschaulicht, in der angenommen wird, die Ereignisse wären als Verbrechen definiert worden. Um dieser Argumentation Plausibilität zu verleihen, musste in diesem Abschnitt gezeigt werden, dass die Verbrechensdefinition zumindest theoretisch möglich gewesen wäre.

werden.[192] Mit Bezug auf die Attentäter lassen sich die Aussagen in einem Satz zusammenfassen, der so oder ähnlich häufig wiederholt wurde: „The United States will hunt down and punish those responsible for these cowardly acts."[193] Bei der Konstruktion des Interventionsrechtes fällt auf, dass die so genannte *Bush-Doktrin* schon am Abend des 11. September artikuliert wurde: „We will make no distinction between the terrorists who committed these acts and those who harbor them."[194] Wie bei der Frage der Verantwortlichkeit schon gezeigt wurde, bedeutete dies, dass die Taliban mitverantwortlich für die Ereignisse waren und daher mit Maßnahmen rechnen mussten. Dieses Argument war zentral für die Konstruktion des Interventionsrechtes. Auch wenn das Prinzip der Staatenverantwortlichkeit nicht neu war, so war es bisher aber noch nicht automatisch ein Interventionsgrund; d.h. ein Grund zur legitimen Anwendung von Gewalt. Das Argument der Staatenverantwortlichkeit in Form von „harbouring terrorists" erlangte infolgedessen eine neue Bedeutung.[195]

Der allgemeine Bedeutungshintergrund, vor dem die weiteren Handlungen gerechtfertigt wurden, stellte das „liberale Staatsprojekt" dar, das durch *Freiheit, Frieden* und *Gerechtigkeit,* aber auch *staatliche (säkulare) Souveränität* umrissen wird. Dieser Hintergrund bildete auch den Rahmen, durch den die internationale Koalition aufgebaut und später zusammengehalten werden sollte. Doch zunächst wurde das Konzept auf *Gut* gegen *Böse* verkürzt:

America is united. The freedom-loving nations of the world stand by our side. This will be a monumental struggle of good versus evil. But good will prevail.[196] Dabei berief sich der Präsident auf eine Art historische Mission: Just three days removed from these events, Americans do not yet have the distance of history. But our responsibility to history is already clear: to answer these attacks and rid the world of evil.[197]

---

[192] „Our first priority is to get help to those who have been injured, and to take every precaution to protect our citizens at home and around the world from further attacks." 11.09.2001, (8.30 p.m.): Statement by the President in His Address to the Nation, zitiert nach: http://www.whitehouse.gov Siehe hierzu auch die Aussagen von Präsident Bush zu den vier oben diskutierten Anlässen in Florida, Barksdale und Washington.

[193] 11.09.2001, (11.00 a.m.): Remarks by the President Upon Arrival at Barksdale Air Force Base, Barksdale Air Force Base, Louisiana, zitiert nach: http://www.whitehouse.gov Diese Formulierung wurde auch bei sämtlichen Anschlägen von al Qaida in den 1990ern von den verschiedenen politischen Entscheidungsträgern verwendet. Siehe hierzu beispielsweise die Artikel in der *New York Times*: 26.06.1996, "23 U.S. Troops Die in Truck Bombing in Saudi Base" by Philip Shenon; 13.10.2000, "Blast Kills Sailors on U.S. Ship in Yemen" by John F. Burns and Steven Lee Myers; 30.05.2001, "4 Guilty in Terror Bombing of U.S. Embassies in East Africa" by Benjamin Weiser, zitiert nach: http://www.nytimes.com

[194] 11.09.2001 8.30 p.m. Statement by the President in His Address to the Nation, zitiert nach: http://www.whitehouse.gov

[195] Da im vorangegangenen Kapitel die Frage nach dem Kriegsbegriff detailliert behandelt wurde, wird an dieser Stelle nicht mehr näher darauf eingegangen.

[196] 12.09.2001, (10.53 a.m.): Remarks by the President in Photo Opportunity with the National Security Team (The Cabinet Room), zitiert nach: http://www.whitehouse.gov

[197] 14.09.2001, (1.00 p.m.): President's Remarks at National Day of Prayer and Remembrance (The National Cathedral, Washington D.C.), zitiert nach: http://www.whitehouse.gov

Grundsätzlich ging es um die „freiheitsliebenden Nationen". Da man aus strategischen Gründen aber Verbündete brauchte, die weniger den freiheitlichen Prinzipien zugewandt sind als die liberal-demokratischen Staaten (z.b. Pakistan), wurde ein breiteres Konzept in den Diskurs eingeführt, mit dem sich wohl potenziell jeder Staat identifizieren konnte, und zwar *gut*. Auf dieser Grundlage war der Aufbau einer breiten, internationalen Koalition möglich.[198]

Die Einzigartigkeit und das Neue der Ereignisse legten nahe, dass die politischen Entscheidungsträger vor allem in der ersten Phase viele Bilder und Analogien verwendeten – beispielsweise die Ereignisse als eine Art „Prüfung" für die amerikanische Nation:

> The resolve of our great nation is being tested. But make no mistake: We will show the world that we will pass this test.[199] Oder auch: Terrorist attacks can shake the foundations of our biggest buildings, but they cannot touch the foundation of America. These acts shattered steel, but they cannot dent the steel of American resolve. (...) This is a day when all Americans from every walk of life unite in our resolve for justice and peace. America has stood down enemies before, and we will do so this time. None of us will ever forget this day. Yet, we go forward to defend freedom and all that is good and just in our world.[200]

Man sieht einerseits, dass bestimmte Bilder und Analogien verwendet wurden, um die Realität zu erfassen; andererseits aber auch, dass es darum ging, bestimmte Handlungsperspektiven zu eröffnen. Darüber hinaus berief man sich schon hier auf die kriegerischen Tugenden der amerikanischen Nation, die in ihrer Geschichte schon viele Feinde besiegt hatte. Die verwendeten Bilder deuteten schon in den militärischen Bereich der Handlungsoptionen. Diese Tendenz sollte sich im Verlaufe des Diskurses noch verstärken.

Von Seiten der politischen Entscheidungsträger wurden zwar ebenfalls metaphorische Konzepte verwendet wie beispielsweise Bushs Beschreibung der amerikanischen Nation als „brightest beacon in the world. And no one will keep that light from shining." Jedoch waren es weniger die politischen Entscheidungsträger, welche die zu Beginn so häufig verwendete Metapher von „Pearl Harbour" in den Diskurs einbrachten. Diese Metapher konzeptualisierte schließlich nicht nur einzelne Aspekte des 11. September, sondern machte die Ereignisse durch das weitreichende Wissen in der Gesellschaft über die Folgen von Pearl Harbour erfahrbar. Hier ist vor allem zu beachten, dass ein großer Krieg diesen Ereignissen folgte.

---

[198] Im Rückblick auf den Einsatz in Afghanistan bezeichnete Verteidigungsminister Rumsfeld diese Strategie als eine der Erfolgsgaranten für das Gelingen von "Operation Enduring Freedom". Siehe hierzu: Donald H. Rumsfeld: "Transforming the Military", *Foreign Affairs*, Vol. 81, No. 3, May/June 2002, S. 31.

[199] 11.09.2001, (11.00 a.m.): Remarks by the President Upon Arrival at Barksdale Air Force Base, Barksdale Air Force Base, Louisiana, zitiert nach: http://www.whitehouse.gov

[200] 11.09.2001, (8.30 p.m.): Statement by the President in His Address to the Nation, zitiert nach: http://www.whitehouse.gov

Aus der Perspektive der angemessenen Maßnahmen kann man zusammenfassend feststellen, dass auf der Grundlage der *Bush-Doktrin* und einer Einteilung der Welt in *Gut* und *Böse* militärische Optionen rasch in den Vordergrund traten – vor allem unmittelbar nach den Ereignissen. Dabei wurde von schnellen Vergeltungsschlägen abgesehen und stattdessen eine breit angelegte Aktion vorbereitet – der „Krieg gegen den Terror".

6.3 Der praktische Konsens in der zweiten Phase

Gemäß der oben erfolgten Phaseneinteilung soll die Untersuchung des Diskurses für die Zeit von ungefähr dem 15. September 2001 bis zur Entsendung der internationalen Friedenstruppe nach Afghanistan fortgesetzt werden. Im Mittelpunkt stand dabei die „erste Schlacht im Krieg gegen den Terror" – die militärische Intervention in Afghanistan.

Die Frage der Verantwortlichkeit

Die in der ersten Phase erfolgte Definition der Ereignisse vom 11. September und ihre Einzigartigkeit wurden in der Folgezeit im Diskurs reproduziert:

> On September the 11th, the enemies of freedom committed an act of war against our country. Americans have known wars – but for the past 136 years, they have been wars on foreign soil. Americans have known the casualties of war – but not at the center of a great city on a peaceful morning. Americans have known surprise attacks – but never before on thousands of civilians. All of this was brought upon us in a single day – and night fell on a different world, a world where freedom itself is under attack.[201]

Die Frage danach, wer oder was für die Ereignisse verantwortlich war, wurde in der zweiten Phase auf zwei Ebenen geführt. Während sich einerseits die Diskussion über die tiefer liegenden Ursachen für den islamistischen Terrorismus mit der Problematik des „Hasses" auseinandersetzte, beschäftigte sich die andere Ebene mit den technischen Bedingungen, die internationalen Terrorismus überhaupt ermöglichten – ganz unabhängig von den Motiven und Intentionen der Attentäter. Die Ebene des Hasses bezog sich zum Einen auf die Terroristen selbst, zum Anderen auf die muslimischen Massen, die teilweise lautstark mit al Qaida sympathisierten. Präsident Bush kommentierte die anfangs breit diskutierte Problematik des Hasses in seiner Rede vor dem Kongress folgendermaßen:

> Americans are asking, why do they hate us? They hate what we see right here in this chamber – a democratically elected government. Their leaders are self-appointed. They hate our freedoms – our freedom of religion, our freedom of speech, our freedom to vote and assemble and disagree with each other. They want to overthrow ex-

---

[201] 20.09.2001, (9.00 p.m.): Address to a Joint Session of Congress and the American People (United States Capitol, Washington D.C.), zitiert nach: http://www.whitehouse.gov

isting governments in many Muslim countries, such as Egypt, Saudi Arabia, and Jordan. They want to drive Israel out of the Middle East. They want to drive Christians and Jews out of vast regions of Asia and Africa.[202]

An dieser Stelle bezog sich Bush konkret auf al Qaida. Dabei nannte er die konkreten Ziele der Islamisten: eine Art Gottesstaat im Kernland von Arabien ohne Juden und ähnliche Ziele in Afrika und Asien. Dies waren die Intentionen, die Bush dem neuen Gegner zuwies: Das Grundmotiv ist der Hass auf die westlichen Werte, welche die identitätsstiftenden Prinzipien dieser Gesellschaften sind. Das politische Ziel ist in erster Linie ein arabischer Gottesstaat ohne Juden und Christen in Arabien.

Nachdem in den USA registriert wurde, dass trotz allgemeiner Verurteilung der Anschläge durch fast alle Regierungen der Welt (Ausnahme: Irak),[203] die Einstellung vieler Bevölkerungen davon deutlich divergierte, musste Bush zur Problematik der Stimmung auf der (muslimischen) Straße Stellung nehmen:

[H]ow do I respond when I see that in some Islamic countries there is vitriolic hatred for America? I'll tell you how I respond: I'm amazed. I'm amazed that there is such misunderstanding of what our country is about, that people would hate us. I am, I am – like most Americans, I just can't believe it. Because I know how good we are, and we've got to do a better job of making our case. We've got to do a better job of explaining to the people in the Middle East, for example, that we don't fight a war against Islam or Muslims. We don't hold any religion accountable. We're fighting evil. And these murderers have hijacked a great religion in order to justify their evil deeds. And we cannot let it stand.[204]

An dieser Stelle kommen wir zu einem wichtigen Aspekt der Frage der Verantwortlichkeit. Bush zufolge basierte der Hass auf den Straßen einzig auf Missverständnissen, denen durch eine verbesserte „Aufklärung" begegnet werden könnte. Entscheidend bleibt aber, dass die USA mit ihrem politischen Handeln keinerlei Anteil am Prozess der Hassentstehung hatten und somit auch in keiner Weise für den Unmut auf der (muslimischen) Straße verantwortlich waren. Es ist festzuhalten, dass die politischen Entscheidungsträger der USA eigenes Handeln in Vergangenheit und Gegenwart sowohl von den Terroristen selbst als auch von den unterstützenden Massen in der muslimischen Welt völlig abkoppelten.

Die zweite Ebene der technischen Bedingungen wurde insgesamt im Diskurs sehr breit erörtert – vor allem mit Bezug auf die angemessenen Maßnah-

---

[202] 20.09.2001, (9.00 p.m.): Address to a Joint Session of Congress and the American People (United States Capitol, Washington D.C.), zitiert nach: http://www.whitehouse.gov
[203] Zu den weltweiten Reaktionen verschiedener Regierungen siehe, „Die Erschütterung", in: Chronik aktuell: Der 11. September 2001. Ereignisse, Reaktionen, Hintergründe, Folgen, (Chronik Verlag: Gütersloh/München 2001), S. 56-57.
[204] 11.10.2001, President Holds Prime Time News Conference (The East Room), zitiert nach: http://www.whitehouse.gov

men, die nach den Ereignissen zu treffen waren.[205] Dabei konzentrierte sich diese Frage immer expliziter auf die Problematik des „intelligence failure". Am Anfang konnte Präsident Bush hier noch abwiegeln: "[T]he intelligence gathering capacity of the United States is doing a fine job. These terrorists had burrowed in our country for over two years. They were well-organized. They were well-planned. They struck in a way that was unimaginable."[206] Doch je mehr Pannen an die Öffentlichkeit kamen, desto mehr wurde diese Thematik problematisiert und wirkte sich schließlich in einer institutionellen Umstrukturierung in der amerikanischen Regierung aus (Neuschaffung des „Department of Homeland Security").[207]

Die Problematik der Verantwortlichkeit für die Ereignisse vom 11. September kann für die zweite Phase wie folgt zusammengefasst werden: Es gab zwei Kategorien von Ursachen. Einerseits wurde mit der Frage „Why do they hate us?" das Problem der Intentionen sowohl der Attentäter als auch der Sympathisanten in der muslimischen Welt diskutiert. Die Antwort von politischer Ebene bezog sich auf die freiheitlichen Werte, die man verkörpert und die als unangreifbar gelten sowie auf Missverständnisse. Somit grenzte man sich selbst deutlich von dem Prozess der Entstehung der gesamten Problematik. Die zweite Ursachenkategorie waren die technischen Bedingungen, die international operierenden Terrorismus im 21. Jahrhundert ermöglichten. Vor allem den Geheimdiensten wurde hier eine Zuständigkeit zugeschrieben.

Exkurs: Überblick über die getroffenen Maßnahmen[208]

Mit Bezug auf die angemessenen Maßnahmen war der Diskurs der zweiten Phase in erster Linie durch die „erste Schlacht im Krieg gegen den Terror – Afghanistan" gekennzeichnet. Aber auch im jurisdiktionellen, geheimdienstlichen, finanzpolitischen und diplomatischen Bereich wurden Maßnahmen getroffen und auch kommentiert. An dieser Stelle wird ein kurzer Exkurs eingeschoben, um einen Überblick über die getroffenen Maßnahmen der US-Regierung zu erhalten. Im Anschluss daran wird deren Interpretation und Rechtfertigung innerhalb des Diskurses diskutiert.

---

[205] Siehe hierzu auch, George Lakoff: „September 11, 2001", in: http://www.metaphorik.de/aufsaetze/lakoff-september11.htm.
[206] 26.09.2001 (3.40 p.m.): President meets with Muslim Leaders; Remarks by the President in Meeting with Muslim Community Leaders, zitiert nach: http://www.whitehouse.gov
[207] Wie oben schon angemerkt wurde, könnte man annehmen, dass sich die beiden Ebenen auch in den angemessenen Maßnahmen widerspiegeln müssten. Allerdings kann gezeigt werden, dass beinahe ausschließlich Argumente der zweiten Ebene, also die technischen Bedingungen in politische Entscheidungen umgesetzt wurden.
[208] Die Basis für diesen Exkurs bildete der vom amerikanischen Außenministerium jährlich herausgegebene Bericht „Patterns of Global Terrorism 2001", zitiert nach: http://www.state.gov

Es ist weder möglich noch sinnvoll, sämtliche Maßnahmen, die als Reaktion auf die Ereignisse vom 11. September gelten können, aufzuführen und zu diskutieren. Aus diesem Grund wird ein Schwerpunkt auf diejenigen Maßnahmen gelegt, die auch im öffentlichen Diskurs die wichtigste Rolle spielten und für die internationale Politik besonders relevant sind. Dabei bewegte sich die Strategie der USA im Kampf gegen den Terrorismus um vier Prinzipien:

> *First, make no concession to terrorists and strike no deals. (...)*
> *Second, bring terrorists to justice for their crimes. (...)*
> *Third, isolate and apply pressure on states that sponsor terrorism to force them to change their behavior. (...)*
> *Fourth, bolster the counterterrorist capabilities of those countries that work with the United States and require assistance.*[209]

Auf der Grundlage dieser Prinzipien verfolgte die amerikanische Regierung ihre Politik in den verschiedenen Bereichen. An der diplomatischen „Front" ging es insbesondere darum, eine breite, internationale Allianz gegen die Terroristen aufzubauen. Hierfür wurden auch internationale Institutionen wie G-8, EU oder OAS genutzt, um möglichst viele Staaten dazu zu bewegen, im Bereich der Terrorismusbekämpfung möglichst eng zu kooperieren. Außerdem wurden Bemühungen in der „öffentlichen Diplomatie" verstärkt. Hier lag das Ziel in erster Linie darin, zu betonen, dass dies kein Krieg gegen den Islam, sondern gegen Terroristen ist. Diese Strategie wurde vor allem auf medialer Ebene angewendet.[210] Im geheimdienstlichen Bereich wurde die Kooperation zwischen den Staaten in einem bisher nicht bekannten Maße forciert, was als großer Erfolg gewertet wurde.

Im Bereich des „law enforcement" wurden die Anstrengungen des FBI und anderer Institutionen weiter verstärkt. Zu diesem Zweck wurde eine neue Liste mit terroristischen Organisationen erstellt. Auf der Grundlage des „USA Patriot Act" konnten insbesondere Einreise- bzw. Ausweisungsbefugnisse restriktiver gestaltet werden.

Auf der Ebene der wirtschafts- bzw. finanzpolitischen Maßnahmen war vor allem die „Executive Order 13224" (23. September 2001) von Präsident Bush entscheidend.[211] Sie ermöglichte es, Konten zu sperren und Geldströme zu verfolgen. Dies betraf vor allem das Umfeld von terroristischen Organisationen, über das weite Teile der finanziellen Transaktionen abgewickelt wurden. Unter dem Motto *„Money is like oxygen to terrorists, and it must be choked-off."*[212]

---

[209] Ebd., S. xii-xiii.

[210] Das Argument, in diesem Bereich größere Anstrengungen zu unternehmen, wurde in der akademischen Diskussion zudem durch Erfolge in diesem Bereich während der Transitionsphase in Osteuropa Ende der 1980er gerechtfertigt. Siehe hierzu, David Hoffman: "Beyond Public Diplomacy", *Foreign Affairs*, Vol. 81, No. 2, March/April 2002, S. 83-95.

[211] Der genaue Wortlaut dieser Verordnung findet sich unter: http://www.fas.org/irp/offdocs/eo/eo-13224.htm .

[212] „Patterns of Global Terrorism 2001", S. ix, zitiert nach: http://www.state.gov

wurde insbesondere in diesem Bereich die Kooperation mit anderen Staaten forciert. Knapp 150 Staaten beteiligen sich in der Zwischenzeit an diesen Maßnahmen, was dazu führte, dass bis Ende 2001 knapp 80 Millionen US-Dollar auf der Welt „eingefroren" wurden. Auf dieser Ebene wurde besonders eng mit den Vereinten Nationen zusammengearbeitet. Als eine Art Resümée des amerikanischen Außenministeriums kann man folgende Aussage verstehen: „The first step has been to deny terrorists access to the world's organized financial structures; simultaneously, we have been moving to prevent the abuse of informal money-transfer systems and charities. Both lines of attacks have produced results."[213]

Bis hierher standen Maßnahmen im Vordergrund, die entscheidend für die amerikanische Strategie, jedoch von geringerer Relevanz für die Fragestellung dieser Untersuchung waren. Da in dieser Arbeit der Diskurs über Sicherheit und die legitime Anwendung von Gewalt im Mittelpunkt stehen, waren vor allem die militärischen Maßnahmen entscheidend. Als Einleitung zu den getroffenen Maßnahmen auf diesem Gebiet definierte das Außenministerium zunächst die Ereignisse vom 11. September 2001: „The terrorist attacks of September 11 were acts of war against the United States and a grievous affront to all humanity."[214] Auf dieser Grundlage und den Resolutionen 1368 und 1373 des UN-Sicherheitsrates, der die Anschläge verurteilte und das "inherent right of individual or collective self-defense" wiederholte, kam es zu folgenden Kooperationen: Nachdem OAS und NATO der Interpretation der Vereinten Nationen folgten, boten insgesamt 136 Staaten ihre militärische Unterstützung an, die von Überflugs- und Landerechten bis hin zur aktiven Unterstützung der Operationen in Afghanistan reichten. Diese begannen am 7. Oktober 2001 („Operation Enduring Freedom") und wurden von insgesamt 55 Staaten aktiv unterstützt. Darüber hinaus wurde die Zusammenarbeit im militärischen Bereich insbesondere mit den Philippinen, Georgien und Jemen ausgebaut, denen militärisches Training in der Terrorismusbekämpfung gegeben wurde. Auf diese Weise sollten diese Staaten mit ihren eigenen Streitkräften die Terroristen wirkungsvoller bekämpfen. Wie verlief aber nun der öffentliche Diskurs über diese getroffenen Maßnahmen?

Der Diskurs über die angemessenen Maßnahmen

Unmittelbar nach den Ereignissen forderte Präsident Bush von seinen engsten Beratern Vorschläge für eine Strategie, um der Problematik des Terrorismus nach dem 11. September begegnen zu können. Aus diesem Grund traf man sich am Wochenende nach den Ereignissen auf Camp David, um die weitere Vorgehensweise abzustimmen. Sicherheitsberaterin Condoleezza Rice zufolge ging es um folgende Fragen: Wie weit geht unsere Kriegserklärung? Führen wir einen

---

[213] Ebd., S. x.
[214] Ebd., S. xi.

Krieg gegen den Terror oder nur gegen al Qaida? Wie gehen wir mit anderen Staaten um, die al Qaida zwar nicht direkt unterstützen, aber trotzdem Teil der Gesamtproblematik sind – z.b. dem Irak? Dabei standen zwei Wege zur Auswahl. Verteidigungsminister Rumsfeld und sein Stellvertreter Wolfowitz vertraten eine sehr weit gefasste Konzeption des Krieges: Da man sich am Ende sowieso noch mit Staaten wie Irak auseinander zu setzen habe, sollte man sie jetzt auch in unmittelbare militärische Planungen miteinbeziehen. Außenminister Powell plädierte hingegen dafür, sich zunächst auf al Qaida und die Taliban zu konzentrieren. Am 17. September 2001 fällte Präsident Bush seine Entscheidung und kündigte sie seinen Beratern im Weißen Haus mit: Zunächst sollte die Operation in Afghanistan mit allen Mitteln – auch Bodentruppen – durchgezogen werden. Anderen Staaten wie z.b. dem Irak könnte man sich danach widmen.[215]

Die schon am Abend des 11. September kurz umrissene *Bush-Doktrin* wurde zum ersten Mal konkret auf Afghanistan angewendet – beginnend mit einer Art Ultimatum. Die praktizierte Staatenverantwortlichkeit verkörperten die Forderungen an die Taliban: Auslieferung der al Qaida-Führung sowie das Schließen der Terroristencamps und die Freilassung der „Shelter Now-Mitarbeiter"[216] Neben der praktischen Bedeutung des „harbouring terrorists"-Arguments erfüllte die skizzierte Thematik von der Staatenverantwortlichkeit eine weitere wichtige Funktion. Auf der Grundlage der *Bush-Doktrin* konnte wieder mit dem üblichen Instrumentarium zwischenstaatlicher Beziehungen gearbeitet werden – beispielsweise Abschreckung.

Als die Taliban nicht auf die Forderungen der USA eingingen, erfolgten am 7. Oktober 2001 die ersten militärischen Angriffe auf Afghanistan.[217] Entscheidend waren aber nicht ausschließlich die unmittelbaren Kampfhandlungen. Aus der Perspektive dieser Untersuchung ist vielmehr auf den kommunikativen Aspekt dieser Handlungen hinzuweisen. Es wurde nicht nur ein Staat angegriffen, sondern auf diese Weise wurde der Inhalt der *Bush-Doktrin* kommuniziert: Staaten, die Terroristen Unterschlupf gewähren, müssen damit rechnen, dass auch sie als mögliches Ziel militärischer Angriffe gelten. Dies ist für die internationa-

---

[215] Siehe hierzu die Ausführungen von C. Rice, C. Powell, P. Wolfowitz, D. Cheney und D. Rumsfeld in, „Tot oder lebendig", Ein Film von Brian Lapping und Norma Percy, deutsche Bearbeitung Hilde Buder, (ZDF, 1. Teil: 27.08.2002, 22:15 Uhr bis 23:00 Uhr).

[216] „These demands are not open to negotiation or discussion. The Taliban must act, and act immediately. They will hand over the terrorists, or they will share in their fate. (...) Our nation has been put on notice: We are not immune from attack. We will take defensive measures against terrorism to protect Americans." 20.09.2001 (9.00 p.m.): Address to a Joint Session of Congress and the American People (United States Capitol, Washington D.C.), zitiert nach: http://www.whitehouse.gov

[217] „On my orders, the United States military has begun strikes against al Qaeda terrorist training camps and military installations of the Taliban regime in Afghanistan. These carefully targeted actions are designed to disrupt the use of Afghanistan as a terrorist base of operations, and to attack the military capability of the Taliban regime." 07.10.2001 (1.00 p.m.): Presidential Address to the Nation (The Treaty Room), zitiert nach: http://www.whitehouse.gov

le Ordnung das eigentlich Entscheidende. Denn auf diese Weise konnte dem Argument ein gewisser Grad an Glaubwürdigkeit verliehen werden. Einige Tage später wiederholte Präsident Bush die Verknüpfung von Selbstverteidigung und dem Einsatz in Afghanistan:

> And – but the truth of the matter is, in order to fully defend America, we must defeat the evildoers where they hide. We must round them up, and we must bring them to justice. And that's exactly what we're doing in Afghanistan – the first battle in the war of the 21st century. (...) All of us in government are having to adjust our way of thinking about the new war. The military is going to have to adjust.[218]

Hier wurde klar herausgestellt, dass es sich um eine neue Art des Krieges handelte. Das Interessante daran ist in erster Linie die Verschiebung der Kategorien. Was früher als ein Krieg galt (= Einsatz in Afghanistan), wurde in dieser Neu-Konzeptualisierung des Krieges als *Schlacht* aufgefasst.

Im Diskurs über die angemessenen Maßnahmen ist noch die allgemeine militärische Aufrüstung der USA auf sämtlichen Ebenen und die Kündigung des ABM-Vertrages zu erwähnen. Beide Maßnahmen wurden mit der neuen Gefahrenlage gerechtfertigt. Zwei miteinander verknüpfte Ziele wurden immer wieder angeführt: militärische Erfolge nach Außen und *dadurch* Sicherheit für die Bürger nach Innen. Weder von Seiten des Kongresses noch der Öffentlichkeit gab es nennenswerte Kritik an der Aufrüstung. Im Gegenteil, der Kongress strebte stets nach höheren Rüstungsausgaben, als die Bush-Administration es ursprünglich vorschlug.[219]

Für die Interpretation der getroffenen Maßnahmen lässt sich zusammenfassend festhalten, dass auf der Basis des Selbstverteidigungsrechtes der Einsatz in Afghanistan legitimiert wurde, da die Taliban nicht bereit waren, auf die Forderungen der USA einzugehen. Hierbei war vor allem die Staatenverantwortlichkeit im Sinne des Arguments von „harbouring terrorists" entscheidend. Dabei wurde dieser Einsatz als *Schlacht* dargestellt, der Teil des „Krieges gegen den Terror" war. Dies bedeutete eine Verschiebung der Kategorien. Außerdem wurde auf der legitimatorischen Grundlage der Ereignisse vom 11. September eine massive Aufrüstung betrieben. Auch das nationale Raketenabwehrpro-

---

[218] 11.10.2001, President Holds Prime Time News Conference (The East Room), zitiert nach: http://www.whitehouse.gov

[219] Einen guten Überblick über die angestrebte Transformation des amerikanischen Militärapparates gibt der Verteidigungsminister selbst. Siehe hierzu, Donald H. Rumsfeld: "Transforming the Military", *Foreign Affairs*, Vol. 81, No. 3, May/June 2002, S. 20-32.
Zur Rechtfertigung der Aufrüstungen siehe, 28.12.2001, Statement by the President; und, 10.01.2002, Pentagon/Arlington, Virginia, President Signs Defense Appropriations Bill; und, 10.01.2002, Defense Bill Signing Statement. Statement by the President, zitiert nach: http://www.whitehouse.gov
Zur Rechtfertigung von NMD siehe, 13.10.2001, ABM Treaty Fact Sheet, Statement by the Press Secretary. Announcemnet of Withdrawal from the ABM Treaty; und, 13.12.2001, President Discusses National Missile Defense (White House, The Rose Garden), zitiert nach: http://www.whitehouse.gov

gramm NMD und die daraus resultierende Kündigung des ABM-Vertrages wurden in diese Argumentation inkorporiert.

Verbindet man diese Ergebnisse mit denen des Ursachendiskurses im vorangegangenen Kapitel, wird deutlich, dass sich die Debatte über die angemessenen Maßnahmen beinahe ausschließlich auf die Ebene der technischen Bedingungen konzentrierte. Die Dimension des Hasses war lediglich im Argument über „öffentliche Diplomatie" und in einem Jugendaustauschprogramm „Friendship through Education"[220] repräsentiert.

Wie oben schon gesagt, kreiste die Konstruktion des Interventionsrechtes in erster Linie um die *Bush-Doktrin*.[221] Neben den unmittelbaren Auswirkungen in Afghanistan und der Konzeptualisierung dieses Krieges als Schlacht waren vor allem zwei Punkte in der Rechtfertigung entscheidend: Einerseits die Feststellung von Präsident Bush, dass in diesem Konflikt kein Platz für das Konzept der Neutralität sei. Dies deutete auf den sehr breiten, aber dichotom definierten Begründungshintergrund von *gut* und *böse* hin.[222] Der zweite Punkt spezifizierte diese einfache dichotome Unterscheidung, indem das Prinzip der Freiheit als etwas konkreterer Begründungshintergrund herangezogen wurde.[223] Die Beto-

---

[220] „It is very important for us to combat evil with understanding. It's very important for us to re-enforce our message in all ways possible to the people in the Islamic world that we don't hold you accountable for what took place. As a matter of fact, we want to be friends." 25.10.2001, Washington D.C., Education Partnership with Muslim Nations Launched. Remarks of the President to the Student and Faculty at Thurgood Marshall Extended Elementary School, zitiert nach: http://www.whitehouse.gov

[221] Diese wird an sämtlichen Stellen im Diskurs wiederholt und erklärt. Siehe beispielsweise, "If you harbor terrorists, you are guilty of terror. And like the terrorists, you will be held responsible." 17.10.2001, President Outlines War Effort. Remarks by the President at the Californian Business Association Breakfast, Sacramento/California, zitiert nach: http://www.whitehouse.gov

[222] "Today we focus on Afghanistan, but the battle is broader. Every nation has a choice to make. In this conflict, there is no neutral ground. If any government sponsors the outlaws and killers of innocents, they have become outlaws and murderers, themselves. And they will take that lonely path at their own peril." 07.10.2001 (1.00 p.m.): Presidential Address to the Nation (The Treaty Room), zitiert nach: http://www.whitehouse.gov
Ähnlich antwortete Bush auf die Frage eines Journalisten, ob bin Laden religiöser oder politischer Führer sei? „I consider bin Laden an evil man. And I don't think there's any religious justification for what he has in mind. Islam is a religion of love, not hate. This is a man who hates. This is a man who's declared war on innocent people. This is a man who doesn't mind destroying women and children. This is a man who hates freedom. This is an evil man." 26.09.2001, (3.40 p.m.): President meets with Muslim Leaders; Remarks by the President in Meeting with Muslim Community Leaders, zitiert nach: http://www.whitehouse.gov

[223] „We're a peaceful nation. Yet, as we have learned, so suddenly and so tragically, there can be no peace in a world of sudden terror. In the face of today's new threat, the only way to pursue peace is to pursue those who threaten it. We did not ask for this mission, but we will fulfill it. The name of today's military operation is Enduring Freedom. We defend not only our precious freedoms, but also the freedom of people everywhere to live and raise their children

nung, dass es sich beim Afghanistan-Einsatz um eine Schlacht, also einen Teil des „Krieges gegen den Terror" handelte, eröffnete dem gesellschaftlichen Diskurs einen gewissen Interpretationsspielraum. Hier drehte sich die Diskussion um weitere Maßnahmen – beispielsweise auch gegen den Irak – und infolgedessen auch um eine Ausweitung der *Bush-Doktrin*.[224]

Dies ist für die Fragestellung dieser Untersuchung nach den Handlungsoptionen entscheidend, da man an dieser Stelle explizit zeigen kann, wie soziales Handeln in einem sprachlich geschaffenen Bedeutungskontext eingebettet ist. Dies heißt nicht, dass, wenn man den Einsatz in Afghanistan als Krieg bezeichnet hätte, nicht auch eine Diskussion über weitere Maßnahmen hätte entstehen können. Der entscheidende Unterschied ist aber die Art und Weise, wie durch diese sprachliche Beschreibung Erwartungen geschaffen werden: Spricht man von einer Schlacht in einem übergeordneten Projekt Krieg, entsteht die Erwartung, dass noch weitere Schlachten innerhalb dieses Projektes folgen werden. Spricht man von einem Krieg als Reaktion auf einen Kriegsakt, so entsteht die Erwartung oder zumindest eine größere Wahrscheinlichkeit, dass mit seinem Ende auch die militärischen Aktionen beendet sind. Mit anderen Worten: Die sprachliche Beschreibung als Schlacht und deren Implikation für den Bedeutungskontext, hielt den amerikanischen Entscheidungsträgern mehr Handlungsoptionen im militärischen Bereich offen als dies der Fall wäre, wenn der Einsatz als Krieg bezeichnet worden wäre.

Somit ist für die Konstruktion des Interventionsrechtes in der zweiten Phase festzuhalten, dass sich die *Bush-Doktrin*, bestehend in erster Linie aus dem Argument des „harbouring terrorists", vor dem Bedeutungshintergrund einer Unterscheidung von *gut* und *böse* relativ problemlos im gesellschaftlichen

---

free from fear." 07.10.2001, (1.00 p.m.): Presidential Address to the Nation (The Treaty Room), zitiert nach: http://www.whitehouse.gov
Und an anderer Stelle sagte Bush: „This great state is known for its diversity - people of all races, all religions, and all nationalities. They've come here to live a better life, to find freedom, to live in peace and security, with tolerance and with justice. When the terrorists attacked America, this is what they attacked. And when we defend America, this is what we defend. We are fighting for the security of our people, for the success of our ideals, and for stability in large parts of the world. We fight evil people who are distorting and betraying a great religion to justify their murder. Our cause is just. We will not tire. We will not falter. And, my fellow Americans, we will not fail." 17.10.2001, Sacramento/California, President Outlines War Effort. Remarks by the President at the Californian Business Association Breakfast, zitiert nach: http://www.whitehouse.gov
[224] Siehe hierzu beispielsweise, 11.10.2001, President Holds Prime Time News Conference (The East Room), zitiert nach: http://www.whitehouse.gov
Demnach ist klar, dass der Diskurs über mögliche Optionen gegen den Irak nicht erst seit der Rede von der „Achse des Bösen" stattfand. Dieses Argument hatte aber längst noch nicht den Stellenwert, den es später haben sollte. Es war noch kein integrativer Bestandteil der *Bush-Doktrin*. Dies ist für die „Spielregeln der internationalen Politik" von entscheidender Bedeutung und begründet die hier vorgenommene zeitliche Phaseneinteilung.

Diskurs etablieren konnte.[225] Die Legitimation durch freiheitliche Prinzipien erschien eher konditional; d.h. das Ausüben dieser Prinzipien war eine gern gesehene, jedoch keine notwendige Bedingung für eine Mitgliedschaft auf der *guten* Seite. Folglich richteten sich die freiheitlichen Rechtfertigungsargumente mehr an die eigene Audienz als an die internationale Ebene.

Wie wurde jedoch in der zweiten Phase der Kriegsbegriff verwendet, und was kann man über die Neu-Konzeption des „Krieges gegen den Terror" innerhalb des amerikanischen Diskurses herausfinden? An dieser Stelle ist der Unterschied in der Auseinandersetzung mit dem Kriegsbegriff zur ersten Phase zu betonen. Während es nun darum geht, wie der „Krieg gegen den Terror" konzeptualisiert wurde, stand in der ersten Phase die Definition der Ereignisse vom 11. September als Kriegsakt im Vordergrund. Diese beiden Punkte hingen eng zusammen, da die Antwort auf einen Kriegsakt zumeist auch ein Krieg ist. Trotzdem handelte es sich aus der Perspektive dieser Untersuchung um zu unterscheidende Phänomene.[226]

Zunächst ist festzuhalten, dass dem „Krieg gegen den Terror" eine historische Dimension zugewiesen wurde. Wenn man nicht für sich selbst handeln wollte, so doch zumindest für das Wohl der kommenden Generationen:

> I want the boys and girls to know that the action we're taking in our government is all aimed to make sure that you can grow up in a free country. The military action, the diplomatic action, the intelligence-gathering, what you read and hear on the TV and newspapers has got one goal, and that's to make sure you can live in freedom in our great land.[227]

---

[225] Auch wenn es im Völkerrecht durchaus Diskussionen darüber gab, inwieweit der Einsatz in Afghanistan *legal* war, so ist doch für die Fragestellung dieser Arbeit entscheidender, dass er vor dem Hintergrund der Betonung des Selbstverteidigungsrechtes in den Resolutionen 1368 und 1373 allgemein als *legitim* angesehen wurde. Die „konsensuale Sprachregelung" der Resolution 1373 vom 28. September 2001 konkretisiert hierbei viele Punkte, die in Res. 1368 nur kurz angerissen wurden. Siehe hierzu, „Resolution 1373 (2001): Adopted by the Security Council at its 4385th meeting, on 28 September 2001", zitiert nach: http://www.un.org

[226] Diese Unterscheidung geht zurück auf die Überlegungen zum Brückenkonzept Krieg. Während zunächst die Unterscheidung von Krieg und anderen Feindseligkeiten entscheidend war, rückt nun eine mögliche Typisierung des „Krieges gegen den Terror" in den Vordergrund.

[227] 25.10.2001, Washington D.C., Education Partnership with Muslim Nations Launched. Remarks of the President to the Student and Faculty at Thurgood Marshall Extended Elementary School, zitiert nach: http://www.whitehouse.gov
In derselben Rede betonte Bush: "We wage a war on the guilty, not the innocent. We're friends to people of all faiths and enemies only to those who choose to make enemies of us. And Americans know we must act now. We must be strong and we must be decisive. We must stop the evil ones, so our children and grandchildren can know peace and security and freedom in the greatest nation on the face of the Earth."

Bei der Auseinandersetzung mit dem Kriegsbegriff in dieser zweiten Phase war jedoch ein Punkt besonders auffällig. Die Beschreibung des neuen Krieges drehte sich mehr um die Frage, wie er nicht war, als darum, wie er war:[228]

> This war will not be like the war against Iraq a decade ago, with a decisive liberation of territory and a swift conclusion. It will not look like the air war above Kosovo two years ago, where no ground troops were used and not a single American was lost in combat. Our response involves far more than instant retaliation and isolated strikes. Americans should not expect one battle, but a lengthy campaign, unlike any other we have ever seen. It may include dramatic strikes, visible on TV, and covert operations, secret even in success. We will starve terrorists of funding, turn them one against another, drive them from place to place, until there is no refuge or no rest. And we will pursue nations that provide air or safe haven to terrorism. Every nation, in every region, now has a decision to make. Either you are with us, or you are with the terrorists. From this day forward, any nation that continues to harbor or support terrorism will be regarded by the United States as a hostile regime.[229]

In einer Pressekonferenz zu Beginn der Militäroperationen in Afghanistan fügte der Präsident andere Elemente hinzu:

> Ours is a war against terrorism in general. (...) I understand this is an unconventional war. It's a different kind of war. It's not the kind of war that we're used to in America. The Greatest Generation was used to storming beachheads. Baby boomers such as myself, were used to getting caught in a quagmire of Vietnam where politics made decisions more than the military sometimes. Generation X was able to watch technology right in front of their TV screens – you know, burrow into concrete bunkers in Iraq and blow them up. This is a different kind of war that requires a different type of approach and a different type of mentality. (...) We learned some very important lessons in Vietnam. Perhaps the most important lesson that I learned is that you cannot fight a guerilla war with conventional forces. That's why I've explained to the American people that we're engaged in a different type of war; one obviously that will use conventional forces, but one in which we've got to fight on all fronts. I remember saying to you all that the first shot in the war was when we started cutting off their money, because an al Qaeda organization can't function without money. (...)

---

[228] "Some believe the first casualty of war is truth. But in this war, the first victory must be to tell the truth. And the truth is, this will be a war like none other our nation has faced. Indeed, it is easier to describe what lies ahead by talking about what it is not rather than what it is." Donald H. Rumsfeld: America's new kind of war", 27 Sept. 2001, at http://www.embassy.org.uk/terror172.html., zitiert nach: Michael Cox: "American power before and after 11 September: dizzy with success?", *International Affairs*, Vol. 78, No. 2, 2002, S. 269.

[229] 07.10.2001, (1.00 p.m.): Presidential Address to the Nation (The Treaty Room), zitiert nach: http://www.whitehouse.gov In der gleichen Rede bemerkte er: "This military action is part of our campaign against terrorism, another front in war that has already been joined through diplomacy, intelligence, the freezing of financial assets and the arrests of known terrorists by law enforcement agents in 38 countries. Given the nature and reach of our enemies, we will win this conflict by the patient accumulation of successes, by meeting a series of challenges with determination and will and purpose."

And slowly, but surely, we're smoking al Qaeda out of their caves so we can bring them to justice.[230]

Diese öffentlichen Äußerungen beinhalteten wichtige Elemente des neuen Krieges. Neben der Wiederholung der *Bush-Doktrin* und der Betonung, dass es keine Neutralität in diesem Konflikt gab,[231] wurde die Konzeption des neuen Krieges nicht wirklich deutlich. Es wird sich den Ausführungen zufolge um eine lange Kampagne handeln, die Elemente eines jeden Krieges enthält, den die USA bisher führten.

Insgesamt blieben die Ausführungen zu den militärischen Handlungen relativ vage. Dies impliziert, dass der „Krieg gegen den Terror" im Diskurs sehr viel weiter gefasst wurde: Dies hat neben der Militarisierung und „Versicherheitung" vieler politischer Bereiche auch zur Folge, dass der Kriegsbegriff kaum mehr aussagekräftig war.[232]

Dieses Problem, das auf den ersten Blick strategischer oder taktischer Natur zu sein scheint, kann mit dem hier erarbeiteten Analyseinstrumentarium besonders gut veranschaulicht werden. Denn schon im verwendeten Vokabular wurde die eigentliche Problematik deutlich. Im klassischen Sinne wurde ein Krieg gegen einen anderen Staat geführt. Man hatte einen sichtbaren Feind (z.B. Krieg gegen den Irak) – also aus sprachlicher Perspektive ein Krieg gegen ein Objekt. In einem „Krieg gegen den Terror" bekämpft man aber nicht einen sichtbaren Feind, sondern ein bestimmtes gesellschaftliches Phänomen oder eine

---

[230] 11.10.2001, President Holds Prime Time News Conference (The East Room), zitiert nach: http://www.whitehouse.gov Siehe hierzu auch, "Ours will be a broad campaign, fought on many fronts. It's a campaign that will be waged by day and by night, in the light and in the shadow, in battles you will see and battles you won't see." 17.10.2001, Sacramento/California, President Outlines War Effort. Remarks by the President at the Californian Business Association Breakfast, zitiert nach: http://www.whitehouse.gov

[231] Dabei ist die Aussage, dass es keine Neutralität gebe nicht als öffentliche Rhetorik zu verstehen. Insbesondere gegenüber dem Schlüsselverbündeten Pakistan machte man dies deutlich. Man stellte an Pakistan „nicht zu verhandelnde Forderungen" und bat um eine Entscheidung: ja oder nein. Siehe hierzu die Ausführungen des stellvertretenden Außenministers Richard Armitage, der im Besonderen für die Politik gegenüber Pakistan verantwortlich war, in: „Tot oder lebendig", Ein Film von Brian Lapping und Norma Percy, deutsche Bearbeitung Hilde Buder, (ZDF, 1. Teil: 27.08.2002, 22:15 Uhr bis 23:00 Uhr).

[232] An dieser Stelle ist es sinnvoll, die Diskussion um den Sicherheitsbegriff in den 1990ern zu beachten. Hier konnte gezeigt werden, dass eine einfache Akkumulation von Themenbereichen, die dem Sicherheitsbegriff zugeordnet wurden, darauf hinausläuft, dass der Begriff seine Aussagekraft verliert und irgendwann „sinnlos" wird. Siehe hierzu, Marius Schneider: *Sicherheit, Wandel und die Einheit Europas. Zur generativen Rolle von Sicherheitsdiskursen bei der Bildung zwischenstaatlicher Ordnungen vom Wiener Kongress bis zur Erweiterung der Nato*, (Opladen: Leske + Budrich 2002), insbesondere S. 55-60.

gewaltsame, politische Taktik.[233] Im klassischen Krieg besteht die Vorstellung vom Sieg darin, dass sich der zuvor definierte Feind ergibt bzw. dass man ihm seinen eigenen Willen aufzwingt. Der Krieg ist eine Art erweiterter Zweikampf.[234] Aber wie sieht das Ziel, also ein Sieg im „Krieg gegen den Terror" aus? Wie zwinge ich einem gesellschaftlichen Phänomen oder einer politischen Taktik meinen Willen auf? Der einzige sinnvolle Ausweg aus dieser Situation erscheint, dass ein Krieg gegen al Qaida oder gegen die Taliban geführt wird. Letztgenannten ist es möglich, den eigenen Willen aufzuzwingen. Allerdings wirft schon ein Krieg gegen ein terroristisches Netzwerk ernsthafte Probleme auf. Denn wie die Diskussion um eine international anerkannte Definition des Terrorismus in den letzten Jahrzehnten zeigte: Des Einen Terroristen ist des Anderen Freiheitskämpfer.[235] Nachdem einige Probleme bei der Konzeptualisierung des „Krieges gegen den Terror" aufgezeigt wurden, richtet die folgende Argumentation ihr Augenmerk auf die politischen Konzepte zum Aufbau und Zusammenhalt der internationalen Koalition.

In der ersten Phase war in diesem Kontext die einfache Dichotomie von *gut* und *böse* das heraus stechende Merkmal des Diskurses. Hinter der Konzeption des Guten stand zudem vor allem das Prinzip der Freiheit, dem das Gerechtigkeitsprinzip untergeordnet wurde. An dieser Stelle sei nur an die Umbenennung der Operationen im „Krieg gegen den Terror" erinnert: Anfangs wollte man sie „*infinite justice*" benennen, bevor man sie doch „*enduring freedom*" taufte.[236] Diese Art von Argumentation blieb weitgehend in der zweiten Phase erhalten.[237]

Ein weiteres Konzept, das ermöglichen sollte, die Begründung für die gemeinsame Aktion für möglichst viele Staaten legitim erscheinen zu lassen,

---

[233] „When considering securitizing moves such as ‚environmental security' or a ‚war on crime', one has to weigh the always problematic side effects of applying a mind-set of security against the possible advantages of focus, attention, and mobilization. (...) it is always a political choice to securitize or to accept a securitization." Barry Buzan/Ole Waever/Jaap de Wilde: *Security. A new framework for analysis*, (Boulder: Lynne Rienner Publishers 1998), S. 29.

[234] „*Der Krieg ist also ein Akt der Gewalt, um den Gegner zur Erfüllung unseres Willens zu zwingen.*" Carl von Clausewitz: *Vom Kriege*, (Stuttgart: Reclam Verlag 1998), S. 17.

[235] Zu dieser Problematik siehe beispielsweise, Michael Howard: "What's in a Name? How to Fight Terrorism?", *Foreign Affairs*, Vol. 81, No. 1, January/February 2002, S. 8-13, oder auch, Grenville Byford: "The Wrong War", *Foreign Affairs*, Vol. 81, No. 4, July/August 2002, S. 34-43.

[236] Zur Problematik der Konkurrenz von Freiheit und Gerechtigkeit, die als Werte liberaler Gemeinschaften als Rechtfertigungshintergrund für "gerechte Kriege" herangezogen werden, siehe, Nicholas Rengger: "On the just war tradition in the twenty-first century", *International Affairs*, Vol. 78, No. 2, 2002, S. 353-363.

[237] "America recently has been reminded that in our quest to defend freedom – and really in our quest to save civilization – there enormous sacrifices, and to no more greater sacrifice than loss of life." 10.01.2002, Pentagon/Arlington, Virginia, President Signs Defense Appropriations Bill, zitiert nach: http://www.whitehouse.gov

war die plakative Darstellung der Verhältnisse in Afghanistan.[238] Dabei wurden vor allem die Unterdrückungsmethoden der Taliban in den Vordergrund gestellt. Die schon durch die *Bush-Doktrin* forcierte Gleichsetzung der Taliban mit bin Laden und al Qaida setzte sich hier fort. Wenn die anderen Staaten dieser Art von Argumentation folgten, stand ihnen ein Gesellschaftsentwurf entgegen, der praktisch für keinen Staat der Welt akzeptabel war, und der es legitimiert, ihn zu bekämpfen – auch mit militärischen Mitteln.[239] Zu dieser Art von Argumentation gehörte auch die entscheidende argumentative Trennung von Regierenden und Regierten.[240]

Neben den bisher angeführten Konzepten stand vor allem das Argument im Mittelpunkt, die Ereignisse vom 11. September stellten nicht nur einen Angriff auf die USA dar, sondern auf die gesamte zivilisierte Welt. Deren symbolische Verkörperung war das World Trade Center in New York; d.h. potenzielle Bündnispartner wurden durch diese argumentativen Verknüpfungen praktisch auch angegriffen.[241] An dieser Stelle wird deutlich, wie eng eine Analyse der Ursachen mit der über angemessene Gegenmaßnahmen verbunden ist. Schon im Diskurs über die Ursachen des Hasses sah man diese interpretative Ausweitung dessen, was angegriffen wurde. Die Terroristen haben nicht nur amerikanische Werte, sondern die Werte der gesamten zivilisierten Welt angegriffen. Demnach ist es nur folgerichtig, dass auch der „Krieg gegen den Terror" nicht nur ein Projekt der USA, sondern von sämtlichen zivilisierten Staaten sein sollte. Schließlich geht es nicht nur um die Freiheit Amerikas, sondern die der gesamten Welt:

This is not, however, just America's fight. And what is at stake is not just America's freedom. This is the world's fight. This is civilization's fight. This is the fight of all who believe in progress and pluralism, tolerance and freedom. We ask every nation to join us. (...) Perhaps the NATO charter reflects best the attitude of the world: An attack on one is an attack on all. The civilized world is rallying to America's side.

---

[238] Diese Darstellung der Verhältnisse ist auch wichtiger Bestandteil der medialen Berichterstattung: „The five-year rule of the Taliban, exceptionally harsh even in a land governed for decades by bloodletting, came to an official end today as the last Afghan province slipped from their control." 10.12.2001, "Taliban Give Way in Final Province Where They Ruled" by David Rohde with Eric Schmitt, zitiert nach: http://www.nytimes.com s

[239] 20.09.2001, (9.00 p.m.): Address to a Joint Session of Congress and the American People (United States Capitol, Washington D.C.), zitiert nach: http://www.whitehouse.gov

[240] Zur identischen Argumentation im Kosovo-Krieg siehe, Richard C. Vincent:" A Narrative Analysis of US Press Coverage of Slobodan Milosevic and the Serbs in Kosovo", *European Journal of Communication*, Vol. 15, No. 3, 2000, S. 321-344.

[241] Neben der offiziellen Erklärung der NATO zu dieser Thematik wurde dieses Argument insgesamt von den westlichen Partnern sehr schnell aufgenommen und öffentlich akzeptiert. Siehe hierzu beispielsweise die Regierungserklärung des deutschen Bundeskanzlers Gerhard Schröder am 19. September 2001 vor dem deutschen Bundestag oder auch die Aussagen des französischen Premierministers Lionel Jospin vor der Nationalversammlung am 3. Oktober 2001, in: Chronik aktuell: *Der 11. September 2001. Ereignisse, Reaktionen, Hintergründe, Folgen*, (Chronik Verlag: Gütersloh/München 2001), S. 125/134. Siehe hierzu auch die Aussagen sämtlicher, nicht nur westlicher, Vertreter im UN-Sicherheitsrat, 12.09.2001, Offizielles Gesprächsprotokoll der 4370. Sitzung des Sicherheitsrates, zitiert nach: http://www.un.org

They understand that if this terror goes unpunished, their own cities, their own citizens may be next. Terror, unanswered, can not only bring down buildings, it can threaten stability of legitimate governments. And you know what – we're not going to allow it. (...) We are in a fight for our principles, and our first responsibility is to live by them. (...) Freedom and fear are at war.[242]

Darüber hinaus brachte Präsident Bush das für sämtliche militärische Auseinandersetzungen typische Argument der Notwendigkeit an. Dieses erfüllte im gesellschaftlichen Diskurs vor allem die Funktion, einen gewissen Grad an Verantwortlichkeit abzutreten.[243] Wenn es notwendig war, eine bestimmte Handlung durchzuführen, dann war die Wahlmöglichkeit mehr als eingeschränkt. Daraus resultiert, dass man nicht für die Ergebnisse seiner Handlung verantwortlich gemacht werden kann.[244] So wichtig dieser argumentative Schritt auch war, so muss man trotzdem an dieser Stelle berücksichtigen, dass es in der Geschichte wohl kaum einen Waffengang gab, der nicht auf diese Weise gerechtfertigt wurde. Auf der anderen Seite ist es doch bemerkenswert, dass die argumentative Verknüpfung eines Kampfes gegen die unzivilisierte Welt mit dem Prinzip der Notwendigkeit ein altes Argument der so genannten „Geopolitik" war.[245]

Der Einsatz in Afghanistan hatte neben den unmittelbaren Auswirkungen vor allem einen kommunikativen Aspekt. Einerseits diente er dazu, der *Bush-Doktrin* Glaubwürdigkeit zu verleihen; andererseits wurde kommuniziert, dass grundsätzlich jeder Staat der Koalition beitreten kann; d.h. es handelte sich nicht

---

[242] 20.09.2001, (9.00 p.m.): Address to a Joint Session of Congress and the American People (United States Capitol, Washington D.C.), zitiert nach: http://www.whitehouse.gov
Nach dem Beginn der Angriffe auf Afghanistan wurde dieses Argument beibehalten: " One month ago today, innocent citizens from more than 80 nations were attacked and killed, without warning or provocation, in an act that horrified not only every American, but every person of every faith, and every nation that values human life. The attack took place on American soil, but it was an attack on the heart and soul of the civilized world. And the world has come together to fight a new and different war, the first, and we hope the only one, of the 21st century. A war against all those who seek to export terror, and a war against those governments that support or shelter them." 11.10.2001, President Holds Prime Time News Conference (The East Room), zitiert nach: http://www.whitehouse.gov
[243] Zu dieser Problematik siehe, William E. Connolly: *The Terms of Political Discourse*, (Princeton: Princeton University Press 1983), insbesondere S. 86-126.
[244] "And what the American people need to know is what our allies know: I am determined to stay the course. And we must do so. We must do so. We must rid the world of terrorists so our children and grandchildren can grow up in freedom. It is essential. It is now our time to act. And I'm proud to lead a country that understands that." 11.10.2001, President Holds Prime Time News Conference (The East Room), zitiert nach: http://www.whitehouse.gov
[245] Auch wenn man sich nicht direkt auf die Theoretiker berief, so ähneln sich die Argumente doch beträchtlich. Die wichtigsten Werke der „Geopolitik" aus dem Ende des 19. Jahrhundert waren, Halford J. Mackinder: "The Geographical Pivot of History", *The Geographical Journal*, Vol. 23, No. 4, 1904, S. 421-437, und, Alfred Thayer Mahan: *The Influence of Sea Power on History*, 1660-1783, (Boston: Little, Brown 1890).

um eine exklusiv gestaltete „security community"[246] wie sie die NATO darstellt, für deren Mitgliedschaft man bestimmte (westliche) Kriterien erfüllen muss.[247] Vielmehr war im Diskurs ein gewisser Wandel in der amerikanischen Position zur Bündnispolitik zu erkennen. Verteidigungsminister Donald Rumsfeld machte diese veränderte Position der USA an mehreren Stellen im Diskurs deutlich:

> [O]ur policy in this war of accepting help from any country, on a basis comfortable for its government, and allowing that country to characterize how it is helping (instead of our creating that characterization for it), is enabling us to maximize both other countries' cooperation and our effectiveness against the enemy. (...) [W]ars can benefit from coalition of the willing, to be sure, but they should not be fought by committee. *The mission must determine the coalition, the coalition must not determine the mission*, or else the mission will be dumbed down to the lowest common denominator.[248] [Hervorhebung durch den Verfasser]

Man kann die Konzepte, welche die politischen Entscheidungsträger der USA als Begründungshintergrund für die internationale Koalition anführten, wie folgt zusammenfassen: Erstens war der weiteste Bedeutungskontext eine einfache Unterscheidung der Selbstdefinition als *gut* und der Fremddefinition als *böse*. Zweitens wurde vor dem Hintergrund der eigenen Freiheitsprinzipien ein Kampf der zivilisierten gegen die unzivilisierte Welt etabliert, der in erster Linie durch eine Darstellung der Taliban-Herrschaft und deren Gleichsetzung mit al Qaida gerechtfertigt wurde. Drittens wurde das Argument der Notwendigkeit angeführt, um den eigenen Krieg nicht nur zu rechtfertigen, sondern auch um einen gewissen Grad an Verantwortlichkeit abzutreten. Viertens wurde gerade beim Diskurs über den Aufbau einer internationalen Koalition die neue Position der USA mit Bezug auf Bündnisfragen deutlich: Die Mission bestimmt Aufbau und Zusammensetzung der Koalition; die Koalition darf nicht die Mission bestim-

---

[246] Zum Argument der "security community" siehe, Emanuel Adler: "Imagined (Security) Communities: Cognitive Regions in International Relations", *Millennium*, Vol. 26, No. 2, 1997, S. 249-277.
Zum ersten Mal wurde dieses Argument angeführt von, Karl Deutsch, et al.: *Political Community and the North Atlantic Area*, (Princeton: Princeton University Press 1957).
[247] „But our ability to affect host nations harboring terrorists will depend upon our determination, our will, our patience. We are sending a signal to the world as we speak that if you harbor a terrorist, there will be a price to pay. (...) I'm a performance-oriented person, I believe in results. And if you want to join the coalition against terror, we'll welcome you in. (...) I appreciate diplomatic talk, but I'm more interested in action and result. (...) We learned a good lesson on September 11th, that there is evil in this world. (...) And it's my duty as the President of the United States to use the resources of this great nation, a freedom-loving nation, a compassionate nation, a nation that understands values of life, and rout terrorism out where it exists. And we're going to give plenty of nations a chance to do so." 11.10.2001, President Holds Prime Time News Conference (The East Room), zitiert nach: http://www.whitehouse.gov
[248] Donald H. Rumsfeld: "Transforming the Military", *Foreign Affairs*, Vol. 81, No. 3, May/June 2002, S. 31.

men; d.h. die USA bestimmen die Mission, und wer mitmachen will, darf mitmachen.

Auf Grund der Tatsache, dass die von Seiten der Politik verwendete Sprache insgesamt einen hohen Grad an Symbolhaftigkeit besaß, ist es problematisch, einzelne Bilder und Analogien gesondert zu behandeln. Trotzdem sollen an dieser Stelle zwei Beispiele angeführt werden, um zu veranschaulichen wie der Kampf gegen den Terror auf sprachlicher Ebene konzeptualisiert wurde und bestimmte Selbst- und Fremddefinitionen erfolgten. Auf der einen Seite stand der neue Feind, der vorzugsweise mit Metaphern beschrieben wurde, da sich im Diskurs noch kein unproblematisches Wissen von ihm etabliert hatte. Schließlich erfüllen Metaphern die Funktion, einen Ausschnitt der Wirklichkeit durch ein anderes Konzept, das als unproblematisches Hintergrundwissen existiert, zu fassen.[249] "Al Qaeda is to terror what the mafia is to crime."[250] Wenn schon nicht klar war, um was es sich bei dem neuen Feind handelte, so wurde doch zumindest versucht, ihn mit negativen Konnotationen zu belegen – unabhängig davon, ob diese aus dem Bereich des Verbrechens oder der Biologie kamen: „We're paving the way for friendly troops to defeat the Taliban and root out the al Qaeda parasites that the Taliban hosts and protects."[251] Auf der anderen Seite musste man auch sich selbst in dieser neuen Situation definieren. Dies geschah erwartungsgemäß entlang positiver normativer Konzeptionen:

Some speak of an age of terror. I know there are struggles ahead, and dangers to face. But this country will define our times, not be defined by them. As long as the United States of America is determined and strong, this will not be an age of terror; this will be an age of liberty, here and across the world. (...) I will not forget this wound to our country or those who inflicted it I will not yield; I will not rest; I will not relent in waging this struggle for freedom and security for the American people. The course of this conflict is not known, yet its outcome is certain. Freedom and fear, justice and cruelty, have always been at war, and we know that God is not neutral between them. Fellow citizens, we'll meet violence with patient justice – assured of the rightness of our cause, and confident of the victories to come.[252]

Auch hier wurde die Betonung des „natürlichen" Kampfes sichtbar; Freiheit und Gerechtigkeit auf der einen Seite, Angst und Grausamkeit auf der anderen Seite. Dieser Kampf, der schon immer die Menschheitsgeschichte ausgemacht hat,

---

[249] Siehe hierzu, George Lakoff/Mark Johnson: *Leben in Metaphern. Konstruktion und Gebrauch von Sprachbildern*, (Heidelberg: Carl-Auer Systeme Verlag 1998).
[250] 20.09.2001, (9.00 p.m.): Address to a Joint Session of Congress and the American People (United States Capitol, Washington D.C.), zitiert nach: http://www.whitehouse.gov
[251] 17.10.2001, Sacramento/California, President Outlines War Effort. Remarks by the President at the Californian Business Association Breakfast, zitiert nach: http://www.whitehouse.gov
[252] 20.09.2001, (9.00 p.m.): Address to a Joint Session of Congress and the American People (United States Capitol, Washington D.C.), zitiert nach: http://www.whitehouse.gov

entscheidet darüber, ob es ein Zeitalter des Terrors oder eines der Freiheit werden wird.

Die hier verwendeten Analogien und Metaphern geben Aufschluss darüber, wie einerseits die existierende Realität von den politischen Entscheidungsträgern verstanden wurde und andererseits, welches Bild von der Wirklichkeit
im öffentlichen Diskurs vermittelt wurde. Dieses Bild war gekennzeichnet durch
die Bildung von einfachen Stereotypen von gut und böse.[253] Dieses Merkmal,
das nicht unüblich für Konfliktsituationen ist, trat nach dem 11. September
ausgeprägt hervor. Der wesentliche Grund dafür lag in der Problematik, den
neuen Feind irgendwie verstehen zu können, da auf ihn neben der Abwesenheit
von Staatlichkeit die üblichen Kategorien wie instrumentelle Rationalität und
daraus resultierende Abschreckungsstrategien nicht mehr passten.

6.4 Die Ausweitung der *Bush-Doktrin* in der dritten Phase

Die Frage der Verantwortlichkeit

In der dritten Phase, also ungefähr vier Monate nach den Ereignissen, spielte
von Seiten der politischen Entscheidungsträger die Frage der Verantwortlichkeit
für die Anschläge keine Rolle mehr. Das Bild, das in den ersten beiden Phasen
konstruiert wurde, erwies sich als manifest. Zumindest fand kein öffentlicher
Diskurs über diese Frage statt.

Anders sah es hingegen mit der Frage nach den angemessenen Maßnahmen aus. Diese liefen teilweise weiter, wie es sich in der zweiten Phase angedeutet hatte (z.B. geheimdienstliche Kooperation, finanzpolitische Maßnahmen,
etc.).[254] Die „erste Schlacht im Krieg gegen den Terror" war weitgehend erfolg-

---

[253] „In Zeiten verhältnismäßig starker Sicherheit sind die Symbole der öffentlichen Diskussion unterworfen. Sie kommen und gehen, verbinden sich miteinander und werden wieder ver-
gessen, ohne daß sich je die Emotionen einer ganzen Gruppe in eine bestimmte Richtung
drängen. Es bleibt dennoch eine einzige menschliche Aktivität übrig, bei der ganze Bevölkerungen einen heiligen Bund eingehen. Sie zeigt sich in jenen mittleren Phasen eines Krieges,
wenn Furcht, Kampfwut und Haß die totale Herrschaft über den Geist errungen haben und
entweder jeden anderen Instinkt erdrücken oder ihn einbeziehen, ehe Kampfmüdigkeit spür-
bar wird." Walter Lippmann: *Die öffentliche Meinung*, (München: Rütten + Loening Verlag
1964), S. 15.
[254] Im inneren Bereich wurde angestrebt nicht nur das *USA Peace Corps* auszubauen, sondern
darüber hinaus ein *USA Freedom Corps* einzurichten. Die Namensgebung dieser beiden Institutionen erschien nicht zufällig. Vielmehr verkörperten Frieden und Freiheit die beiden grundlegenden Konzepte, mit denen der Krieg nach Innen gerechtfertigt wurde. Siehe hierzu,
29.01.2002, Washington/The United States Capitol; President Delivers State of the Union
Address, zitiert nach: http://www.whitehouse.gov
Neben diesen Maßnahmen sollte außerdem die Verteidigung gegen einen möglichen Angriff
mit Biowaffen verbessert werden. Eine genaue Auflistung der Maßnahmen zu dieser Thematik findet sich in, 05.02.2002 (Office of the Press Secretary), Defending Against Biological
Terrorism, zitiert nach: http://www.whitehouse.gov

reich abgeschlossen. Die Taliban und al Qaida zogen sich zurück bzw. waren auf der Flucht. Die USA hatten sich als kompetent in der Terrorismusbekämpfung erwiesen, was ihnen internationales Prestige einbrachte.[255]

Der Diskurs über die angemessenen Maßnahmen

Neben den militärischen Aktionen in Afghanistan sind die Philippinen, Georgien, Jemen und das Horn von Afrika als weitere Einsatzgebiete der amerikanischen Streitkräfte zu nennen. Hierbei handelte es sich aber nicht um mit Afghanistan vergleichbare Kampfeinsätze.[256]

Wie schon bei der Begründung der Phaseneinteilung angedeutet, vollzog sich der entscheidende Wandel in dieser Zeit in der Konstruktion des Interventionsrechtes. Für diese Frage war in erster Linie die Rede von Präsident Bush zur Lage der Nation ausschlaggebend,[257] die später zumeist als Rede von der „Achse des Bösen" rezipiert wurde. Neben dem wiederholten Argument der Staatenverantwortlichkeit in Form von „harbouring terrorists"[258] wurde ein zweites (gleichberechtigtes) Ziel gesetzt, das damit die entscheidende Wende in der Argumentation der Bush-Administration darstellte:

---

[255] Zur Wahrnehmung einer ausgeprägten Machtposition der USA nach dem Einsatz in Afghanistan, siehe beispielsweise, Stephen G. Brooks/William, C. Wolforth: "American Primacy in Perspective", *Foreign Affairs*, Vol. 81, No. 4, July/August 2002, S. 20-33, oder auch: Michael Cox: "American power before and after 11 September: dizzy with success?" *International Affairs*, Vol. 78, No. 2, 2002, S. 261-276.

[256] Auf die Frage nach dem Frontverlauf im "Krieg gegen den Terror" antwortete C. Rice: "Zunächst einmal sind wir weiterhin damit beschäftigt, Taliban und al Qaida-Mitglieder, die sich immer noch in Afghanistan befinden, aufzuspüren. In Zusammenarbeit etwa mit den Regierungen des Jemen, der Philippinen oder von Georgien versperren wir ihnen den Rückzug in neue Schlupflöcher. Darüber hinaus profitieren wir von einem enormen Geheimdienst- und Ermittlungsnetzwerk, das weltweite Ausmaße erreicht hat. Dieser Abwehrschirm erschwert es den Terroristen, sich irgendwo zu verstecken." SPIEGEL-Gespräch mit Condoleezza Rice: "Die Terroristen hassen auch Berlin.", *DER SPIEGEL*, Nr. 36, 02.09.2002, S. 109.

[257] Siehe hierzu beispielsweise die Beiträge der amerikanischen Teilnehmer an der "Münchener Sicherheitskonferenz" am 2. Februar 2002. Unabhängig von der Parteizugehörigkeit vertraten Vize-Verteidigungsminister Paul Wolfowitz und die Senatoren John McCain und Joseph Lieberman die gleichen Auffassungen wie sie in Bushs Rede zur Lage der Nation deutlich wurden. Außerdem beriefen sie sich immer wieder explizit auf diese Rede. Aus diesem Grund kann auch davon ausgegangen werden, dass auch an anderen, nicht in dieser Arbeit berücksichtigten Stellen des Diskurses, die Botschaft dieser Rede weiterverbreitet wurde.

[258] „Our cause is just, and it continues. (...) What we have found in Afghanistan confirms that, far from ending here, our war against terror is just beginning. (...) Yet, tens of thousands of trained terrorists are still at large. These enemies view the entire world as a battlefield, and we must pursue them wherever they are. So long as training camps operate, so long as nations harbor terrorists, freedom is at risk. And America and our allies must not, and will not, allow it." 29.01.2002, Washington/The United States Capitol; President Delivers State of the Union Address, zitiert nach: http://www.whitehouse.gov

Two objectives: First, we will shut down terrorist camps, disrupt terrorist plans, and bring terrorists to justice. And, second, we must prevent the terrorists and regimes who seek chemical, biological or nuclear weapons from threatening the United States and the world. (...) Our second goal is to prevent regimes that sponsor terror from threatening America or our friends and allies with weapons of mass destruction. Some of these regimes have been pretty quiet since September the 11th. But we know their true nature. (...) [Nordkorea, Iran, Irak] States like these, and their terrorist allies, constitute an axis of evil, arming to threaten the peace of the world. By seeking weapons of mass destruction, these regimes pose a grave and growing danger. They could provide these arms to terrorists, giving them the means to match their hatred. They could attack our allies or attempt to blackmail the United States. In any of these cases, the price of indifference would be catastrophic. (...) The United States of America will not permit the world's most dangerous regimes to threaten us with the world's most destructive weapons.[259]

Diese Auszüge der Rede zeigten den Wandel der amerikanischen Position. Nachdem die international als legitim angesehene Operation in Afghanistan weitgehend abgeschlossen war, kam ein zweiter Bestandteil in der *Bush-Doktrin* hinzu: Die als „rogue states" oder „states of concern" eingestuften Staaten, die sich um Massenvernichtungswaffen und entsprechende Transportsysteme bemühten, waren nun auch explizite Ziele im „Krieg gegen den Terror". Der schon im ersten Teil der Doktrin vollzogene Versuch, die Terrorismusproblematik auf zwischenstaatliche Ebene zu heben, wurde auf diese Weise noch einmal gesteigert. Das frühere Argument „Terroristen + Staat" wurde gedreht in „Staat + Terroristen". Auch wenn die Anwendung von Massenvernichtungswaffen auf internationaler Ebene geächtet ist,[260] so war es bisher normalerweise nicht der Besitz (solange man nicht Vertragspartner des „Nichtverbreitungsregimes" ist). Nur dem Irak als Teil der „Achse des Bösen" war dies seit der Niederlage im zweiten Golfkrieg verboten.

---

[259] 29.01.2002, Washington/The United States Capitol; President Delivers State of the Union Address, zitiert nach: http://www.whitehouse.gov
Bush wiederholte seine Aussagen vermehrt, beispielsweise am, 04.02.2002, Eglin Air Force Base/Fort Walton Beach, Florida; President Calls for $48 Billion Increase in Defense Spending. Remarks by the President to the Service Personnel: "Another objective is to prevent regimes that sponsor terror from threatening America or our friends and allies with chemical, biological or nuclear weapons. We must be deliberate as a nation. But time isn't on our side. Terrorist states and terrorist allies are an axis of evil, seeking weapons of mass destructions. But I've put them on notice. The United States of America will not permit the world's most dangerous regimes to threaten us with the world's most destructive weapons." zitiert nach: http://www.whitehouse.gov
Oder auch bei seinem Aufenthalt in Japan am: 18.02.2002, Tokyo, President Bush, Prime Minister Koizumi Hold Press Conference. Remarks by President Bush and Prime Minister Koizumi in Joint Press Conference, zitiert nach: http://www.whitehouse.gov
[260] Siehe hierzu, Richard Price/Nina Tannenwald: "The Nuclear and Chemical Weapons Taboos", in: Peter J. Katzenstein (Hrsg.): *The Culture of National Security. Norms and Identity in World Politics*, (New York: Columbia University Press 1996), S. 114-152.

Aus der Perspektive dieser Untersuchung stellten diese Aussagen in erster Linie den Versuch dar, eine neue „Spielregel" in der internationalen Politik zu etablieren. Auf der Grundlage einer normativen Bewertung kam der Zuweisung von Intentionen eine entscheidende Rolle zu, weil dadurch entschieden wurde, wer Teil der Achse des Bösen war, und wer nicht (z.B. Indien, Pakistan). Inwieweit sich diese Regel international durchsetzen konnte, war davon abhängig, inwieweit die anderen politischen Akteure dies als legitim erachteten und bereit waren, diese Art der Füllung des Selbstverteidigungsrechtes zu akzeptieren.

Außerdem war auffällig, dass dieser zweite Teil der *Bush-Doktrin* sehr viel weiter ging als noch das Argument des „harbouring terrorists". Wenn ein Staat nicht bereit war, bestimmte Personen, die mit den Ereignissen vom 11. September in enge Verbindung gebracht wurden, auszuliefern, musste er mit einer Intervention der USA rechnen. Diese neue Regel war nicht nur im völkerrechtlichen Konzept der Staatenverantwortlichkeit verankert, sondern auch sehr eng verknüpft mit der Beschreibung der Ereignisse des 11. September innerhalb des Diskurses. Dies entsprach weitgehend den Erwartungen, die durch diesen geschaffen wurden. Darüber hinaus erschien dieses Argument in der Verknüpfung mit dem Recht auf Selbstverteidigung nach Art. 51 der UN-Charta durchaus plausibel.

Mit der Rede von der Achse des Bösen geschah allerdings eine Verknüpfung von bestimmten „Schurkenstaaten" mit dem Recht auf Selbstverteidigung. Auch wenn dieses Argument nicht vollkommen neu war, konnten dennoch die Ausführungen zu den beiden ersten Phasen zeigen, dass diese Ausweitung der Spielregeln nicht diskursiv etabliert war. Hierzu wäre es notwendig gewesen, die Verbindung von al Qaida mit den Schurkenstaaten und deren Programmen zur Herstellung von Massenvernichtungswaffen stärker in den Vordergrund zu stellen bzw. sogar nachzuweisen. Dies geschah aber nicht.[261] Aus diesem Grund war es auch nicht verwunderlich, dass dieser Teil der *Bush-Doktrin* – im Gegensatz zur ersten Komponente – auf allgemeine Ablehnung vor allem auf internationaler Ebene stieß. Denn er war nicht zentraler Bestandteil des Bedeutungskontextes. Daher entsprach die Ausweitung der Doktrin auch nicht den zuvor geschaffenen Erwartungen.

Trotzdem muss erwähnt werden, dass auch die Gefahr, Terroristen könnten in den Besitz von Massenvernichtungswaffen kommen, nicht plötzlich durch diese Rede erst thematisiert wurde. Durch das Auftreten der Anthrax-Fälle in den USA nach dem 11. September gab es in der Öffentlichkeit viele Diskussionen über die Problematik von ABC-Waffen und ihre etwaige Anwendung durch Terroristen. Aber auch auf internationaler Ebene nahm man sich dieser Proble-

---

[261] Siehe hierzu auch das Kapitel "Overview of State-Sponsored Terrorism" im „Patterns of Global Terrorism 2001", S. 63-68, zitiert nach: http://www.state.gov
Selbst hier wurde eine klare Verbindung zwischen den Ereignissen des 11. September und den Staaten der „Achse des Bösen" verneint. Auch wenn alle drei Staaten hier aufgeführt werden, so aber trotzdem nicht in Verbindung mit al Qaida, sondern mit anderen terroristischen Vereinigungen.

matik an. Schon in der Resolution 1373 des UN-Sicherheitsrates vom 28. September 2001, die in dieser Untersuchung als „konsensuale Sprachregelung" aufgefasst wird, hieß es:

> *Acting* under Chapter VII of the Charter of the United Nations, (...) 3. *Calls* upon all States to: (a) Find ways of intensifying and accelerating the exchange of operational information, especially regarding actions or movements of terrorist persons or networks; (...) and the threat posed by the possession of weapons of mass destruction by terrorist groups;[262]

Hier sind zwei Punkte für die Argumentation entscheidend: Erstens wurde schon vor dem Einsatz in Afghanistan ein internationaler Konsens über die Problematik von Massenvernichtungswaffen in diesem Kontext gefunden. Zweitens verwies die Resolution explizit auf terroristische Gruppen und nicht auf Staaten mit zugewiesenen Intentionen, welche den Kern der „Achse des Bösen" bildeten. Auf Grund der Bedeutungsoffenheit solcher „konsensualer Sprachregelungen" blieb ein gewisser Interpretationsspielraum. Dieser konnte aber nicht so leicht mit dem zweiten Teil der *Bush-Doktrin* gefüllt werden. Während im Zusammenhang mit dem Argument des „harbouring terrorists" die Formulierung „*Decides* that all States shall: (...)." verwendet wurde, fand sich die oben angesprochene Verknüpfung mit der Gefahr von Massenvernichtungswaffen nur unter der abgeschwächten Formulierung „*Calls* upon all States to: (...).". Auch hier zeigte sich, dass der erste Teil der *Bush-Doktrin* stabiler auf internationaler Ebene etabliert war als die zweite Komponente. Basierend auf der Annahme dieser Untersuchung, dass soziales Handeln in einem sozial konstruierten Bedeutungskontext eingebettet ist, war somit auch die Reaktion der anderen Staaten nicht unbedingt verwunderlich.

An dieser Stelle wird nur exemplarisch die internationale Reaktion auf die Ausweitung der *Bush-Doktrin* erwähnt. Selbst NATO-Partner wie Deutschland oder Frankreich kritisierten Bush, indem sie ihm vorwarfen, ein allzu simplifiziertes Bild von der Welt darzustellen. Der französische Außenminister Védrine mahnte an, dass man nicht sämtliche Problematiken unter dem Projekt des „Krieges gegen den Terror" subsumieren könnte. Doch der US-Präsident rückte nicht grundsätzlich von seiner Position ab.[263] Im weiteren Verlauf des Diskurses wurde der Versuch unternommen, sich zumindest innerhalb der NATO in diesen Fragen anzunähern. Ein wirklicher Konsens über die allgemeine Gültigkeit des

---

[262] Resolution 1373 (2002), Adopted by the Security Council at its 4385th meeting, on 28 September 2001, zitiert nach: http://www.un.org

[263] "In the war against terror, one of the worst things that could possibly happen is al Qaeda-like organizations becoming allied and operationally attuned to nations which develop – which have a weapon of mass destruction. Freedom-loving people understand that. (...) [Other nations] understand that our commitment is not just in Afghanistan, that history has given us a unique opportunity to defend freedom." 18.02.2002, Tokyo, President Bush, Prime Minister Koizumi Hold Press Conference. Remarks by President Bush and Prime Minister Koizumi in Joint Press Conference), zitiert nach: http://www.whitehouse.gov

zweiten Teils der *Bush-Doktrin*, vergleichbar mit dem beim Prinzip der Staaten-verantwortlichkeit in Form des „harbouring terrorists", konnte (zumindest bis heute) noch nicht gefunden werden. Mit Bezug auf Afghanistan kam beispiels-weise die Europäische Union noch zu dem Schluss:

> Die Europäische Union wird mit den Vereinigten Staaten zusammenarbeiten, um die Täter, die Verantwortlichen und die Komplizen dieser barbarischen Taten vor Gericht zu bringen und zu bestrafen. Auf der Grundlage der Resolution 1368 des Sicherheitsrates ist ein amerikanischer Gegenschlag gerechtfertigt.[264]

Im Kontext des Irak-Krieges kam es nicht mehr zu gemeinsamen Solidari-tätsbekundungen der Europäer. Im Gegenteil – es kam zu Spannungen. Nach-dem bis hierher die Neu-Konstruktion des Interventionsrechtes gezeigt wurde, steht nun der „Krieg gegen den Terror" im Mittelpunkt. Nach dem Erfolg in Af-ghanistan hatten die Aussagen von Präsident Bush auf der einen Seite einen sehr zuversichtlichen Unterton, andererseits machte er aber auch klar, dass der Krieg weitergehen wird.[265] Die beiden sicherheitspolitischen Ziele wurden ähnlich wie in der zweiten Phase formuliert: einerseits militärische Erfolge nach Außen und *dadurch* Sicherheit für die Bürger nach Innen. Der Unterschied war die neue Definition der militärischen Erfolge. Es ging nicht mehr nur um Staaten, die Terroristen Unterschlupf bieten, sondern um bestimmte Staaten, denen einerseits feindliche Intentionen gegenüber den USA zugeschrieben wurden, und die ande-rerseits Programme zum Bau von Massenvernichtungswaffen verfolgten. Dabei war entscheidend, dass trotz fehlender Kampfhandlungen, das Kriegsbewusst-sein aufrechterhalten wurde: „Krieg ist immer eine Form von kollektiver Inten-tionalität; deshalb ist nur dann Krieg, wenn die Leute glauben, daß Krieg ist."[266]

Gerade angesichts der Ausweitung der *Bush-Doktrin* war der Zusammen-halt der internationalen Koalition gegen den Terror von entscheidender Bedeu-tung. Mit welchen politischen Konzepten wurde diese Problematik angegangen? Auch in der dritten Phase wurde an der grundlegenden Einteilung von *gut* und

---

[264] Außerordentliche Tagung des Europäischen Rates am 21. September 2001. Schlussfolge-rungen und Aktionsplan, zitiert nach: Ausschuss für die Angelegenheiten der Europäischen Union: *Terrorismusbekämpfung und innere Sicherheit in Europa nach dem 11. September 2001. Texte und Materialien*, Bd. 28, Berlin 2001, S. 40.

[265] "Our war on terror is well begun, but it is only begun. (...) History has called America and our allies to action, and it is both our responsibility and our privilege to fight freedom's fight. Our first priority must always be the security of our nation, and this will be reflected in the budget I send to Congress. My budget supports three goals: We will win this war; we'll pro-tect our homeland; and we will revive our economy." 29.01.2002, Washington/The United States Capitol; President Delivers State of the Union Address, zitiert nach: http://www.whitehouse.gov

[266] John R. Searle: *Die Konstruktion der gesellschaftlichen Wirklichkeit. Zur Ontologie sozia-ler Tatsachen*, (Reinbek bei Hamburg: Rowohlt Verlag 1997), S. 98.

böse festgehalten – genauso wie an den freiheitlichen Prinzipien.[267] Im Rückblick auf die zweite Phase betonte Bush, wie wichtig es war, das Neutralitätskonzept abzulehnen. Gleichzeitig schrieb er damit indirekt auch jedem Mitglied der Koalition zu, ein Teil der zivilisierten Welt zu sein.[268]

Ein weiterer Ausspruch von Bush, der vor allem bei den europäischen Verbündeten auf Widerstand stieß, war: „But some governments will be timid in the face of terror. And make no mistake about it: If they do not act, America will."[269] Inwieweit dies eine Ansage an einen amerikanischen Unilateralismus war, oder die Handlungsbereitschaft gegenüber der eigenen Bevölkerung betont werden sollte, blieb allerdings unklar. Abschließend stellt sich noch die Frage nach den verwendeten Metaphern, Analogien und Bildern.[270]

Insgesamt war ein gewisser Grad an Normalität in den Diskurs zurückgekehrt. Bei der ersten Ansprache im Kongress nach dem 11. September verzichteten die Demokraten auf eine Gegenrede, wie es das normale Verfahren vorsieht. Damals sollte kein Zweifel an der Einheit der Nation geweckt werden.[271] Vier Monate nach den Anschlägen hielten die Demokraten wieder die planmäßige Gegenrede. Obwohl der Bedeutungskontext weiterhin vom „Krieg gegen den

---

[267] „America will lead by defending liberty and justice because they are right and true and unchanging for all people everywhere. No nation owns these aspirations, and no nation is exempt from it. We have no intention of imposing our culture. But America will always stand firm for the non-negotiable demands of human dignity: the rule of law, limits on the power of the state; respect for women; private property; free speech; equal justice; and religious tolerance. America will take the side of brave men and women who advocate these values around the world, including the Islamic world, because we have a greater objective than eliminating threats and containing resentment. We seek a just and peaceful world beyond the war on terror." 29.01.2002, Washington/The United States Capitol; President Delivers State of the Union Address, zitiert nach: http://www.whitehouse.gov

[268] "We've built a fabulous coalition of many nations and every region of the world. They know that in this conflict there is a choice to make: Either you're with us, or you're with the terrorists. Either you're with freedom and justice, or you're on the side of tyranny and oppression. And the good news is, civilized people everywhere are taking the side of freedom and justice." 04.02.2002, Eglin Air Force Base/Fort Walton Beach, Florida; President Calls for $48 Billion Increase in Defense Spending. Remarks by the President to the Service Personnel, zitiert nach: http://www.whitehouse.gov

[269] 29.01.2002, Washington/The United States Capitol; President Delivers State of the Union Address, zitiert nach: http://www.whitehouse.gov

[270] Symbolhaftigkeit findet sich nicht nur auf der Ebene des sprachlichen Diskurses, sondern kann auch durch die Anwesenheit von bestimmten Gästen erzeugt werden. Während bei der ersten Rede zur Lage der Nation nach dem 11. September als Ausdruck der besonderen Freundschaft der britische Premierminister Blair zugegen war, waren nun der neu afghanische Präsident Karzai und die Ministerin für Frauenangelegenheiten Samar zu Besuch. Diese verkörperten die positiven Seiten des „Krieges gegen den Terror".

[271] Siehe hierzu, 21.09.2001, „Prepare for Casualtis, Bush Says, While Asking Support of Nation" by Elisabeth Bumiller, zitiert nach: http://www.nytimes.com

Terror" gekennzeichnet war, normalisierte sich die Stimmung in der Zwischen-
zeit ein wenig.[272]
Auch wenn der Präsident immer wieder verneinte, dass der „Krieg gegen
den Terror" mit den Kreuzzügen vergleichbar sei, charakterisierte er trotzdem
die militärischen Streitkräfte als Befreier und Exporteur der eigenen politischen
Werte.[273] Ein symbolhafter Satz, der in die Geschichtsbücher einging, war die
Aussage von Kaiser Wilhelm II. vor dem Reichstag, als es zur Genehmigung der
Kriegskredite 1914 kam. Er sprach davon, dass er ab diesem Zeitpunkt keine
Parteien mehr kenne, nur noch Deutsche. Diesen Satz wiederholte George W.
Bush in seiner Rede zur Lage der Nation – dieses Mal im Bezug auf den „Krieg
gegen den Terror":

> I'm a proud member of my party – yet as we act to win the war, protect our people,
> and create jobs in America, we must act, first and foremost, not as Republicans, not
> as Democrats, but as Americans. (...) while the price of freedom and security is high,
> it is never too high.[274]

Neben dieser offensichtlich symbolhaften Sprache geschah im Diskurs noch etwas, das durch Zitate nicht gefasst werden kann. Die Tendenz dazu ließ sich
schon in der zweiten Phase erkennen, manifest wurde es aber endgültig in der
dritten Phase. Der 11. September oder „9/11" wie es selbst im geschriebenen
Diskurs immer häufiger hieß, wurde selbst zur (ontologischen) Metapher; d.h.
man konnte sich darauf beziehen, einen bestimmten Aspekt identifizieren oder
den 11. September als Ursache für etwas sehen (dies geschah besonders oft).[275]

Zusammenfassend ist festzuhalten, dass der entscheidende Wandel dieser Phase
war, die Spielregel der *Bush-Doktrin* argumentativ auszubauen. Neben der Staatenverantwortlichkeit in Form von „harbouring terrorists" sollte auch die Her-

---

[272] „It comes as Democrats have become increasingly restless about the military moves, com-
plaining that the administration has demanded virtually unlimited funds without providing a
clear road map of the worldwide military effort." 02.03.2002, "U.S. Broadens Terror Fight,
Readying Troops for Yemen" by Michael R. Gordon and James Dao, zitiert nach:
http://www.nytimes.com
[273] „We have known freedom's price. We have shown freedom's power. And in this great conflict, my fellow Americans, we will see freedom's victory. Our military not only proved themselves on a battlefield, but our military were liberators, freeing women and children, giving
them the chance to breathe the fresh air of freedom." 04.02.2002, Eglin Air Force Base/Fort
Walton Beach, Florida; President Calls for $48 Billion Increase in Defense Spending. Re-
marks by the President to the Service Personnel, zitiert nach: http://www.whitehouse.gov
[274] 29.01.2002, Washington/The United States Capitol; President Delivers State of the Union
Address, zitiert nach: http://www.whitehouse.gov
[275] Zur Konzeption von ontologischen Metaphern siehe, George Lakoff/Mark Johnson: *Leben
in Metaphern. Konstruktion und Gebrauch von Sprachbildern*, (Heidelberg: Carl-Auer Systeme Verlag 1998), S. 35-41.
Siehe hierzu auch die Feststellung in der Titelgeschichte des SPIEGELs zum einjährigen Jubi-
läum der Ereignisse: „'Nine/Eleven' wird weltweit zu einem festen Begriff." Titel: „Das
zweite Rom", *DER SPIEGEL*, Nr. 36, 02.09.2002, S. 93.

stellung von Massenvernichtungswaffen durch Staaten mit feindlichen Intentionen als Interventionsgrund etabliert werden. Für mögliche Handlungsoptionen bedeutete dies in erster Linie, dass Staaten wie Nordkorea, Iran und vor allem Irak als mögliche Ziele von Militäroperationen im Raum standen. Die Terrorismusproblematik war damit endgültig wieder auf die zwischenstaatliche Ebene verlagert worden. Die Verknüpfung der Schurkenstaaten mit dem Recht auf Selbstverteidigung nach dem Kriegsakt vom 11. September verlief allerdings nicht reibungslos. Selbst unter den engen Verbündeten kam es zu keinem Konsens über diese Frage – vor allem nicht im Vergleich zu dem über das Argument des „harbouring terrorists".

Auch wenn das grundsätzliche Ziel der militärischen Erfolge nach Außen und *dadurch* Sicherheit für die Bürger nach Innen erhalten blieb, lag der Unterschied in der Neudefinition dieser militärischen Erfolge. Unverändert blieb hingegen der Begründungshintergrund, vor dem der „Krieg gegen den Terror" legitimiert wurde. Während ein gewisser Grad an Normalität in den amerikanischen Diskurs zurückkehrte, wurde auf der anderen Seite das Kriegsbewusstsein weiterhin aufrechterhalten. Dies wurde an symbolhaften Aussprüchen deutlich: Im „Krieg gegen den Terror" gehe es nicht um Parteizugehörigkeit, sondern um die nationale Identität *aller* Amerikaner. Schließlich zeigte die Untersuchung des Diskurses auch, dass der 11. September in der Zwischenzeit selbst als Metapher etabliert war. Dieses Datum wurde zu einem festen Begriff, zu einer Art Objekt, auf das man sich nicht nur beziehen konnte, sondern das vor allem auch als Ursache für andere Dinge herangezogen werden konnte.

7. DER DISKURS IN DEN AMERIKANISCHEN MEDIEN

Da eine ähnlich ausführliche Darstellung des Diskurses über die Ereignisse des 11. September auf medialer Ebene den Umfang dieser Untersuchung sprengen würde, werden im folgenden Kapitel auf der Basis der oben vorgestellten Systematisierung nur die wichtigsten Aspekte des Diskurses aufgeführt.[276] Diese Vorgehensweise liegt vor allem darin begründet, da der Diskurs nach dem Schock des 11. September auf medialer Ebene ein relativ einheitliches Bild vermittelte, das darüber hinaus dem der politischen Entscheidungsträger sehr ähnelte. Es war nicht die Zeit großer gesellschaftlicher Kontroversen, sondern eher ein Moment der nationalen Einheit (-smeinung).[277]

Die Informationsfunktion macht die Massenmedien heute zu einer unverzichtbaren gesellschaftlichen Instanz: „Was wir über unsere Gesellschaft, ja über die Welt, in der wir leben, wissen, wissen wir durch die Massenmedien."[278] Dabei spielen „Binärcodierungen" bzw. „Stereotype" eine wichtige Rolle. Sie ermöglichen einen hohen Grad an Komplexitätsreduktion.[279] Mit Unterscheidungen wie „Freund-Feind" oder auch „gut-böse" ist es auf relativ einfache Art und Weise möglich, sehr komplizierte Ereignisse wie etwa auch terroristische Anschläge oder Kriege darzustellen. Massenmedien produzieren in der Herstellung von Nachrichten bestimmte Narrative von den Ereignissen und bieten dabei auch zumeist bestimmte Interpretationsmuster, die einerseits Komplexität reduzieren, andererseits aber auch durch ihre Bewertung eine normative Struktur reproduzieren bzw. auch verändern.[280] Dieser Bedeutungskontext ist entscheidend, wenn man die Handlungen der Akteure verstehen will. Da aber die politischen Entscheidungsträger nicht in einem „luftleeren Raum" Politik betreiben, sondern der Bevölkerung gegenüber verantwortlich sind, ist es wichtig, diesen Aspekt des öffentlichen Diskurses in die Analyse mit einzubeziehen.

---

[276] Die Artikel der *New York Times* wurden nach genau denselben Kriterien und genauso detailliert untersucht wie die Aussagen der politischen Entscheidungsträger. Nur die Präsentation der Ergebnisse fällt kürzer aus, da es ansonsten zu vielen Wiederholungen kommen würde.

[277] Besonders ausgeprägt kann sich die Tendenz seitens der Medien, bestimmte Informationen einfach von der Politik zu übernehmen, in Krisen- und Kriegszeiten auswirken. Siehe hierzu, Michael Kunczik: „Wie man Feindbilder aufbaut", *message*, Nr. 1, Juli 1999, S. 12-18.

[278] Niklas Luhmann: *Die Realität der Massenmedien*, (Opladen: Leske + Budrich 1996), S. 9.

[279] Siehe hierzu, Walter Lippmann: *Die öffentliche Meinung*, (München: Rütten + Loening Verlag 1964).

[280] Siehe hierzu, Christiane Eilders/Albrecht Lüter: „Germany at War – Competing Framing Strategies in German Public Discourse", *European Journal of Communication*, Vol. 15, No. 3, 2000, S. 415-428.

7.1 Der Diskurs in der *New York Times* in der ersten Phase

Die Argumentation in diesem Abschnitt erfolgt in vier Schritten: Erstens muss der Frage der Verantwortlichkeit nachgegangen werden. Zweitens muss die Beschreibung der Ereignisse selbst untersucht werden, also die Frage „was das war". Im dritten Schritt sollen die angemessenen Maßnahmen nachgezeichnet werden, die uns direkt zum letzten Punkt – den öffentlichen Erwartungen – führen.

Ähnlich wie bei den Reden des amerikanischen Präsidenten, kristallisierte sich auch in der *New York Times* sehr schnell Osama bin Laden und al Qaida als die Verantwortlichen für die Ereignisse des 11. September heraus. Dabei wurde auch hier schon die Verbindung mit den Taliban in Afghanistan explizit deutlich gemacht und ihnen dadurch eine Mitverantwortlichkeit zugerechnet.[281] Dabei war jedoch auffällig, nicht aber unbedingt verwunderlich, dass die mediale Berichterstattung ein höheres Maß an *Personalisierung* vermittelte, als dass dies durch politische Entscheidungsträger forciert wurde. Die Person Osama bin Laden stand hier sehr stark im Vordergrund – vor allem was die persönliche Verantwortlichkeit für die Anschläge betraf.[282] Die Attentäter selbst wurden in diesem Artikel lediglich als „Kanonenfutter" bezeichnet; der eigentlich Verantwortliche war Osama bin Laden. In dieser ersten Phase wurde von der *New York Times* jedoch weder auf den Entstehungskontext des islamistischen Terrorismus, noch auf die Intentionen der Attentäter bzw. Osama bin Ladens eingegangen.

Die Einzigartigkeit und auch die Problematik, zu beschreiben „was das war", das am 11. September passierte, wurde an vielen Stellen – vor allem in der ersten Phase – deutlich.

---

[281] "Nobody immediately claimed responsibility for the attacks. But the scale and sophistication of the operation, the extraordinary planning required for concerted hijackings by terrorists who had to be familiar with modern jetliners, and the history of major attacks on American targets in recent years led many officials and experts to point to Osama bin Laden, the Islamic militant believed to operate out of Afghanistan. (...) President Bush, facing his first major crisis in office, vowed that the United states would hunt down and punish those responsible for the 'evil, despicable acts of terror' which, he said, took thousands of American lives. He said the United States would make no distinction between those who carried out the hijackings and those who harbored and supported them." 12.09.2001, "Hijacked Jets destroy Twin Towers and Hit Pentagon" by Serge Schmemann, zitiert nach: http://www.nytimes.com "The Taliban, the extremist Sunni Muslim group that rules most of Afghan territory, has given refuge to Mr. Bin Laden and has allowed him to maintain military training camps on Afghan soil. (...)The Taliban leaders threatened a holy war against all those who helped in an American-led military campaign against their country." 16.09.2001, "Bush warns That Coming Conflict Will Not Be Short" by Elaine Sciolino, zitiert nach: http://www.nytimes.com
[282] „Mr. Bin Laden's form of terrorism is a study in persistence. (...) It also transcends geographic, religious, and ideological boundaries." 16.09.2001, "Holy Warriors Escalate an Old War on a New Front" by Judith Miller, Benjamin Weiser and Ralph Blumenthal, zitiert nach: http://www.nytimes.com

Obviously New York and all of us have experienced a trauma that is unparalleled. (...) The largest city in the United States, the financial capital of the world, was virtually closed down. (...) For all the questions, what was clear was that the World Trade Center would take its place among the great calamities of American history, a day of infamy like Pearl Harbor, Oklahoma City, Lockerbie.[283]

Dabei wurde in der Berichterstattung offensichtlich, wie komplex die Erfassung der Problematik war. Begriffe wie Terrorismus und Guerillataktik wurden quasi bedeutungsgleich verwendet.[284] Hinzu kam darüber hinaus die Verwendung des Kriegsbegriffs, um die Ereignisse zu beschreiben: „Within an hour, the United States was on a war footing. (...) But it was in New York that the calamity achieved levels of horror and destruction known only in war."[285] Die Berichterstattung der ersten Tage nach dem 11. September machte deutlich, dass die Ereignisse etwas Neues darstellten, da noch viele verschiedene Begriffe verwendet wurden. Auch die oben angesprochene Metapher von „Pearl Harbour" fiel mehrmals. Auf diese Weise konnte ein Ereignis, das schwer zu begreifen war, durch ein anderes Ereignis, von dem ein breites Hintergrundwissen existierte, verstanden werden.[286] Erst im Laufe der Zeit sollte sich der Kriegsbegriff auch im medialen Diskurs durchsetzen. Dies kam unter anderem auch dadurch zustande, dass unheimlich viele wörtliche Zitate von Präsident Bush in die Berichterstattung einflossen.

---

[283] 12.09.2001, "Hijacked Jets destroy Twin Towers and Hit Pentagon" by Serge Schmemann, zitiert nach: http://www.nytimes.com

[284] „The evolution of guerila tactics coupled with an elusive infrastructure have repeatedly stymied campaigns by successive administrations to eradicate such terrorism. But the latest attacks have convinced American policy makers that they must now destroy the infrastructure as well as the terrorists themselves." 16.09.2001, „Holy Warriors Escalate an Old War on a New Front" by Judith Miller, Benjamin Weiser and Ralph Blumenthal, zitiert nach: http://www.nytimes.com

[285] 12.09.2001, „Hijacked Jets destroy Twin Towers and Hit Pentagon" by Serge Schmemann, zitiert nach: http://www.nytimes.com
„The airborne assault on the World Trade Center and the Pentagon is the culmination of a decade-long holy war against the United States that is escalating methodically in ambition, planning and execution." 16.09.2001, „Holy Warriors Escalate an Old War on a New Front" by Judith Miller, Benjamin Weiser and Ralph Blumenthal, zitiert nach: http://www.nytimes.com

[286] Ein Blick auf 150 Überschriften der Titelseiten amerikanischer Zeitungen nach den Ereignissen veranschaulicht die Verwendung verschiedener Begriffe sehr deutlich. Knapp zwanzig Mal wurde „attack", rund fünf Mal „war" verwendet. Fast dreißig Mal kam der Begriff „terror" vor, und auch „Pearl Harbour" war sieben Mal Teil der Überschrift. Der meist zitierte Satz von George Bush war „Our nation saw evil." und „cowardly actions". Darüber hinaus ist auch bemerkenswert, dass schon fünf Mal nur das Datum, also „September 11" oder „09/11/01" als Überschrift diente. Diese Entwicklung verstärkte sich im Laufe des Diskurses. Das Datum wurde selbst zum Inbegriff der Ereignisse. Siehe hierzu, The Poynter Institute (Hrsg.): *September 11, 2001. A Collection of Newspaper Frontpages*, (Kansas City: Andrews McMeel Publishing 2001).

Für die Frage nach den angemessenen Maßnahmen, die zu treffen waren, ergab sich ebenfalls ein Bild, das dem politischen Diskurs sehr ähnelte. Das weit gefasste Projekt des „Krieges gegen den Terror" bildete den Rahmen. Dabei wurde das Ziel einer großen internationalen Koalition deutlich. Das genaue „Gesicht" dieses neuen Krieges blieb jedoch auch hier verschwommen: „But the biggest question continued to be the nature of the military campaign that the administration is putting together."[287] Die *New York Times* bestätigte in diesem Zusammenhang, dass, folgte man den Meinungsumfragen, die Regierung die volle Unterstützung der Bevölkerung für militärische Maßnahmen habe: "Americans say overwhelmingly that the nation should take military action against those responsible for the terrorist attacks, the latest New York Times/CBS News Poll show."[288]

Ein letzter Aspekt dieser ersten Phase hing damit zusammen, welche öffentlichen Erwartungen über die Reaktion der USA herrschten. Auf der Grundlage der Erfahrungen von Lockerbie, Daressalam und Nairobi einerseits und der Verantwortlichkeit von Osama bin Laden und indirekt auch der Taliban andererseits, stellten militärische Vergeltungsschläge einen Teil des Spektrums an öffentlichen Erwartungen dar. „In the evening, explosions were reported in Kabul, the Afghan capital. But officials denied that the United States had attacked that city."[289] Diese Aussage verweist darauf, dass gewisse Erwartungen in diese Richtung existierten. Sonst hätte man dies nicht erwähnen müssen. Auch Aussagen von Regierungschefs anderer Staaten sowie die internationale Berichterstattung ließen auf eine solche Erwartungshaltung schließen.[290] Diese Option wurde jedoch von den politischen Entscheidungsträgern zugunsten des breit angelegten

---

[287] 16.09.2001, „Bush warns That Coming Conflict Will Not Be Short" by Elaine Sciolino, zitiert nach: http://www.nytimes.com

[288] 16.09.2001, „Bush warns That Coming Conflict Will Not Be Short" by Elaine Sciolino, zitiert nach: http://www.nytimes.com

[289] 12.09.2001, „Hijacked Jets destroy Twin Towers and Hit Pentagon" by Serge Schmemann, zitiert nach: http://www.nytimes.com

[290] Siehe zu den Aussagen fremder Regierungschefs, Chronik aktuell: *Der 11. September 2001. Ereignisse, Reaktionen, Hintergründe, Folgen,* (Chronik Verlag: Gütersloh/München 2001), S. 56-57. Sowie auf S. 86: „Als am Abend – nach dem Kollaps der Twin Towers – Geschützfeuer und Explosionen den Nachthimmel über der afghanischen Hauptstadt Kabul erhellten, hielten viele Menschen in aller Welt zum zweiten Mal an diesem Tag den Atem an: Der Gedanke an einen blindwütigen Vergeltungsschlag der tief traumatisierten Supermacht lag so nahe. Doch die amerikanische Regierung verhielt sich ganz anders, als es die Welt befürchtet hatte. Schon in den ersten tagen nach den Attacken begannen US-Präsident George W. Bush und sein Außenminister Colin Powell, eine weltweite Koalition gegen den internationalen Terrorismus zu schmieden." Zur internationalen Berichterstattung siehe, The Poynter Institute (Hrsg.): *September 11, 2001. A Collection of Newspaper Frontpages,* (Kansas City: Andrews McMeel Publishing 2001), S. 123-146.

Projektes „Krieg gegen den Terror" verworfen. Dies konnten die Ausführungen im vorigen Kapitel plausibel machen.[291]

Die Berichterstattung der *New York Times* lässt sich für diese erste Phase wie folgt zusammenfassen: Das Bild von den Ereignissen entsprach überwiegend der Beschreibung durch die politischen Entscheidungsträger – sowohl, was die Frage der Verantwortlichkeit als auch, was mögliche Handlungsoptionen betraf. Allerdings konzentrierte man sich noch stärker auf die Person Osama bin Laden. Der Kriegsbegriff zur Einordnung der Ereignisse deutete sich zwar schon an, setzte sich aber noch nicht endgültig durch, da auch andere Begriffe wie Guerillataktik und Terror häufig verwendet wurden. Darüber hinaus wurde auch deutlich, dass militärische Maßnahmen durch die US-Regierung den öffentlichen Erwartungen entsprachen.

7.2 Der Diskurs in der *New York Times* in der zweiten Phase

Mit Bezug auf die Frage der Verantwortlichkeit gab es in dieser zweiten Phase keine nennenswerten Veränderungen. Der Grad an Personalisierung nahm noch zu. Eigene Artikel widmeten sich ausführlichen Portraits von Osama bin Laden und Dr. Zawahiri, dem Führer des ägyptischen Heiligen Krieges und Stellvertreter von bin Laden.[292] Auch die enge Verbindung zu den Taliban wurde beibehalten.[293] Der Entstehungskontext des Terrorismus wurde weiterhin ausgeklammert. Präsident Bushs Erklärung, dass Terrorismus nicht als Teil eines politischen oder sozialen Prozesses zu verstehen sei, sondern, dass es einfach „böse" Menschen gebe, schien sich hier durchzusetzen. Auch wenn der „Hass" der „muslimischen Straße" an einigen Stellen problematisiert wurde, wurde die Rolle der USA ausgeklammert oder zumindest der Hass als ungerechtfertigt dargestellt.[294]

Nur in den großen Artikeln zur Jahreswende rückte die Thematik der Verantwortlichkeit kurzzeitig wieder in den Vordergrund. Dabei wurde häufig das

---

[291] Siehe hierzu vor allem auch die Aussagen von C. Rice, C. Powell und D. Cheney in den Fernsehdokumentationen, „Der 11. September – Der Tag. Der die Welt veränderte", Ein Film von Johannes Hano und Elmar Theveßen, Ausstrahlungstermin: ZDF, 11.08.2002, 23:25 Uhr bis 00:10 Uhr, und, „Tot oder lebendig", Ein Film von Brian Lapping und Norma Percy, deutsche Bearbeitung Hilde Buder, (ZDF, 1. Teil: 27.08.2002, 22:15 Uhr bis 23:00 Uhr, 2. Teil: 28.08.2002, 22:15 Uhr bis 23:00 Uhr).

[292] Siehe hierzu, 24.09.2001, „Egyptian Doctor Believed to be bin Laden's No. 2" by Douglas Jehl, und, 30.09.2001, „Bin Laden's Journey From Rich Pious Lad to the Mask of Evil" by Robert D. McFadden. Siehe hierzu auch, 10.12.2001, „Taliban Give Way in Final Province Where They Ruled" by David Rohde with Eric Schmitt, und, 14.12.2001, „Bin Laden, on Tape, Boasts of Trade Center Attacks" by Elisabeth Bumiller, zitiert nach: http://www.nytimes.com

[293] Siehe hierzu, 22.11.2001, „How bin Laden and Taliban Forged Jihad Ties" by Douglas Frantz and David Rohde, zitiert nach: http://www.nytimes.com

[294] 30.09.2001, „Bin Laden's Journey From Rich Pious Lad to the Mask of Evil" by Robert D. McFadden, zitiert nach: http://www.nytimes.com

Verhalten von Saudi-Arabien kritisiert: „The result: for Osama bin Laden's most audacious strike against the United States, Europe was his forward base, Saudi Arabia his pool of recruits, the United States a vulnerable target."[295] Eindeutiger konnte die Frage der Verantwortlichkeit kaum beantwortet werden. Nur ganz vereinzelt wurde in diesen Artikeln erwähnt, dass es für einen Teil der Muslime problematisch ist, dass amerikanische Truppen in Saudi-Arabien stationiert sind. Die Betonung war ganz klar auf den Versäumnissen der saudischen Regierung – vor allem mit Bezug auf zurückkehrende Veteranen aus dem Krieg in Afghanistan in den 1980ern. Auch hier spielte die Rolle der USA bei der Unterstützung der heiligen Krieger gegen die Sowjets nur eine untergeordnete Rolle in der Berichterstattung der *New York Times*. Ein anderer Artikel zur Jahreswende setzte sich ausführlich mit den Versäumnissen der USA bei der Terrorismusbekämpfung auseinander.[296] Dabei wurde eine detaillierte Beschreibung des Handelns der amerikanischen Administrationen auf der einen und Osama bin Ladens auf der anderen Seite gegeben. Die aufgelisteten Fehler der USA in diesem Artikel bezogen sich ausschließlich auf die technische Ebene der Terrorismusbekämpfung. Eine tiefere Ursachenanalyse wurde vermieden. Somit spiegelten sich an dieser Stelle eindeutig die Äußerungen der politischen Verantwortlichen auf der medialen Ebene des Diskurses wider. Ein weiterer Aspekt der Rückschau auf die Terrorismusbekämpfung in den 1990ern war dabei interessant:

> When it came to terrorism, Clinton administration officials continued the policy of their predecessors, who had viewed it primarily as a crime to be solved and prosecuted by law enforcement agencies. That approach, which called for grand jury indictments, created its own problems.[297]

Die Ereignisse des 11. September führten somit unter anderem zu der Schlussfolgerung, dass der Problematik des Terrorismus nur im Kontext des Krieges, nicht mehr der Verbrechensbekämpfung begegnet werden könne. Dies führt uns direkt zum zweiten Teil der Fragestellung – den angemessenen Maßnahmen. Neben der offensichtlichen Erwartung von militärischen Maßnahmen gegen Afghanistan ging es zu Beginn dieser zweiten Phase um die finanzpolitischen Maßnahmen, dem so genannten „financial war". Dabei ähnelte sich die Vorgehensweise in diesen beiden Bereichen:

---

[295] 27.12.2001, „Holy War Lured Saudis as Rulers Looked Away" by Douglas Jehl, zitiert nach: http://www.nytimes.com
[296] „An extensive review of the nation's antiterrorism efforts shows that for years before Sept. 11, terror experts throughout the government understood the apocalyptic designs of Osama bin Laden. But the top leaders never reacted as if they believed the country was as vulnerable as it proved to be that morning. (...) The government's fight against terrorism always seemed to fall short." 30.12.2001, „Many Say U.S. Planned for Terror but Failed to Take Action" by the New York Times, zitiert nach: http://www.nytimes.com
[297] 30.12.2001, „Many Say U.S. Planned for Terror but Failed to Take Action" by the New York Times, zitiert nach: http://www.nytimes.com

Mr. Bush's plan to punish foreign financial institutions that handle terrorists' money echoes his threat to other nations that harbor terrorists: if the banks choose to harbor terrorists' money, they will be treated as hostile entities.[298]

Nach Beginn der Angriffe auf Afghanistan wurden die militärischen Maßnahmen von der *New York Times* begleitet, aber nicht kritisiert; d.h. sie wurden als legitim erachtet.[299] Zu diesem Zeitpunkt war die Übereinstimmung der beiden diskursiven Ebenen am Höchsten. Dies lag unter anderem auch an der schweren Zugänglichkeit von Informationsquellen in Kriegszeiten. Das führte zu vielen wörtlichen Zitaten von politischen und militärischen Entscheidungsträgern in der Berichterstattung. Auf Grund des unerwarteten schnellen Erfolges in Afghanistan wurden die militärischen Maßnahmen durchweg positiv dargestellt. Folglich war die Bedrohung für die USA sehr viel geringer, aber immer noch vorhanden.[300] Was innenpolitische Maßnahmen zur Terrorismusbekämpfung betraf, so wurden diese begrüßt, und den Entscheidungsträgern viel Raum gegeben, diese zu rechtfertigen.[301]

Auch auf medialer Ebene setzte sich die Definition der Ereignisse als Kriegsakt durch. Dennoch wurde weiterhin mit Metaphern gearbeitet, um das Phänomen verständlicher zu machen. Beispielsweise wurde die Strategie und Taktik von al Qaida an einigen Stellen mit einer Firma aus der New Economy verglichen.[302] Neben dieser Art von Metaphorik setzte sich auf der medialen E-bene des Diskurses noch rascher durch, dass „September 11", dann „Sept. 11" und schließlich „9/11" selbst zur Metapher für die Ereignisse wurde. Diese Tendenz ließ sich in der Berichterstattung der *New York Times* über die drei Phasen deutlich nachweisen.

---

[298] 25.09.2001, „Bush freezes Assets Linked to Terror Network" by David E. Sanger and Joseph Kahn, zitiert nach: http://www.nytimes.com
Siehe hierzu auch, 13.10.2001, „Saudi and Pakistani Assets Cited for Ties to bin Laden" by Joseph Kahn and Judith Miller, zitiert nach: http://www.nytimes.com
[299] Siehe hierzu, 08.10.2001, „Bush Warns 'Taliban Will Pay a Price'" by Patrick E. Tyler, und, 20.10.2001, „More Than 100 G.I.'s Participate in Helicopter Assault" by Eric Schmitt and Steven Lee Myers, zitiert nach: http://www.nytimes.com
[300] „The Taliban's loss of territory this week has cost the group [al Qaida] a haven in which it has trained thousands of operatives over the last decade to fire small weapons and use explosives. The ability to move freely out of Afghanistan, and communicate with terrorist cells around the world, has been disrupted. The global efforts to cut off Al Qaeda access to money and round up its supporters in Europe have also had effects, the officials said." 17.11.2001, „Bin Laden Aide Reported Killed by U.S. Bombs" by James Risen, zitiert nach: http://www.nytimes.com
Siehe hierzu auch, 17.12.2001, „U.S. Officials Say Al Qaeda Is Routed From Afghanistan" by John Kifner with Eric Schmitt, zitiert nach: http://www.nytimes.com
[301] Siehe hierzu, 26.10.2001, „Provisions of the Antiterrorism Bill" (unkommentierte Zusammenfassung der „antiterrorist legislation"), und, 27.10.2001, „Authorities Gain Tools to Fight Terrorism" by Adam Clymer, zitiert nach: http://www.nytimes.com
[302] Siehe hierzu, 11.11.2001, „Running Terrorism as a Business" by Don Van Natta Jr., zitiert nach: http://www.nytimes.com

Die inhaltliche Nähe von Politikern und medialer Berichterstattung wurde auch daran deutlich, dass die *New York Times* einen gesamten Bericht, den Tony Blair kurz vor Beginn der Angriffe auf Afghanistan komplett und unkommentiert abdruckte. In diesem Dokument wurde die unzweifelhafte Verantwortlichkeit von al Qaida „bewiesen" und eine praktische Gleichsetzung der Taliban mit den Terroristen vollzogen. Dies war im Kontext der Staatenverantwortlichkeit ein wichtiges Argument im öffentlichen Diskurs.[303]

Es lässt sich zusammenfassend festhalten, dass sich die beiden hier untersuchten Diskursebenen sowohl in der Frage der Verantwortlichkeit als auch für die angemessenen Maßnahmen durch einen hohen Grad an Konvergenz auszeichneten. Während in der ersten Phase noch ein gewisses Maß an Verwirrung herrschte, konnten sich in der zweiten Phase die Argumente manifestieren. Dies führte zu einem relativ stabilen Begründungshintergrund für soziales Handeln. In der folgenden dritten Phase veränderten sich zwar bestimmte Argumentationslinien – vor allem, wie mögliche Interventionen gerechtfertigt wurden. Die Konvergenz zwischen den Diskursebenen blieb aber weitgehend erhalten.

7.3 Der Diskurs in der *New York Times* in der dritten Phase

Wie sich schon in der zweiten Phase andeutete, spielte die Frage der Verantwortlichkeit keine prominente Rolle mehr. Infolgedessen ging es um die Frage nach den angemessenen Maßnahmen, wobei auch hier – wie beim Diskurs der politischen Entscheidungsträger – die Rede von der „Achse des Bösen" den Auslöser darstellte. Allerdings wurde die Gefahr von Massenvernichtungswaffen schon in der Berichterstattung vor dieser Rede thematisiert. Doch bezog man sich konkret auf die Problematik der Anwendung dieser Waffen durch Terroristen, nicht durch Staaten mit feindlichen Intentionen.[304] Dieser Unterschied bzw. die Ausweitung der Ziele im „Krieg gegen den Terror" durch die Rede des Präsidenten zur Lage der Nation wurde auch in der *New York Times* betont:

> In his first State of the Union address, Mr. Bush seemed to be outlining a rationale for future action, if he deems it necessary, not only against terrorists but against any hostile states developing weapons of mass destruction. (...) He expanded his definition of America's immediate defensive goals, saying he would soon deal with countries that make the nuclear and biological weapons that terrorists covet. (...) And he described, vaguely, the outlines of the expanding war: American troops in the Philippines to help root out terrorist cells, and a Navy patrolling the Horn of Africa to block weapons and stop Al Qaeda terrorists from seeking refuge in Somalia. But as Mr. Bush described the world as his battlefield, he gave no hint of where he would

---

[303] Siehe hierzu, 05.10.2001, „Britain's Bill of Particulars: 'Planned and Carried Out the Atrocities'" zitiert nach: http://www.nytimes.com

[304] „Beyond that, administration officials who most closely monitor Mr. Bin Laden's activities warn that the next round of terror could even involve weapons of mass destruction." 16.09.2001, „Holy Warriors Escalate an Old War on a New Front" by Judith Miller, Benjamin Weiser and Ralph Blumenthal, zitiert nach: http://www.nytimes.com

next turn his attentions. For all his talk about the threat posed by Iraq, he made no threats and set no deadlines, and he never discussed the objections his closest allies have raised to taking the war there. (...) His discussion of the nuclear and biological threat posed by hostile nations was clearly intended to build support for action there, though his aides said tonight that he had not meant to imply that military force was his only option. "There are other instruments, including economic ones," a senior official told reporters tonight.[305]

Während kurz nach den Ereignissen des 11. September eher Staaten wie Sudan oder auch Iran im Vordergrund der Überlegungen standen,[306] richtete sich der öffentliche Diskurs nach der Rede des Präsidenten vor allem auf mögliche Militäraktionen gegen den Irak.[307]

Auf der Grundlage der Ausweitung der *Bush-Doktrin* fand in dieser dritten Phase ein reger öffentlicher Diskurs über die Frage statt, wie es mit dem „Krieg gegen den Terror" weitergehen sollte.[308] Dabei bezog man sich immer wieder auf die Versuche von al Qaida, Massenvernichtungswaffen zu bauen, betonte jedoch gleichzeitig, dass sie technisch dazu kaum in der Lage waren. Folglich war der einzige Ausweg für die Terroristen, diese Waffen bei fremden Regierungen zu erwerben.[309] Auch hier wurde die Ähnlichkeit der beiden untersuchten Diskursebenen deutlich. Dabei war die Etablierung von bestimmten Erwartungen entscheidend. Durch den öffentlichen Diskurs nach der „Achse des Bösen" ergaben sich verschiedene Handlungsoptionen für die USA. Auch wenn ein militärisches Vorgehen gegen den Irak nicht erst seit dieser dritten Phase auf der Agenda stand, hatte diese Option nun zumindest einen sehr viel prominenteren Platz auf der politischen Tagesordnung.

Zusammenfassend kann für diese dritte Phase festgehalten werden, dass in erster Linie die Zukunft des Projekts „Krieg gegen den Terror" den öffentlichen Diskurs bestimmte. Hier wurden „Räume" geschaffen, in denen die gesellschaft-

---

[305] Im gleichen Artikel wird auch eine etwas kritischere Haltung deutlich, die in den ersten beiden Phasen wohl nicht vorstellbar gewesen wäre: „'We have no intention of imposing our culture,' Mr. Bush said, 'But America will always stand firm for the nonnegotiable demands of human dignity: the rule of law, limits on the power of the state, respect for women, private property, free speech, equal justice and religious tolerance.' His list was telling because it demonstrated that his plans, at their core, involve creating a world that is in America's image." 30.01.2002, „Bush, Focusing on Terrorism, Says Secure U.S. Is Top Priority" by David E. Sanger, zitiert nach: http://www.nytimes.com
[306] „The government also said that there was a 'working agreement' among Mr. Bin Laden. Iran and the National Islamic Front of Sudan to 'work together against the United States, Israel and the West'. 16.09.2001, „Holy Warriors Escalate an Old War on a New Front" by Judith Miller, Benjamin Weiser and Ralph Blumenthal, zitiert nach: http://www.nytimes.com
[307] 02.03.2001, „U.S. Broadens Terror Fight, Readying Troops for Yemen" by Michael R. Gordon and James Dao, zitiert nach: http://www.nytimes.com
[308] 12.03.2002, „Bush Urges Action in Terror War" by AP, zitiert nach: http://www.nytimes.com
[309] 23.03.2002, „U.S. Says It Found Qaeda Lab Being Built to Produce Anthrax" by Michael R. Gordon, zitiert nach: http://www.nytimes.com

liche Diskussion über mögliche Optionen im „Krieg gegen den Terror" stattfand.

8. DER EXPERTENDISKURS

Während der Expertendiskurs im Bereich der Sicherheitsforschung sein Hauptaugenmerk auf möglichst effektive Handlungsoptionen der USA richtete, setzte sich der völkerrechtliche Diskurs einerseits mit der Rechtmäßigkeit solcher Maßnahmen auseinander, andererseits aber auch damit, inwieweit die Beschreibung der Ereignisse als Kriegsakt selbst adäquat erschien. Der Fokus in dieser Untersuchung richtet sich auf die Frage der Legitimität und nicht auf Legalität – die eigentliche Thematik der Völkerrechtler. Allerdings ist offensichtlich, dass beide Begriffe in den meisten Situationen eng miteinander zusammenhängen. Aus diesem Grund soll ein kurzer Einblick in die völkerrechtliche Debatte gegeben werden.

8.1 Der völkerrechtliche Diskurs

In diesem Abschnitt stehen drei Aspekte im Mittelpunkt: Erstens geht es um die Definition der Ereignisse aus völkerrechtlicher Perspektive. In einem zweiten Schritt wird kurz auf das völkerrechtliche Prinzip der Staatenverantwortlichkeit eingegangen. Schließlich steht die Rechtmäßigkeit der von den USA getroffenen Maßnahmen im Vordergrund.

Bei der Auseinandersetzung mit den Ereignissen des 11. September konzentrierte sich die Diskussion schnell auf eine Frage, die auch zentral für die Konstruktion des Bedeutungskontextes und somit für diese Untersuchung war:

> It is now more than an academic question whether one should regard terrorism as crime or war. (...) The psychological sense that this was an act of war is founded on the extraordinary destructiveness of the act.[310]

Die amerikanische Völkerrechtlerin Ruth Wedgwood kommt in ihrer Analyse, die einerseits auf den veröffentlichten Schriften und Tonträgern und andererseits auf den unmittelbaren Handlungen von al Qaida in den 1990ern beruht, zu der Schlussfolgerung, dass es sich bei den Ereignissen des 11. September sowohl um internationale Verbrechen als auch um einen Kriegsakt handelte.[311] Christopher Greenwood kommt in seinem Artikel in *International Affairs* zu ähnlichen

---

[310] Ruth Wedgwood: „Al Qaeda, Terrorism, and Military Commissions", *American Journal of International Law*, (Forthcoming), S. 1.
[311] „Al Qaeda's campaign throughout the 1990's against American targets amounted to a war. (...) to constitute a coherent campaign rather than the isolated acts of individuals." Ruth Wedgwood: " Ebd., S. 2, sowie, Ruth Wedgwood: "The Law's Response to September 11", *Ethics & International Affairs*, Vol. 16, No. 1, 2002, S. 8-13.

Schlussfolgerungen. Die Anschläge des 11. September waren – seiner Meinung nach – eindeutig ein Verbrechen gegen nationales sowie auch internationales Recht. Außerdem sind sie als „bewaffneter Angriff" gegen die USA sowie als Bedrohung für den Weltfrieden einzuordnen. Folglich war auch die Antwort der USA in Afghanistan im Zeichen des Selbstverteidigungsrechtes legitim.[312] Die folgenden Aussagen zeigen jedoch, dass der im Diskurs verwendete Kriegsbegriff nicht unbedingt als rein rechtliche Kategorie angesehen werden sollte, sondern vielmehr die politische Dimension im Vordergrund stand:

> The concepts of international crime, threats to the peace and armed attack are not, however, mutually exclusive and there is no reason why they should be treated as such. The term 'act of war' is inappropriate here. (...) [Because] the concept of war in international law is confined to conflicts between states – and, indeed, is no longer much used there; surrounded as it is by technicalities, it has largely given way to the factual notion of 'armed conflict'. References to the attacks as 'acts of war', like the subsequent talk of a 'war against terrorism', are understandable in political terms but are not to be taken as referring to the concept of war in international law.[313]

Selbst wenn der französische Völkerrechtler Frédéric Mégret insgesamt einen sehr viel kritischeren Ton anschlug, betonte auch er, dass es sich bei den Anschlägen des 11. September um einen „bewaffneten Angriff" handeln *konnte*.[314] Man kann demnach zusammenfassend für die Einordnung der Ereignisse in völkerrechtliche Kategorien sagen, dass die Definition als „bewaffneter Angriff" bzw. Kriegsakt durchaus plausibel erschienen. Trotzdem, und dies ist entscheidend, wäre ebenso eine Verbrechensdefinition passend für die Ereignisse gewesen.[315] Im Diskurs der politischen Entscheidungsträger wurden zwar beide Cha-

---

[312] Christopher Greenwood: "International law and the 'war against terrorism'", *International Affairs*, Vol. 78, No. 2, 2002, S. 301-317.
Für die Charakterisierung als „bewaffneter Angriff" sind insbesondere zwei Fälle des Völkerrechts entscheidend: *Nicaragua case* (1986) und *Caroline dispute* (1837). Ebd., S. 307-308. Siehe für den wichtigen *Caroline dispute*, Ian Brownlie: *International Law and the Use of Force by States*, (Oxford: Clarendon Press 1963), S. 42-43 und S. 258-261.
[313] Christopher Greenwood: "International law and the 'war against terrorism'", *International Affairs*, Vol. 78, No. 2, 2002, S. 305-306. Die politische Dimension des Kriegsbegriffs wird auch von anderen Völkerrechtlern betont: „Hinzu kommt, daß der Begriff ‚Krieg' im politischen Sprachgebrauch auf Spannungsverhältnisse angewendet worden ist, denen eindeutig das Merkmal ‚bewaffnet' fehlt (‚Kalter Krieg')." Knut Ipsen: *Völkerrecht*, (München: Verlag C. H. Beck 1999), S. 1066.
[314] Frédéric Mégret: „‚War'? Legal Semantics and the Move to Violence", in: http://www.ejil.org/journal/Vol13/No2/art1.pdf , S. 12-15.
[315] "For lawyers, the hardest part is in coming to terms with the paradigm shift: that terror can be war as well as crime, and that some of the institutional habits from the past are no longer adequate to the problem." Ruth Wedgwood: "The Law's Response to September 11", *Ethics & International Affairs*, Vol. 16, No. 1, 2002, S. 10.
Eine andere Auffassung vertritt Alain Pellet: "This is not war; it is something else, to which our own legal arsenal is poorly adapted." Alain Pellet: „No, This is not War!", in: http://www.ejil.org/forum_WTC/ny-pellet.html, S. 1.

rakterisierungen verwendet. Die dominante Beschreibung wurde jedoch die Definition als Kriegsakt.

Daneben spielte das Prinzip der Staatenverantwortlichkeit im völkerrechtlichen Diskurs eine prominente Rolle. Schließlich war dies auch die entscheidende argumentative Verknüpfung im politischen Diskurs. Eine der zentralen Fragen, die sich im Anschluss an den 11. September stellte, lautete: Sind die Taliban für den „bewaffneten Angriff" verantwortlich zu machen, da sie als faktisch ausübende souveräne Gewalt in Afghanistan al Qaida einen sichere territoriale Basis zur Verfügung stellten? Ian Brownlie schrieb beispielsweise zur Problematik der Verantwortlichkeit:

> If rebels are effectively supported *and controlled* by another state that state is responsible for a 'use of force' as a consequence of the agency. Und weiter schrieb er: In the present connexion it might be argued that ‚armed attack' in Article 51 of the Charter refers to a trespass, a direct invasion, and not to activities described by some jurists as 'indirect aggression'. But providing there is a control by the principal, the aggressor state, and an actual use of force by its agents, there is an 'armed attack'.[316]

Der entscheidende Punkt beim Prinzip der Staatenverantwortlichkeit ist, dass ein „Handeln" des Staates nicht nur im aktiven „Tun" besteht, sondern auch im „Unterlassen" einer Handlung. Auf diese Weise wird eine völkerrechtliche Feststellung getroffen. Denn menschliches Handeln (z.B. ein bewaffneter Angriff durch ein terroristisches Netzwerk) wird somit dem Völkerrechtssubjekt Staat zugeordnet:

> Hauptproblem der Staatenverantwortlichkeit ist die *völkerrechtliche Zurechenbarkeit*. Mit ihrer Feststellung ist der erste von drei Denkschritten vollzogen, die im Rahmen der Prüfung erforderlich sind, ob ein Staat wegen eines ihm zurechenbaren Geschehens völkerrechtlich verantwortlich ist. (...) Der zweite Denkschritt besteht in der Beantwortung der Frage, ob das dem Staat zurechenbare Geschehen völkerrechtswidrig oder (ausnahmsweise) *gerechtfertigt* ist. Der dritte Schritt befasst sich mit der *Rechtsfolge* (Wiedergutmachung bzw. Genugtuung), die den Staat trifft.[317]

Folglich ist klar, dass sich die Frage nach der Mitverantwortlichkeit der Taliban auf den ersten Denkschritt konzentrieren musste. Mit Bezug auf die von den USA getroffenen Maßnahmen stand dabei insbesondere die Interpretation der UN-Sicherheitsresolutionen 1368 und 1373 im Vordergrund des völkerrechtlichen Diskurses. Dabei vertrat wiederum Ruth Wedgwood einen Standpunkt, der von weiten Teilen der Disziplin, vor allem in den USA, geteilt wurde:

---

[316] Ian Brownlie: *International Law and the Use of Force by States*, (Oxford: Clarendon Press 1963), S. 370/373.

[317] Knut Ipsen: *Völkerrecht*, (München: Verlag C. H. Beck 1999), S. 551-552. In den Schlussfolgerungen zur internationalen Ordnung kehrt die Argumentation dieser Untersuchung zum Prinzip der Staatenverantwortlichkeit zurück und kann zeigen, was sich hier seit dem 11. September 2001 geändert hat.

The American use of force was endorsed in binding resolutions of the United Nations Security Council; the Council declared unanimously that an armed attack had occurred on American soil, within the meaning of Article 51, and that the United States has the right to use armed force in self-defense. The Council's recognition of a profound threat to international peace and security also brought their announcement of a rigorous new regime in which states are forbidden to give any aid, assistance, or asylum to the perpetrators of international terrorism. The North Atlantic Treaty Organization declared (for the first time in the history of the security pact) that 'the acts of barbarism' if 'directed from abroad' amounted to an armed attack against a member state and called upon members to render assistance.[318]

Hier wurde die Frage nach der Legalität und auch Legitimität der amerikanischen Maßnahmen eindeutig positiv beantwortet. Darüber hinaus betonte diese Interpretation auch die völkerrechtliche Rechtmäßigkeit des ersten Teils der *Bush-Doktrin*.

Auch Christopher Greenwood vertrat eine im Ergebnis ähnliche Position. Dabei ging dieser jedoch davon aus, dass die militärischen Handlungen in Afghanistan nicht auf den Resolutionen des Sicherheitsrates beruhten, sondern auf Art. 51 der UN-Charta, dem Selbstverteidigungsrecht. Zur Ausübung dieses Rechts bedarf es aber keiner expliziten Autorisierung durch den Sicherheitsrat, sondern nur der Feststellung eines „bewaffneten Angriffs".[319] Trotzdem stellten sich für ihn mit Bezug auf den 11. September noch zwei Probleme: Auf der einen Seite die Problematik der Vergeltung und auf der anderen Seite, inwieweit die Taliban für die Handlungen von al Qaida verantwortlich waren. Er kam zu dem Schluss, dass der Einsatz in Afghanistan weniger ein Vergeltungsakt als vielmehr ein vorausehender, präventiver Verteidigungsakt war. Was den zweiten Punkt betrifft, so war auch Greenwood der Auffassung, dass im Falle Afghanistan das Argument der Staatenverantwortlichkeit in Form von „harbouring terrorists" rechtmäßig war. Auch die Proportionalität der getroffenen Maßnahmen sowie die Grundsätze des Rechtes in internationalen bewaffneten Konflikten wurden eingehalten [320]

Wenn es Widerspruch zu diesen dominanten Auslegungen der UN-Resolutionen gab, kam dieser zumeist aus der europäischen Diskussion. An die-

---

[318] Ruth Wedgewood: "Al Qaeda, Terrorism, and Military Commissions", *American Journal of International Law* (Forthcoming), S. 1.

[319] Eine ähnliche Auffassung schien auch US-Außenminister Colin Powell zu vertreten: "We will be going to the UN for additional expressions of support through UN resolutions but, at the moment, should the President decide that there are more actions he has to take, he will make a judgment as to whether he needs UN authority or whether he can just act on the authority inherent in the right of self-defence and consistent with our own laws and regulations and constitutional powers." Secretary Colin L. Powell, Remarks with His Excellency Brian Cowen, Minister of Foreign Affairs of Ireland, 26 September 2001, zitiert nach: Frédéric Mégret: „'War'? Legal Semantics and the Move to Violence", in: http://www.ejil.org/journal/Vol13/No2/art1.pdf , S. 11.

[320] Siehe hierzu, Christopher Greenwood: "International law and the 'war against terrorism'", *International Affairs*, Vol. 78, No. 2, 2002, S. 309-316.

ser Stelle sei nur exemplarisch eine andere Auslegung der Entscheidungen des UN-Sicherheitsrates erwähnt:

> In the preambles to both resolutions, the Council, on the other hand, bizarrely refers to the right to self-defence, as if it were trying to pre-empt the effect that its own putative actions would have on states' claims to act in self-defence. (...) First, the Security Council can explicitly *mandate* the use of self-defence. (...) Secondly, there is the case where the Security Council targets for 'actualization' a specific right to self-defence. (...) The existence of a right of self-defence is noted in their preambles, but in rather general and abstract terms: one is merely *reminded*, as it were, that *a* right to self-defence exists. (...) Moreover, as has been cogently remarked, the Council refers to a 'threat to international peace and security' and not to an 'armed attack', which would presumably have pointed more directly to Article 51. This means, in short, that, while states were not precluded from using their right to self-defence by Security Council action following the terrorist attacks, nor were they explicitly authorized to do so. Plainly speaking, Resolutions 1368 and 1373 do not dispose of the issue once and for all, and the picture that emerges is more that of a Council stumbling in the dark than of it signing a blank cheque to the anti-terrorism coalition.[321]

Diese Ausführungen zeigen, dass es innerhalb der völkerrechtlichen Diskussion zu dieser Thematik durchaus verschiedene Standpunkte gab, was die Legalität der amerikanischen Handlungen betrifft. Aus der Perspektive der Legitimität muss man allerdings betonen, dass die Resolutionen nicht nur einstimmig angenommen, wurden, sondern sich der internationale Konsens auch in der umfassenden Beteiligung zahlreicher Staaten ausdrückte. Darüber hinaus wurde deutlich, dass aus völkerrechtlicher Perspektive die Definition der Ereignisse als Kriegsakt plausibel, aber nicht zwingend war. Vielmehr betonte man, dass es sich hier eher um eine Definition im politischen Diskurs handelte.

8.2 Der Diskurs in der „security studies community"

Was Alternativen zur offiziell verfolgten Politik der USA betrifft, so ist insbesondere festzuhalten, dass quasi alle Autoren einen sehr großen Wert auf eine möglichst große internationale Koalition gegen den Terror legen. Vielfach vertreten sie die Auffassung, dass die USA gegenüber ihren Partnern zu diesem Zweck auch Konzessionen auf anderen Gebieten machen sollten.[322] Dies wurde

---

[321] Frédéric Mégret: „'War'? Legal Semantics and the Move to Violence", in: http://www.ejil.org/journal/Vol13/No2/art1.pdf , S. 14-15.
Mit Bezug auf die Erwähnung des Selbstverteidigungsrechtes in der Resolution 1368 kritisiert Alain Pellet: "One is speaking here of an extremely wide interpretation which hardly conforms to the letter of the Charter (...)." Alain Pellet: „No, This is not War!", in: http://www.ejil.org/forum_WTC/ny-pellet.html, S. 1.
[322] Siehe hierzu, Stephen M. Walt: „Beyond Bin Laden. Reshaping U.S. Foreign Policy", *International Security*, Vol. 26, No. 3, Winter 2001/02, S. 56-78, oder auch, Michael Cox: "American power before and after 11 September: dizzy with success?" *International Affairs*, Vol. 78, No. 2, 2002, S. 261-276.

von der amerikanischen Politik teilweise berücksichtigt. Ein anderes Argument, das immer wieder von einigen Sicherheitsexperten angebracht wird, betrifft den Rückzug der USA aus einigen Gebieten. Dies würde die USA entlasten. Die Verantwortung müssten hier Verbündete übernehmen.[323] Vor allem die Maßnahmen nach dem 11. September wiesen jedoch in die entgegen gesetzte Richtung. Man konnte hier von Ausbau der militärischen Präsenz, nicht aber von Rückzug sprechen. Insgesamt ist jedoch festzuhalten, dass nicht allzu viele Alternativen aufgezeigt wurden – vor allem keine, die sich eindeutig von der offiziell verfolgten Politik unterschieden.[324]

Vor dem Hintergrund des hier erarbeiteten Bedeutungskontextes lassen sich einige der Alternativen auch kritisch hinterfragen. Beispielsweise betont Barry Posen in seiner Strategie-Diskussion, dass zwar diplomatische Mittel im „Krieg gegen den Terror" wichtiger als militärische wären und dass innerhalb des militärischen Bereichs die Defensive der Offensive übergeordnet sein sollte. Dennoch sollten die USA – vor allem aus Glaubwürdigkeits- und Abschreckungsgründen – von Zeit zu Zeit eine offensive Militäroperation durchführen. Schließlich würde dies auch die Moral im eigenen Land stärken.[325]

Aus rein amerikanischer Perspektive mag dies plausibel klingen. Da dieser Vorschlag aber genau die Frage danach, wer gegenüber wem aus welchen Gründen Gewalt anwenden darf, berührt, hätte dies weitreichende Auswirkungen auf die internationale Ordnung. Die Ausführungen in dieser Untersuchung haben allerdings gezeigt, dass eine politische Ordnung nicht allein auf materieller Macht beruht, sondern, dass Legitimität ebenso ein entscheidender Faktor ist. Man denke in diesem Kontext nur an die jüngsten transatlantischen Spannungen, die im Kontext des Irak-Krieges entstanden sind. Es muss ein gewisser Grad an Konsens über die Gewaltanwendung existieren, damit bestimmte Verhaltensregeln etabliert werden können. Außerdem verdeutlichte die Diskussion über das Konzept des Rechts, dass dieses zwar einen gewissen Legitimationsvorsprung in der praktischen Ausübung garantiert, andererseits aber durch bestimmte Gründe auch wieder aberkannt werden kann. Diese Gefahr besteht, falls man den Vorschlägen von Barry Posen folgen würde. Hinzu kommt, dass öffentliche Meinung und Legitimität gerade im „Krieg gegen den Terror" eine entscheidende Rolle spielen:

It is fundamentally a ‚battle for hearts and minds' (...). Without hearts and minds one cannot obtain intelligence, and without intelligence terrorists can never be defeated.

---

[323] Stephen M. Walt: „Beyond Bin Laden. Reshaping U.S. Foreign Policy", *International Security*, Vol. 26, No. 3, Winter 2001/02, S. 76-77.

[324] Für eine veränderte Schwerpunktsetzung in der US-Außenpolitik siehe, David Hoffman: "Beyond Public Diplomacy", *Foreign Affairs*, Vol. 81, No. 2, March/April 2002, S. 83-95, oder auch, Robert I. Rotberg: "Failed States in a World of Terror", *Foreign Affairs*, Vol. 81, No. 4, July/August 2002, S. 127-140, oder auch: Stanley Hoffmann: "Clash of Globalizations", *Foreign Affairs*, Vol. 81, No. 4, July/August 2002, S. 104-115.

[325] Barry R. Posen: "The Struggle Against Terrorism. Grand Strategy, Strategy, and Tactics", *International Security*, Vol. 26, No. 3, (Winter 2001/02), S. 47-48.

There is not much constituency for criminals or drug traffickers, and in a campaign against them the government can be reasonably certain that the mass of the public will be on its side. But it is well known that one man's terrorist is another man's freedom fighter. Terrorists can be successfully destroyed only if public opinion, both at home and abroad, supports the authorities in regarding them as criminals rather than heroes.[326]

Im restlichen Teil dieses Abschnitts geht es darum, Schwächen der bisher publizierten Artikel aufzuzeigen und zu veranschaulichen, warum diese Untersuchung zu plausibleren Ergebnissen kommt. Ein weit verbreitetes Argument, das von einigen Vertretern im Diskurs angebracht wurde, bezog sich konkret auf die öffentlichen Aussagen der Bush-Administration und kritisierte diese als bloße Rhetorik. Diese Argumentation basierte dabei auf der Annahme, die USA hätten bestimmte wahre Interessen, die gegeben und nicht konstruiert sind.[327] Die Wichtigkeit von normativen Wertungen und Begründungen wurde hier ausgeklammert. Woher kommt aber beispielsweise das Recht der USA auf Selbstverteidigung? Hatte es keinerlei Bedeutung, die Ereignisse als Krieg und nicht als Verbrechen zu definieren? War die Bedeutung der Ereignisse vom 11. September so eindeutig, dass sie keiner Interpretation bedurften? Die völlige Negierung des Bereichs von Bedeutung, dessen Wichtigkeit in dieser Untersuchung hinreichend nachgewiesen wurde, wurde vor allem bei Grenville Byford deutlich: „No, what matters is quite simple: America was attacked and Americans were killed. The details of how it happened are horrifying but relatively unimportant."[328]

Damit wurde der Autor der Bedeutung der Ereignisse keineswegs gerecht. Denn es war gerade die Art und Weise, wie die USA angegriffen wurden, die zu wichtigen Veränderungen in vielen gesellschaftlichen Bereichen führte. Es wurde gezeigt, wie tief das Konzept der Abschreckung im politischen Denken über die Herstellung von Sicherheit verankert ist. Somit wäre auch Abschreckung eine der plausiblen Antworten auf das Problem der Sicherheit nach dem 11. September. Wie lassen sich allerdings Selbstmordattentäter abschrecken? Gerade das Argument der Staatenverantwortlichkeit in Form des „harbouring terrorists"

---

[326] Michael Howard: "What's in a Name? How to Fight Terrorism?", *Foreign Affairs*, Vol. 81, No. 1, January/February 2002, S. 10. An dieser Stelle muss auch auf die so genannte „terroristische Falle" hingewiesen werden, die im Kontext des Linksterrorismus der 70er Jahre oft diskutiert wurde. Ein Blick auf die öffentlichen Schriften von al Qaida veranschaulicht die Gefahr, die entstehen würde, wenn man Posens Vorschlägen folgt. Wenn die USA regelmäßig militärische Interventionen durchführen würden, besteht die Gefahr, dass im Laufe der Zeit genau das Bild entstehen könnte, das Osama bin Laden schon beschwört – eine arrogante, imperialistische Großmacht. Zu Osamm bin Ladens „Fatwa" siehe, *Auszüge aus der 'Heilige Krieg gegen Juden und Kreuzfahrer'-Erklärung der weltweiten Islamischen Front vom 23. Februar 1998*, in: Chronik aktuell: *Der 11. September 2001. Ereignisse, Reaktionen, Hintergründe, Folgen*, (Chronik Verlag: Gütersloh/München 2001), S. 118.

[327] Siehe hierzu beispielsweise, Grenville Byford: "The Wrong War", *Foreign Affairs*, Vol. 81, No. 4, July/August 2002, S. 34-43.

[328] Ebd., S. 42.

zeigte, dass zwar wieder versucht wurde, mit den fest etablierten Konzepten zur Herstellung von Sicherheit zu arbeiten. Andererseits wurde aber immer wieder betont, dass dies *ein* Mittel im Umgang mit der Problematik war, jedoch nicht garantiert, dass vergleichbare Anschläge wieder passieren können. Folglich war es gerade wichtig, *wie* es passiert ist und nicht nur *ob*.

Nachdem die Taliban in Afghanistan weitgehend besiegt waren, erschienen unter dem Eindruck dieser Operationen einige Artikel zur internationalen Ordnung nach dem 11. September. Auf der Grundlage von materiellen Argumentationen konzentrierten sich die realistischen Vertreter erwartungsgemäß auf die Verteilung der Machtmittel in der internationalen Ordnung. Dies führte sie zu der Schlussfolgerung:

> The political response which followed 11 September, the unexpected and speedy defeat of the Taliban, and the fact that this was achieved with minimal support from allies ('the US [did] 98 per cent of the fighting, the British 2 per cent and the Japanese [steamed] round Mauritius,' opined one wit) – all this taken together has convinced even the most hardened of sceptics that America is not only a country to be reckoned with, but a power without peer or precedent.[329]

Die „neue amerikanische Hegemonie" ist demnach das, was die internationale Ordnung nach dem 11. September ausmacht.[330] Der Widerspruch, der nicht nur in diesem Zitat deutlich wird, ist, dass zwar von einer „politischen" Antwort gesprochen wird, andererseits aber die Argumentation ausschließlich auf der Basis von materiellen Machtmitteln erfolgt. Weder der Bereich der politischen Bedeutung dieser Machtmittel noch die argumentative Grundlage einer Konzeption des Rechtes auf Selbstverteidigung werden behandelt. Was ist jedoch an Mitteln zur Machtprojektion ohne Berücksichtigung des Kontextes *politisch*?

Wenn man allerdings den Ausführungen dieser Untersuchung folgt und die Bedeutungsdimension berücksichtigt, löst man sich automatisch vom reinen „Machtmittel zählen" und kann sich auf diese Weise mit *politischen* Problemen auseinandersetzen. Aus dieser Perspektive ist die Beantwortung einer anderen Frage entscheidend für mögliche Zukunftsszenarien:

> Die Frage ist hier, welche Seite den ganz und gar unmilitärischen „Meta-Konflikt" über die Definition des Konflikts gewinnt: Handelt es sich um einen Konflikt zwischen der islamischen Welt auf der einen Seite und den arroganten, räuberischen und korrupten Sachwaltern westlicher Rationalität auf der anderen? Oder handelt es sich um einen Konflikt zwischen Anhängern menschheitsverbindlicher Minimalstandards

---

[329] Michael Cox: "American power before and after 11 September: dizzy with success?" *International Affairs*, Vol. 78, No. 2, 2002, S. 263.

[330] Die Kritik dieses Abschnittes ist in ähnlicher Weise auch auf die Argumente anderer Aufsätze anwendbar, da diese ähnliche Annahmen teilen und zu quasi identischen Schlussfolgerungen kommen. Siehe hierzu beispielsweise, Stephen G. Brooks/William C. Wolforth: "American Primacy in Perspective", *Foreign Affairs*, Vol. 81, No. 4, July/August 2002, S. 20-33.

zivilisierten Zusammenlebens und verächtlichen Banden von fanatisierten Barba-ren?[331]

Diese Frage ist zentral für die internationale Politik und kann nur beantwortet werden, wenn man politische Bedeutungen berücksichtigt. Die Tatsache, dass die USA eine ausgeprägte Machtposition einnehmen, ist zwar richtig und auch wichtig, aber die „Qualität" einer zukünftigen Ordnung wird so nicht entschieden. Vielmehr verweist die oben zitierte Frage auf die Bedeutung dieser Macht-mittel und ist somit entscheidend für mögliche Zukunftsszenarien.

Außerdem – wie in dieser Untersuchung betont wurde – verfährt die in-ternationale Politik nach bestimmten Spielregeln. Diese müssen aber intersub-jektiv geteilt werden und können auch nicht einfach durch das mächtigste Mit-glied einer politischen Ordnung erzwungen werden. Autorität hat nämlich nicht nur eine materielle, sondern vor allem auch eine ideelle Quelle. Dabei geht es eben nicht nur um die tatsächliche Mobilisierung von Gewaltressourcen, son-dern auch darum, dass diese Mobilisierung als legitim erachtet wird. Diese ideelle Seite von Autorität beruht auf einem Konsens über den normativen Be-gründungshintergrund von Herrschaft.[332] Gerade auf Grund der Tatsache, dass den USA von den anderen Akteuren zugestanden wurde, dass sie ein Recht zur Selbstverteidigung haben, machte deutlich, dass eine normative Begründung angeführt werden musste, um dieses Recht ausüben zu können. Die Eigenart der Konzeption des Rechtes war, wie oben gezeigt wurde, eine entscheidende Quel-le für die Führungsposition der USA in der praktischen Umsetzung des Rechtes. Infolgedessen beruhte die Rolle der USA aber nicht ausschließlich auf ihren ma-teriellen Machtmitteln, sondern auf einem normativen Diskurs über die Ereig-nisse des 11. September.

Ein weiterer Punkt, der zeigt, dass diese Art von realistischen Argumenta-tionen fruchtlos ist, kann an Hand des Versuches von Präsident Bush veran-schaulicht werden, die eigene Doktrin auszuweiten. Folgt man der Argumentati-on von Michael Cox, so sollte dies auf Grund der herausragenden Machtstellung der USA kein Problem sein. Die Ausführungen zur dritten Phase des Diskurses konnten aber veranschaulichen, dass dies ein Problem war. Der Grund hierfür lag darin, dass eine neue Regel von den anderen Akteuren akzeptiert werden muss, um konstitutiv für internationale Praktiken zu sein. Die hier vertretene Vorgehensweise kann zeigen, warum ein gewisses Maß an internationalem Kon-sens notwendig ist, um neue Spielregeln in der internationalen Ordnung zu etab-lieren. Dies ist genau das *Politische* an den Ereignissen.

Schließlich muss aber auch noch die materielle Argumentation an sich angegriffen werden. Gerade der Einsatz in Afghanistan wäre ohne Verbündete

---

[331] Claus Offe: „Die Neudefinition der Sicherheit", *Blätter für deutsche und internationale Politik*, Jahrgang 46, Heft 12, 2001, S. 1450.
[332] Siehe hierzu, Marius Schneider: *Sicherheit, Wandel und die Einheit Europas. Zur genera-tiven Rolle von Sicherheitsdiskursen bei der Bildung zwischenstaatlicher Ordnungen vom Wiener Kongress bis zur Erweiterung der Nato*, (Opladen: Leske + Budrich 2002), S. 82.

auch militärisch kaum möglich gewesen. Wie hätten die USA Luftangriffe fliegen wollen, ohne die territoriale Integrität von Pakistan bzw. dem Iran zu verletzen? Wie hätte man den logistischen Aufwand einer solchen Operation ohne Basen in Saudi-Arabien und Oman bewältigen können? Wie hätte man ohne indirekte russische und dadurch direkte tadschikische bzw. usbekische Unterstützung Spezialtruppen ins Land bringen können? Deswegen ist es auch zu kurz gegriffen, wenn Michael Cox schreibt: „Drawing what it felt the central lesson from the war in Kosovo – that friends were politically necessary but militarily problematic – the United States decided from the outset to fight the war in Afghanistan on its own terms and largely with its own weapons."[333]

Einer der Vorschläge, den Stephen Walt für die zukünftige US-Außenpolitik macht, klingt zwar einerseits vernünftig, beruht jedoch auf einem problematischen Verständnis von sozialen Institutionen und verwickelt sich in inneren Widersprüchen:

> First, the United States should rely more heavily on multilateral institutions, even if this policy reduces its freedom of action in the short term. Institutions are useful not because they are powerful restraints on state behavior (they are not), but because they diffuse responsibility for international intervention and thus reduce the risk of an anti-American backlash.[334]

Im Anschluss an seine eigene Theorie beschwört er einerseits die geringe Wirkung von Institutionen für internationale Politik. Andererseits betont er gleichzeitig, dass sich die USA multilateral verhalten sollen und begründet dies mit dem Argument der Verantwortlichkeit, dem wiederum keine Bedeutung in seiner Theorie eingeräumt wird. Diesem Argument ist schon an sich schwer zu folgen, und die Diffusion von Verantwortlichkeit ist äußerst zweifelhaft. Man denke nur an die breite Koalition im zweiten Golfkrieg, und welches Bild davon auf der muslimischen Straße heute besteht.

Der entscheidende Punkt ist jedoch: Wie kann eine Institution die Handlungsmöglichkeiten der USA zunächst beschränken, andererseits aber keine wirkliche Einschränkung für staatliches Verhalten darstellen? An dieser Stelle widerspricht sich Walt selbst. Dies liegt vor allem daran, dass Walt ein rein regulatives Verständnis von sozialen Institutionen hat. Er verliert dabei aus den Augen, dass Institutionen auch bestimmte Regeln und Normen konstituieren

---

[333] Michael Cox: "American power before and after 11 September: dizzy with success?" *International Affairs*, Vol. 78, No. 2, 2002, S. 272. Amerikanische Entscheidungsträger wie R. Armitage oder C. Rice betonten die Bedeutung vieler Verbündeter gerade für die praktische Umsetzung der Militäroperationen. Vor allem die angesprochenen Staaten waren entscheidend. Siehe hierzu, „Tot oder lebendig", Ein Film von Brian Lapping und Norma Percy, deutsche Bearbeitung Hilde Buder, (ZDF, 1. Teil: 27.08.2002, 22:15 Uhr bis 23:00 Uhr, 2. Teil: 28.08.2002, 22:15 Uhr bis 23:00 Uhr).

[334] Stephen M. Walt: „Beyond Bin Laden. Reshaping U.S. Foreign Policy", *International Security*, Vol. 26, No. 3, Winter 2001/02, S. 76.

können. Dies kann staatliches Verhalten sowohl einschränken als auch ermöglichen. Das bedeutet, dass Walt ironischerweise Recht hat, wenn er die Wichtigkeit von multilateralen Institutionen betont – aber nicht in erster Linie wegen einer angeblichen Diffusion von Verantwortlichkeit, sondern vielmehr, weil die USA auf diese Weise mehr Möglichkeiten haben, für die internationale Praxis konstitutive Regeln zu beeinflussen. Diese müssen auf einem gewissen Konsens beruhen, da sozialen Institutionen und Regeln nur dann existieren und wirksam werden können, wenn die Akteure glauben, dass sie existieren und sie als legitim erachten.

Nachdem nun einige alternative Sichtweisen zur Problematik des 11. September dargelegt wurden und gezeigt werden konnte, dass die Schwächen in erster Linie an der Vernachlässigung von politischen Bedeutungen liegt, können im abschließenden Kapitel Schlussfolgerungen für die drei Fragestellungen dieser Untersuchung gezogen werden.

"Acting is like writing a story, and the understanding of
action is like arriving at an interpretation of a story."[335]

9. SCHLUSSFOLGERUNGEN

Der Ausgangspunkt für diese Untersuchung war an Hand der konkreten Problematik des 11. September, der „Bedeutung von Bedeutung" in einer politikwis-
senschaftlichen Untersuchung gerecht zu werden. Schließlich ist die bevorzugte
Thematik der Disziplin – das Handeln von politischen Akteuren – „außerhalb"
von sozialen Bedeutungen nicht zu verstehen. Aus dieser Überlegung resultier-
ten zwei Kernbereiche für die Untersuchung: Zunächst musste eine konzeptuelle
Grundlage für ein Analyseinstrumentarium geschaffen werden, das in einem
zweiten Schritt explizit auf den Diskurs nach dem 11. September angewendet
werden konnte.

Basierend auf der Überlegung, dass Bedeutung sprachlich geschaffen
wird, mussten zunächst innerhalb des Systems der Sprache „Hebel" gefunden
werden, mit denen sich der Untersuchungsbereich sinnvoll eingrenzen ließ. Politische Konzepte auf der einen und Narrative auf der anderen Seite stellten einen
vernünftigen Zugang zur Bedeutungsdimension dar. In einem zweiten Schritt
wurde der konzeptuelle Rahmen des internationalen Systems abgesteckt, der das
für diese Arbeit relevante Handlungssystem war. Diese beiden Untersuchungsdimensionen wurden anschließend mit der Sicherheitsproblematik verbunden.
Auf diese Weise konnte eine Verbindung zwischen den theoretischen Perspektiven dieser Untersuchung und der politischen Praxis nach dem 11. September
hergestellt werden. Auf der Grundlage eines generativen Sicherheitsverständnisses konnte der Zusammenhang von Sicherheit, Ordnung, Legitimität und Gewalt
herausgearbeitet werden, so dass ein Analyseinstrumentarium zur Verfügung
stand, die drei Fragestellungen dieser Untersuchung zu beantworten.

Im Anschluss musste der amerikanische Diskurs nach dem 11. September
untersucht werden, um herauszuarbeiten, wie der Bedeutungskontext geschaffen
wurde, auf dessen Basis politisch gehandelt wurde. Der Schwerpunkt lag dabei
auf öffentlichen Aussagen von politischen Entscheidungsträgern. Aber auch die
mediale Ebene und so genannte Experten wurden in der Diskursanalyse berücksichtigt. Auf dieser Grundlage können in den folgenden Abschnitten die drei
Fragestellungen[336] dieser Untersuchung beantwortet und gezeigt werden, dass

---

[335] Donald E. Polkinghorne: *Narrative Knowing and the Human Sciences*, (Albany: State
University of New York Press 1988), S. 142.

[336] I.) Was sind die dominanten Interpretationen der Ereignisse des 11. September in den
USA? II.) Welche Implikationen hat dies für Handlungsoptionen (der USA) bzw. auch für die
Interpretation der getroffenen Maßnahmen (durch andere Akteure)? III.) Wie konstituiert sich
durch diesen neuen Sicherheitsdiskurs die (internationale) politische Ordnung nach dem 11.
September 2001? Welche neuen „Spielregeln" bzw. Normen werden etabliert? Welche ange-
strebten Regeln können sich nicht durchsetzen?

Ereignisse nicht *an und für sich* sprechen, sondern interpretiert werden müssen, um Bedeutung zu erlangen. Dies geschieht entlang bestimmter Konzepte und kausaler Verbindungen, mit denen Handlungen und Ereignisse im Diskurs argumentativ verknüpft werden. Dieser Bedeutungszusammenhang ist die Grundlage für politisches Handeln. Die Verbindung dieser beiden Dimensionen umfasst die Problematik der politischen Ordnung.

Analog zu den Fragestellungen dieser Untersuchung wird zunächst ein amerikanisches Narrativ der Ereignisse rekonstruiert, das die dominierende Interpretation des 11. September im politischen Diskurs der USA widerspiegelt. Dieses bildet die Grundlage für die weiteren Schlussfolgerungen.

9.1 Das amerikanische Narrativ von den Ereignissen des 11. September 2001

Am Morgen des 11. September 2001 flogen drei von islamistischen Selbstmordattentätern entführte Passagiermaschinen ins Pentagon und in die Zwillingstürme des World Trade Centers in New York, die daraufhin beide einstürzten. Eine vierte gekidnappte Maschine konnte auf Grund des mutigen Einsatzes der Passagiere über Pennsylvania zum Absturz gebracht werden. Es starben knapp dreitausend Menschen aus vielen verschiedenen Nationen. Die Welt war nach dem 11. September eine andere.[337]

Die Selbstmordattentäter gehörten überwiegend dem terroristischen Netzwerk al Qaida von Osama bin Laden an. Sie wurden in Afghanistan – unter der Duldung der Taliban – für diesen Einsatz ausgebildet. Basierend auf dem völkerrechtlichen Prinzip der Staatenverantwortlichkeit waren die Taliban demnach mitverantwortlich für die Ereignisse des 11. September.

Die terroristischen Anschläge zeigten, dass es einfach böse Menschen gibt, die sich gegen das Gute wenden. Die Menschheitsgeschichte ist schon immer vom Kampf des Guten gegen das Böse gekennzeichnet gewesen. Aus diesen Gründen ist der Hass der Terroristen nicht das Ergebnis eines politischen oder sozialen, sondern eines *natürlichen* Prozesses. Freiheit und Furcht, Gerechtigkeit und Grausamkeit befanden sich schon immer im Krieg miteinander. Da der Ursprung dieser Art von Terrorismus nicht politisch oder sozial, sondern nur *natürlich* zu erklären ist, tragen die USA keinerlei Mitverantwortlichkeit für die Ereignisse.

Weil die Angriffsziele der Terroristen Symbole der amerikanischen Identität darstellen – vor allem für Freiheit und Gerechtigkeit stehen –, ist offensichtlich, dass die Terroristen die Existenz der USA nicht akzeptieren und diese zerstören wollen. Die USA wurden als Angriffsziel gewählt, da sie – wie keine andere Nation – die freiheitlichen Prinzipien repräsentieren. Daraus resultiert je-

---

[337] Drei Fragen standen damit zur öffentlichen Diskussion: Wer ist für die Ereignisse verantwortlich? Warum gibt es Menschen, die so etwas tun? Was war das, was am 11. September passierte?

doch auch, dass jede Nation, die sich mit den freiheitlichen Werten identifiziert, praktisch selbst am 11. September angegriffen wurde. Die Vision, welche die Terroristen von der Welt haben, ähnelt den Verhältnissen in Afghanistan unter der Herrschaft der Taliban. Die Sympathien, die den feigen Attentätern teilweise in der muslimischen Welt entgegentraten, beruhen auf Missverständnissen.

Außerdem profitierten die Terroristen davon, dass offene, westliche Gesellschaften – der Freiheit verpflichtet – grundsätzlich anfällig für international operierende Terroristen sind. Diese technischen Bedingungen ermöglichten es ihnen, den terroristischen Anschlag durchzuführen. Weil man gegen den Entstehungskontext des islamistischen Terrorismus nichts unternehmen kann, sollte man sich bei den Gegenmaßnahmen auf diese technischen Bedingungen konzentrieren. Denn auf diese Weise können zukünftige Anschläge – zumindest teilweise – verhindert werden. Die Ermittlungen zu den Ereignissen wiesen im Laufe der Zeit auf die Schwächen in der Verteidigung der Heimat hin, die es gilt zu bekämpfen. Aus diesem Grund wurde ein neues Ministerium geschaffen, das die Abwehraktivitäten bündeln und koordinieren soll – das „Department of Homeland Security".

Das Ausmaß der Angriffe, die von den Terroristen gewählten Ziele, die Tatsache, dass der 11. September nur der Höhepunkt einer breit angelegten Kampagne von al Qaida gegen die USA war und der Angriff praktisch von Außen, also Afghanistan, erfolgte, lassen nur die Schlussfolgerung zu, dass es sich um „mehr" als einen terroristischen Anschlag handelte. Es war ein *Kriegsakt*. Folglich kann dieser Problematik auch nicht mehr ausschließlich im Kontext der Verbrechensbekämpfung begegnet werden. Vielmehr befindet man sich im „Krieg gegen den Terror". Man hatte keine andere Wahl, als die Kriegserklärung anzunehmen. Wenn die kommenden Generationen in Freiheit und Frieden leben sollen, müssen diese Prinzipien heute verteidigt werden Insgesamt stehen die USA somit vor der historischen Aufgabe, diesen „Krieg gegen den Terror" aufzunehmen und die Terroristen zu vernichten, um dadurch die Freiheit der zivilisierten Welt zu erhalten und Gerechtigkeit wieder herzustellen.[338]

Nachdem nun offensichtlich ist, wer und was für die Ereignisse des 11. September verantwortlich war, stellte sich die Frage, wie die USA auf die Ereignisse reagieren sollten. Man kann noch nicht sagen, wie der „Krieg gegen den Terror" genau aussehen wird. Vielmehr kann nur festgestellt werden, dass er anders sein wird als alle Kriege, welche die USA bisher geführt haben. Die Grundlage für die nach Außen gerichteten Maßnahmen bildet die *Bush-Doktrin*. Diese besagt, dass jeder Staat, der Terroristen duldet bzw. unterstützt, grundsätzlich ein Angriffsziel für die USA darstellt.

---

[338] Dieses Bild der Verantwortlichkeit und die Definition der Ereignisse konnten sich fest im Diskurs etablieren. Auch wenn diese Thematiken im Verlauf des Diskurses immer weniger explizit gemacht wurden, so wurden sie doch als fester Bedeutungshintergrund reproduziert, da kaum andersartige Interpretationen dieser Thematik auftauchten.

Da man gegen den natürlichen Entstehungskontext des islamistischen Terrorismus nichts unternehmen konnte, musste man sich in seiner Reaktion auf die technischen Bedingungen konzentrieren, die diesen im Zeitalter der Globalisierung ermöglichten. Auf der Grundlage des völkerrechtlich garantierten Selbstverteidigungsrechtes muss man terroristischen Netzwerken die territoriale Basis nehmen. Aus diesem Grund ist klar, dass jeder Staat, der es vernachlässigt, Terroristen zu verfolgen bzw. diese ungestört operieren lässt, sein Recht auf Nichteinmischung in die inneren Angelegenheiten verwirkt. Denn durch das Unterlassen, die Terroristen zu verfolgen, macht sich ein solcher Staat mitverantwortlich für die bewaffneten Angriffe, welche die Terroristen durchführen. Dieser Sachverhalt ist im Völkerecht im Prinzip der Staatenverantwortlichkeit verankert.

Da den USA vom UN-Sicherheitsrat das Recht auf individuelle oder kollektive Selbstverteidigung zugestanden wurden, war es auch legitim neben den vielen diplomatischen, wirtschaftlichen und geheimdienstlichen Maßnahmen, eine militärische Schlacht gegen die Taliban und al Qaida in Afghanistan zu führen, da die Taliban die Hintermänner der Selbstmordattentäter nicht auslieferten und diese weiter ungestört operieren ließen. Außerdem sind Taliban und al Qaida in ihren Zielen sowie in den verwendeten Mitteln praktisch identisch. Der notwendige Angriff auf die Terroristen zielte jedoch speziell auf diese und nicht auf die vielen muslimischen Freunde der USA in der Welt. Schließlich sind die Terroristen Verräter des eigenen Glaubens, denn sie haben nicht nur Flugzeuge, sondern die islamische Religion selbst „gekidnappt".

Weil Sicherheit den Amerikanern nur garantiert werden kann, wenn man auf der gesamten Welt militärische Erfolge gegen den neuen Gegner erreichen kann und somit die „Schlacht zum Feind trägt", musste das amerikanische Militär massiv aufgerüstet werden. Da es sich beim „Krieg gegen den Terror" um ein globales Projekt handelt, und da sich die Angriffe vom 11. September nicht nur auf die USA, sondern gegen die identitätsstiftenden Prinzipien der zivilisierten Welt (Freiheit, Demokratie, Gerechtigkeit) richteten, war es nahe liegend, dass eine große internationale Koalition diesen Krieg unter Führung der USA bestreiten würde. Dabei ist kein Platz für Neutralität: Wer nicht mit den USA kämpft, unterstützt damit die Terroristen. Wer Mitglied in der Koalition ist, ist Teil der zivilisierten Welt und kämpft für das Gute. Folglich ist auch klar, dass der 11. September dazu führte, dass ab jetzt die Art der Mission die Zusammensetzung der Koalition bestimmt und nicht mehr umgekehrt.

Afghanistan, die „erste Schlacht im Krieg gegen den Terror" war weitgehend erfolgreich abgeschlossen. Auch wenn der „Krieg gegen den Terror" gut begonnen hatte, war auch klar, dass dies nur der Anfang war. Nun stellt sich die Frage, wann und gegen wen die zweite Schlacht dieses Krieges beginnen könnte. Rund vier Monate nach den Angriffen des 11. September kristallisierte sich langsam heraus, dass es notwendig ist, „Schurkenstaaten" daran zu hindern, in den Besitz von Massenvernichtungswaffen zu kommen. Denn Staaten wie Nordkorea, Iran und vor allem der Irak bilden eine „Achse des Bösen", welche die zivilisierte

Welt mit den schlimmsten Waffen bedroht. Außerdem ist zu berücksichtigen, dass im Spezialfall Irak hinzu kommt, dass diesem Staat völkerrechtlich verboten ist, Massenvernichtungswaffen zu besitzen. Wenn man die eigene Bevölkerung vor solchen Staaten beschützen will, sollte man nicht nur eine effektive Raketenabwehr aufbauen, sondern muss das Problem an seiner Wurzel bekämpfen, nämlich die „Schlacht zum Feind tragen".

Folglich sind zwei Faktoren entscheidend: Feindliche Intentionen gegenüber den USA und die Herstellung von Massenvernichtungswaffen. Auch wenn die potenziellen Angriffsziele neu definiert wurden, bleibt dennoch der Begründungshintergrund erhalten. Der „Krieg gegen den Terror" ist ein Kampf der freiheitsliebenden Nationen gegen das Böse. In diesem Falle sollten in den USA auch Parteizugehörigkeiten zurückgestellt werden, weil es sich um einen Kampf aller Amerikaner handelt. Außerdem ist klar, dass die USA in diesem Kampf handeln werden – unabhängig davon, was die Auffassung anderer Staaten ist.

Die USA haben aber nicht nur Afghanistan befreit. Sie sind weltweit aktiv wie beispielsweise auf den Philippinen, in Georgien, Jemen oder am Horn von Afrika, um andere Nationen in ihrem Kampf gegen den Terrorismus zu unterstützen. Demzufolge verfolgt der „Krieg gegen den Terror" zwei Ziele: Auf der einen Seite müssen terroristische Ausbildungslager geschlossen, ihre Pläne gestört und möglichst viele im Kampf besiegt werden. Auf der anderen Seite müssen Terroristen und andere feindliche Regime um jeden Preis daran gehindert werden, sich Massenvernichtungswaffen zu verschaffen. Nur so kann Sicherheit und Freiheit für die kommenden Generationen gewährleistet werden.

Dieses Narrativ verweist auf diejenigen Interpretationen, die sich im Verlauf des amerikanischen Diskurses durchsetzten. Im Anschluss wird gezeigt, welche Implikationen ein derartig konstruierter Bedeutungskontext für die Handlungsoptionen der USA hatte. Danach erfolgt die Auseinandersetzung mit der internationalen Ordnung.

9.2 Bedeutung und Handlungsoptionen nach dem 11. September 2001

Wie bei den methodischen Überlegungen dargelegt wurde, wird hier nicht die paradigmatische Vorgehensweise verfolgt. Daher geht es in den letzten beiden Abschnitten dieser Untersuchung nicht darum, das erarbeitete Narrativ, in ein Modell einzusetzen oder auf bestimmte Gesetzmäßigkeiten hin zu testen. Vielmehr soll durch die narrative Vorgehensweise eine „kohärente Struktur" der politischen Handlungen nach dem 11. September entwickelt werden.

Die sprachliche Beschreibung mit den weitreichendsten Folgen war im Kontext dieser Untersuchung die Definition der Ereignisse als „Kriegsakt" bzw. als „bewaffneter Angriff". Auch wenn internationaler Terrorismus schon länger einen Grenzfall in der Unterscheidung zum Krieg darstellte, so wurde er auf politischer Ebene überwiegend in den Kontext der Strafverfolgung, also des

Verbrechens, eingeordnet.[339] Aus der Definition der Ereignisse ergaben sich für die Handlungsoptionen zwei Möglichkeiten: Wenn es sich um ein Verbrechen handelte, öffnete sich ein Pfad von Handlungsoptionen, der in erster Linie ins staatliche Innere gerichtet war. Wenn es sich um einen Kriegsakt handelte, öffnete sich nicht nur dieser, sondern noch ein zusätzlicher Pfad von Handlungsoptionen. Dieser Pfad wendete sich nach Außen; d.h. das relevante Handlungssystem war nun zusätzlich die internationale politische Ordnung. Die Optionen verwiesen hier auf Diplomatie oder auch auf nicht-militärischen Zwangsmaßnahmen, insbesondere aber auch auf die Anwendung von militärischer Gewalt.[340] Aus diesen Gründen wurde die Definition als Kriegsakt in dieser Untersuchung auch als kritischer Wendepunkt für die Handlungsoptionen aufgefasst.[341]

Ein zweiter Aspekt kam jedoch hinzu. Aus normativer Perspektive kann ein Krieg als etwas aufgefasst werden, das „mehr" als ein Verbrechen ist. Dies liegt schon daran, dass Kriege etwas Außergewöhnlicheres darstellen als Verbrechen, da sie weitaus seltener sind. Außerdem zeigten die bisherigen Überlegungen, dass die Herstellung von Sicherheit den Kern der Legitimation von Herrschaft bildet; d.h. die Quelle der Autorität der Regierenden ist einerseits die tatsächliche Sicherheitsherstellung und andererseits die Legitimität der Mobilisierung von Gewaltressourcen. In unserem Fall bedeutete dies, dass es den Verantwortlichen der USA nicht gelang, am 11. September die tatsächliche Sicherheitsherstellung zu gewährleisten. Allerdings kann als festes Hintergrundwissen vorausgesetzt werden, dass es bestimmte Ausnahmesituationen gibt, in denen der Anspruch auf die Herstellung von Sicherheit durch den Staat eingeschränkt ist. Hier sind beispielsweise Naturkatastrophen oder auch Kriege zu nennen. Somit lag hierin auch ein wichtiger Bedeutungsaspekt, dass die Ereignisse als Kriegsakt definiert wurden. Auch wenn der amerikanische Staat an diesem Tag nicht die Herstellung von Sicherheit gewährleistete, so hatte dies doch wenige Auswirkungen auf die Legitimität seiner Herrschaft, da man weiß, dass in einem Krieg der Grad an Unsicherheit immer höher ist als in Friedenszeiten.

---

[339] "When it came to terrorism, Clinton administration officials continued the policy of their predecessors, who had viewed it primarily as a crime to be solved and prosecuted by law enforcement agencies. That approach, which called for grand jury indictments, created its own problems." 30.12.2001, "Many Say U.S. Planned for Terror but Failed to Take Action" by the New York Times, zitiert nach: http://www.nytimes.com

[340] „The use of force is seen no longer as a last resort, to be avoided if humanly possible, but as the first, and the sooner it is used the better." Michael Howard: "What's in a Name? How to Fight Terrorism?", *Foreign Affairs*, Vol. 81, No. 1, January/February 2002, S. 9.

[341] An dieser Stelle ist es wichtig, dass sich die beiden Kategorien Verbrechen und Krieg nicht gegenseitig ausschließen. Ein Ereignis kann aus völkerrechtlicher Perspektive gleichzeitig ein „bewaffneter Angriff" und ein „Verbrechen" sein. Aus politischer Perspektive ist jedoch entscheidend, dass sich die Kriegsdefinition im öffentlichen, politischen Diskurs durchsetzte. Siehe hierzu, Christopher Greenwood: "International law and the 'war against terrorism'", *International Affairs*, Vol. 78, No. 2, 2002, S. 301-317.

Allerdings war der Handlungszwang für die politischen Entscheidungsträger in dieser Situation größer. Darüber hinaus hatte man durch die Kriegsdefinition kaum mehr die Möglichkeit, die Ereignisse „herunterzuspielen". Angesichts des allgemeinen Schocks, den die Bilder von den Anschlägen auslösten, wäre dies ohnehin schwierig und unwahrscheinlich gewesen. Nachdem die Ereignisse als Krieg definiert wurden, war diese Handlungsoption jedoch endgültig ausgeschlossen. Man musste der eigenen Bevölkerung vor Augen führen, dass man „etwas tat".[342] Dies führte aber nicht zu Kurzschlussreaktionen der amerikanischen Regierung, wie dies von vielen Kommentatoren erwartet und befürchtet wurde.[343] Vielmehr konnte gezeigt werden, dass ein breit angelegtes Projekt die Antwort war – der „Krieg gegen den Terror". Diese Handlungsoptionen stehen im Mittelpunkt der folgenden Betrachtungen.

In den bisherigen Kapiteln konnte auf drei entscheidende Aspekte bei der Definition der Ereignisse hingewiesen werden:[344] Erstens ist es möglich, dass bestimmte Ereignisse sowohl ein Verbrechen als auch einen bewaffneten Angriff darstellen. Die beiden Kategorien schließen sich nicht gegenseitig aus. Zweitens konnte im Exkurs zu Krieg oder Verbrechen gezeigt werden, dass anfänglich eine Definition der Ereignisse als Verbrechen auch für den politischen Diskurs im Bereich des Möglichen war. Es war nicht von vorne herein klar, dass sich die Kriegsdefinition im öffentlichen Diskurs durchsetzen würde. Drittens – und dies ist der entscheidende Punkt – konnte nachgezeichnet werden, dass die Kriegsdefinition im Verlauf des politischen Diskurses die Oberhand gewann. Dies trug wesentlich zur Konstruktion des Bedeutungskontextes bei und konnte sich über die Zeit reproduzieren. Aus diesen Gründen soll in einer kontrafaktischen Argumentation die These belegt werden, dass es sich bei der Kriegsdefini-

---

[342] Siehe hierzu, Richard Rorty: "Der unendliche Krieg. Die permanente Militarisierung Amerikas: Wie die Regierung Bush den 11. September für den eigenen Machterhalt ausgenutzt hat", Süddeutsche Zeitung, Nr. 207, 07./08. September 2002, S. 11.

[343] „Als am Abend – nach dem Kollaps der Twin Towers – Geschützfeuer und Explosionen den Nachthimmel über der afghanischen Hauptstadt Kabul erhellten, hielten viele Menschen in aller Welt zum zweiten Mal an diesem Tag den Atem an: Der Gedanke an einen blindwütigen Vergeltungsschlag der tief traumatisierten Supermacht lag so nahe. Doch die amerikanische Regierung verhielt sich ganz anders, als es die Welt befürchtet hatte. Schon in den ersten tagen nach den Attacken begannen US-Präsident George W. Bush und sein Außenminister Colin Powell, eine weltweite Koalition gegen den internationalen Terrorismus zu schmieden." Chronik aktuell: *Der 11. September 2001. Ereignisse, Reaktionen, Hintergründe, Folgen*, (Chronik Verlag: Gütersloh/München 2001), S. 86.

[344] "Yet the consensus about the illegality of the terrorist attacks did not lead to a similar consensus about the legal questions raised by the US reaction to them. (...) Much of the controversy has its roots in the fact that the events of 11 September – a terrorist attack of unprecedented savagery, apparently carried out by a shadowy organization operating outside the control of any state – did not fit easily within any of the obvious categories of international law." Christopher Greenwood: "International law and the 'war against terrorism'", *International Affairs*, Vol. 78, No. 2, 2002, S. 301.

tion um den kritischen Wendepunkt handelte.[345] Zu diesem Zweck wird angenommen, die Definition der Ereignisse als Verbrechen hätte sich im öffentlichen
Diskurs durchgesetzt. Wie in den methodischen Überlegungen angekündigt,
können auf diese Weise zwei *plots* gegeneinander getestet werden: Die Ereignisse im Kontext des Verbrechens versus des Krieges.

Nehmen wir an, dass sich im öffentlichen Diskurs in der Zeit nach dem
11. September die Vorstellung durchgesetzt hätte, die Ereignisse wären ein besonders schwerwiegendes Verbrechen gewesen. Die Attentäter selbst waren tot
und konnten nicht mehr verfolgt werden. Der Großteil der mutmaßlichen Hintermänner war im Ausland. Nun hätte man neben der Strafverfolgung in den
USA die Möglichkeit gehabt, die Kooperation mit den Geheimdiensten und
Strafverfolgungsbehörden anderer Staaten zu suchen. Auf Grund der weltweiten
Solidarität zu dieser Zeit wäre dies wahrscheinlich auch relativ unproblematisch
gewesen.

Die meisten nach Innen gerichteten Maßnahmen, die man tatsächlich er-
griff, um die Strafverfolgung und die Sicherung der Heimat zu verbessern, hätten wahrscheinlich auch in diesem Fall eingeleitet werden können. Es hätte
eventuell mehr Oppositionsstimmen gegen die Einschränkung von Bürgerrech-
ten gegeben. Schließlich ist öffentliche Kritik außerhalb von Kriegszeiten, die
zumeist von nationaler Eintracht gekennzeichnet sind, relativ üblich in pluralis-
tischen Demokratien wie den USA. Aber auf Grund des Ausmaßes der terroristischen Anschläge hätte sich jede Kritik schwer getan. Angesichts der Fernsehbil-
der wäre wohl jeder Verteidiger der Freiheitsrechte gegenüber denjenigen, die
für mehr Sicherheit plädiert hätten, ins Hintertreffen geraten. Hier spielte auch
mit hinein, dass gerade die Offenheit der eigenen Gesellschaft als eine der
Hauptursachen für das „Gelingen" der Anschläge dargestellt wurde.[346]

Ein Aspekt, der durch eine Verbrechensdefinition nicht konstituiert worden wäre, war die Autorisierung des Präsidenten durch den US-Kongress zum
Einsatz der Streitkräfte. Dies führte dazu, dass viele Maßnahmen (z.B. weite
Teile des „financial war") per Verordnung durch den Präsidenten in Kraft traten.[347] Abgesehen vom größeren Zeitaufwand hätte eine Verbrechensdefinition
wohl inhaltlich wenig verändert, da der Kongress in dieser Zeit zumeist weitrei-
chendere Forderungen stellte, als dies durch die Bush-Administration formuliert

---

[345] Für einen guten Überblick zu kontrafaktischen Argumentationen siehe, Richard Ned Lebow: "What's so different about a counterfactual?", *World Politics*, Vol. 52, No. 4, July 2000,
S. 550-585.
[346] "Es war ein schwerer Schock für unser Land und hat gezeigt, dass unsere Verwundbarkeit
in unserer Offenheit und Großzügigkeit liegt und dass die Terroristen diese Eigenschaften
gegen uns wenden konnten." SPIEGEL-Gespräch mit Condoleezza Rice: "Die Terroristen
hassen auch Berlin.", *DER SPIEGEL*, Nr. 36, 02.09.2002, S. 105.
[347] Siehe hierzu, „September 14, 2001: Resolution 64: Authorizing Use Of United States
Armed Forces Against Those Responsible For Recent Attacks Against The United States", in:
http://www.fas.org/irp/threat/useofforce.htm. Für eine wichtige Verordnung von Präsident
Bush in diesem Kontext siehe, „Executive Order 13224" (23. September 2001), in:
http://www.fas.org/irp/offdocs/eo/eo-13224.htm

wurde. Dies wurde beispielsweise beim Etat des Verteidigungsministeriums deutlich. Da sich aber mit der Zeit die politische Stimmung in den USA normalisierte (z.B. Demokraten hielten im Januar 2002 wieder eine Gegenrede), hätte dies langfristig eventuell Auswirkungen gehabt. Für die Zeit des Untersuchungszeitraums ist dies jedoch nicht unbedingt anzunehmen. Folglich ist an dieser Stelle festzuhalten, dass sich der erste, nach Innen gerichtete Handlungspfad, durch eine Verbrechensdefinition ein wenig, aber nicht entscheidend geändert hätte. Für die Handlungsoptionen der USA nach Außen sah dies allerdings anders aus.

Dabei ist der entscheidende Gedanke, dass das Recht auf Selbstverteidigung nur in Kraft tritt, wenn ein bewaffneter Angriff bzw. ein Kriegsakt vorlag. Es wurde gezeigt, dass das Konzept des Rechtes impliziert, dass seine praktische Ausübung in erster Linie bei dem liegt, dem es zugesprochen wurde. Dies war der Hauptgrund für die relativ große Handlungsfreiheit der USA in den ersten Monaten nach dem 11. September. Hätte sich eine Beschreibung der Ereignisse als Verbrechen und nicht als bewaffneter Angriff durchgesetzt, hätte dies mit Bezug auf eine etwaige Gewaltanwendung auf internationaler Ebene zur Zuständigkeit des UN-Sicherheitsrates geführt. Ein Blick auf die tatsächlichen Resolutionen 1368 und 1373, die beide einstimmig angenommen wurden, legt die Vermutung nahe, dass eine Autorisierung der USA durch den UN-Sicherheitsrat unter Berufung auf die Bedrohung für den internationalen Frieden gute Chancen gehabt hätte. Doch ein entscheidender Unterschied wäre geblieben. Diese Art von Autorisierung hätte nicht zur Konzeption eines „Krieges gegen den Terror" geführt, sondern hätte sich vermutlich explizit auf militärische Zwangsmaßnahmen in Afghanistan bezogen, falls die Taliban nicht auf die Auslieferungsforderungen eingegangen wären.

Somit ist bis zu diesem Punkt festzuhalten, dass die Definition der Ereignisse als Verbrechen mit Bezug auf den Einsatz in Afghanistan vermutlich faktisch nicht allzu viel verändert hätte. Doch der Bedeutungskontext, in den diese Aktionen eingebettet gewesen wären, hätte sich von dem tatsächlichen unterschieden. Man hätte einen solchen Einsatz eher als eine Art Polizeimaßnahme der UN unter Führung der USA interpretiert. Außerdem hätte man die militärische Aktion nicht als „erste Schlacht im Krieg gegen den Terror" beschreiben können; d.h. es wäre auch kaum die feste Erwartung entstanden, dass militärische Maßnahmen nach Beendigung des Afghanistaneinsatzes selbstverständlich weiter auf der Handlungsagenda stehen würden.

Der entscheidende Unterschied wäre vermutlich in der dritten Phase des Untersuchungszeitraumes eingetreten. Unter Berufung auf das Selbstverteidigungsrecht standen die USA nach dem Entsenden der Friedenstruppe nach Afghanistan vor der Frage: Wie geht der „Krieg gegen den Terror" jetzt weiter? Bei einer Verbrechensdefinition und einer anschließenden Autorisierung des UN-Sicherheitsrates für den Einsatz in Afghanistan hätte die Frage eher gelautet: Wie kann man weiter gegen die Hintermänner der Anschläge vom 11. September, also al Qaida, vorgehen? Das bedeutet, dass die argumentative Verknüpfung von der Terrorismusproblematik mit so genannten Schurkenstaaten, wie es der zweite Teil der *Bush-Doktrin* verkörpert, sehr viel unwahrscheinlicher gewesen wäre. Selbst wenn eine solche Vorgehensweise angestrebt worden wäre, hätte es wichtige Unterschiede gegeben. Da die USA in diesem hypothetischen Fall kein Recht und somit auch keinen Legitimationsvorsprung in der weiteren Vorgehensweise gehabt hätten, wäre die Situation grundlegend anders gewesen. Denn weil man sich auf das Recht zur Selbstverteidigung berufen konnte, war der Handlungsspielraum für die USA sehr groß. Zudem schuf das verwendete Vokabular die Erwartung, dass der „Krieg gegen den Terror" auf die eine oder andere Weise weitergehen würde. Man hätte mögliche Verbündete weniger unter Druck setzen können, da in diesem Fall eine Autorisierung durch den Sicherheitsrat zwingend notwendig gewesen wäre. Durch die Berufung auf das Selbstverteidigungsrecht hatte eine militärische Operation zumindest einen gewissen Grad an Legitimität. Ohne dieses Argument und ohne eine explizite Autorisierung durch den Sicherheitsrat käme ein solcher Einsatz einer Aggression gleich.

Darüber hinaus wäre vermutlich der Fokus sehr viel stärker auf al Qaida selbst gerichtet geblieben. Die Diskussion, die tatsächlich nach der Rede von der „Achse des Bösen" entstand, konzentrierte sich umgehend auf den Irak und dessen Nicht-Erfüllung bindender UN-Resolutionen – vor allem in Hinsicht auf Massenvernichtungswaffen. Dies war eine Konsequenz aus der breiten Konzeption des „Krieges gegen den Terror". Die Bezeichnung „Public Enemy No. 1" wäre wohl Osama bin Laden geblieben und nicht im Verlauf der Zeit auf Saddam Hussein übergegangen.[348] Eine Verbrechensdefinition hätte stärker den Fokus auf die Terrorismusproblematik gerichtet und sich in diesem Kontext vermutlich auf eine Diskussion über die Proliferation von Massenvernichtungswaffen konzentriert. Außerdem hätte man ohne die Kriegsdefinition nicht das öffentliche Kriegsbewusstsein innerhalb der USA so leicht aufrechterhalten können. Nach Außen gerichtete Maßnahmen, die nicht im unmittelbaren Zusammenhang mit dem 11. September standen, wären innenpolitisch schwieriger durchsetzbar gewesen. Folglich ist aus der Perspektive dieser Untersuchung festzuhalten:

Die Definition der Ereignisse des 11. September als Kriegsakt tendierte zu der allgemeinen Erwartung der Fortsetzung des „Krieges gegen den Terror"; d.h. ein derartig konstruierter Bedeutungskontext *ermöglichte* weitere militärische Maßnahmen – zwar nicht bedingungslos, aber erleichternd. Hätte sich im politischen Diskurs die Beschreibung der Ereignisse als Verbrechen durchgesetzt, wären vermutlich die militärischen Maßnahmen von Anfang an sehr viel stärker auf Afghanistan und die Terrorismusproblematik fokussiert gewesen. Somit hätte auch nicht so einfach die Vorstellung etabliert werden können, dass es sich hierbei um „die erste Schlacht" handelte. Weitere militärische Maßnahmen wären nicht automatisch auf der möglichen Handlungsagenda gestanden. Somit

---

[348] 13.09.2002, „Bush Names Hussein Public Enemy No. 1" by Patrick E. Tyler, zitiert nach: http://www.nytimes.com

hätte der konstruierte Bedeutungskontext militärische Operationen zumindest *erschwert*, wenn auch nicht mit Sicherheit verhindert.

Diese kontrafaktische Argumentation konnte erstens zeigen, wie verschiedene Bedeutungskontexte durch die Verwendung unterschiedlicher Begriffe in der sprachlichen Beschreibung eines Ereignisses konstituiert werden. Zweitens wurde deutlich, dass sich auf der Grundlage dieser Beschreibung bestimmte Erwartungen etablierten, die entscheidend für mögliche Handlungsoptionen waren. Denn ein bestimmter Bedeutungskontext legt gewisse Standards für angemessenes Verhalten fest. Dies heißt nicht, dass niemals gegen diese Regeln verstoßen werden kann. Jedoch werden bestimmte Handlungen ermöglicht und andere verhindert oder zumindest erschwert. Nachdem bei der Definition der Ereignisse die Bedeutung von einzelnen politischen Konzepten für die „Übersetzung" des Bedeutungskontexts in Handlungen herausgearbeitet wurde, führt die Frage der Verantwortlichkeit zu bestimmten argumentativen Verknüpfungen, die ebenfalls entscheidend für die Handlungsoptionen der USA waren. Während die Kriegsdefinition das Spektrum an Handlungsoptionen der USA eindeutig ausweitete, wird an Hand der Verantwortlichkeitsproblematik gezeigt, wie Handlungsoptionen durch bestimmte Argumentation teilweise ausgeschlossen wurden.

Die folgenden Ausführungen zur Frage der Verantwortlichkeit beruhen auf der Annahme, dass sich die Ursachenanalyse in der Diskussion der angemessenen (Gegen-)Maßnahmen widerspiegeln müsste. Denn da der 11. September ein unerwünschtes Ereignis darstellte, mussten sich die Maßnahmen darauf richten, die Gründe für dieses Ereignis möglichst zu beseitigen. Auf diese Weise hatte die Beantwortung der Frage der Verantwortlichkeit entscheidende Implikationen für die Handlungsoptionen.

Zwei Problematiken standen im Vordergrund: Erstens musste beantwortet werden, „wer" für die Ereignisse verantwortlich war. Dies waren auf der einen Seite die Attentäter selbst und das terroristische Netzwerk al Qaida um Osama bin Laden. Auf der anderen Seite ging es um Staaten, die den Terroristen Unterschlupf gewährten wie die Taliban in Afghanistan. Die zweite und umfassendere Problematik war die Frage, „warum" es überhaupt Menschen gibt, die einen solchen Gewaltakt ausführen. Dies wurde in einer Art *natürlichen* Erklärung mit dem Verweis darauf beantwortet, dass es schon immer böse Menschen gab. Trotzdem schlossen sich an diese Erklärung weitere Fragen an: Wie war es den Attentätern möglich, den Anschlag zu begehen; d.h. welche praktischen Bedingungen ermöglichten die Durchführung? Welche Ziele verfolgen die Terroristen; d.h. was sind ihre Intentionen?

Die Definition der verantwortlichen Akteursgruppen betraf sowohl die nach Innen als auch die nach Außen gerichteten Handlungsoptionen. Während es die Terrorismusproblematik, also der neue Feind, erforderlich machte, die Herstellung von Sicherheit innerhalb des Staates umzustrukturieren, ermöglichte die Gleichsetzung der Terroristen mit den Taliban, wieder mit den üblichen

Konzepten der Sicherheitsherstellung, also vor allem der Abschreckungslogik, den Problemen zu begegnen. Somit machte die *Bush-Doktrin*, also die Stärkung des Prinzips der Staatenverantwortlichkeit mit Bezug auf die Problematik des „harbouring terrorists", möglich, mit den „normalen" außenpolitischen Instrumenten wie Diplomatie und militärischen Bedrohungsszenarien zu arbeiten. Daran wird deutlich, dass den USA durch diese argumentative Verknüpfung wieder Handlungsoptionen zur Verfügung standen, die angesichts der „neuen Problematik" bzw. des „neuen Feindes" zunächst verloren schienen. Denn wie will man Selbstmordattentäter abschrecken? Staaten hingegen, die in irgendeiner Weise mit Terroristen in Verbindung stehen, lassen sich durch die militärische Stärke der USA wieder abschrecken. Somit hatte auch diese argumentative Verknüpfung wichtige Implikationen für die Handlungsoptionen der USA.

Die Frage nach dem „warum" setzte sich zunächst mit dem Entstehungsprozess des islamistischen Terrorismus auseinander. Dies wurde von den politischen Entscheidungsträgern eindeutig beantwortet und auf medialer Ebene auch vermittelt. Es handelte sich nämlich um einen *natürlichen* Entstehungsprozess; d.h. die Geschichte hat gezeigt, dass es schon immer das Böse gab, und es wird dieses auch immer geben. Die Ereignisse des 11. September waren ein weiterer Beleg für diese Vermutung. Diese Antwort implizierte aber auch, dass weder politische noch soziale Bedingungen zur Entstehung des islamistischen Terrorismus beitrugen. In einem solchen Prozess hätten die USA an einigen Stellen als Akteur beteiligt gewesen sein können, in einem natürlichen Prozess jedoch nicht. Somit wurde die umfassendste Frage der Verantwortlichkeit dahingehend geklärt, dass die USA sich selbst aus dieser Problematik ausschlossen. Dieser Bedeutungskontext konnte im Diskurs relativ stabil etabliert werden.

Für die Handlungsoptionen hatten diese argumentativen Verknüpfungen in erster Linie die Implikation, dass die eigene Außenpolitik in den betreffenden Bereichen nicht grundsätzlich überdacht werden musste. Vielleicht müssen einige Veränderungen vorgenommen werden, aber nicht, weil man durch eigenes Verhalten zum Entstehungsprozess des islamistischen Terrorismus beigetragen hat. Man muss sich bei dieser Frage Folgendes vor Augen führen: Wenn es wahr ist, dass die USA in keiner Weise mitverantwortlich für die Ereignisse des 11. September sind, warum sollten sie dann ihre Außenpolitik (im Nahen Osten) verändern? Oder andersherum: Wenn die USA in den betreffenden Regionen ihre Außenpolitik verändern, bedeutet dies nicht automatisch auch, dass sie eine Mitverantwortlichkeit für die Ereignisse einräumen? Hier kann man sehen, wie die Beantwortung der Frage der Verantwortlichkeit bestimmte Handlungsoptionen eröffnete und andere verschloss. Dieses Gedankenexperiment stellt keinen Beweis im Sinne einer streng kausalen Erklärung dar, da noch viele andere Faktoren in den Entscheidungsprozess einfließen können. Es kann jedoch plausibel nachgezeichnet werden, wie bestimmte Handlungen möglich wurden, andere hingegen unwahrscheinlich.[349]

Nach dieser allgemeinen Erklärung ergaben sich Unterfragen: Wie gelang es den Terroristen, einen solchen Anschlag durchzuführen? Diese Frage betraf die zweite Ebene von Ursachenkategorien, die in der Diskursanalyse herausgearbeitet wurde – die technischen Bedingungen einer offenen Gesellschaft in Zeiten der Globalisierung. Weil man der ersten Ursachenebene, dem Hass von bösen Menschen, nicht begegnen konnte, war der Diskurs von vorne herein stark auf diese technischen Bedingungen gerichtet. Diese kausale Verknüpfung zwischen Ursachen und angemessenen Maßnahmen war die entscheidende Grundlage für das Spektrum an Handlungsoptionen. Denn somit standen neben den militärischen Optionen insbesondere eine Verbesserung der Geheimdienstarbeit, die Schaffung des neuen Ministeriums zur Sicherung der Heimat und finanzpolitische Maßnahmen im Mittelpunkt des Diskurses.

Es konnte gezeigt werden, dass sich diese breit diskutierte Ebene der technischen Bedingungen auch in den Handlungen der US-Regierung niederschlug. Dies ist mit Abstand der größte Bereich, in dem man Maßnahmen nach dem 11. September durchführte. Die kausale Verknüpfung von Ursache (= technische Bedingungen) und Wirkung (= Anschläge des 11. September), die im politischen Diskurs vorgenommen wurde, war ein zentraler Bestandteil des konstruierten Bedeutungskontextes. Dies formte die Bewertungsmaßstäbe dafür, was als angemessene Maßnahmen zu gelten hatte. Denn wenn man hingegen davon ausgegangen wäre, dass man in einer offenen Gesellschaft derartige Anschläge praktisch nicht verhindern kann, wäre es auch sinnlos, sich bei den Maßnahmen auf die technischen Bedingungen zu konzentrieren.

Der folgende Punkt, der die Zuweisung von Intentionen betrifft, wird ein wenig ausführlicher diskutiert, da hier neben der „Übersetzung" von Bedeutung in Handlungsoptionen zusätzlich noch die Konstitution der Beziehung zwischen den USA und al Qaida herausgearbeitet wird. Warum führten die Attentäter und ihre Hintermänner die Anschläge des 11. September durch?[350] Da die Beziehung zwischen den USA und den Terroristen in keiner Weise institutionalisiert ist, ist diese Zuweisung von Intentionen entscheidend für die gegenseitigen Rollendefinitionen.[351] Da sich die Attentäter des 11. September nicht an eine Art Norm des Terrorismus hielten, nämlich Bekennerschreiben, in denen die Intentionen explizit gemacht werden, mussten diese einerseits aus der Handlung selbst und andererseits aus anderen Stellungnahmen von al Qaida abgeleitet werden. An dieser

---

[349] Siehe hierzu die Ausführungen zu konstitutiven Fragen in Kap. „2.2 Methodische Vorgehensweise".

[350] Ausgangspunkt ist folgende kausale Verknüpfung: Wir können nichts dagegen unternehmen, dass es Terroristen gibt, die uns angreifen, weil die Geschichte gezeigt hat, dass es schon immer böse Menschen gab.

[351] Siehe hierzu, Alexander Wendt: *Social Theory of International Politics*, (Cambridge: Cambridge University Press 1999), S. 260-261.

Stelle wird wieder deutlich, wie wichtig Interpretationen sind. Schließlich sprechen die Ereignisse gerade nicht *an und für sich*.

Die politischen Ziele von al Qaida wie die Befreiung der Heiligen Stätten und die Errichtung eines Gottesstaates in Arabien wurden zwar von den Entscheidungsträgern genannt, aber gleichzeitig in einen Kontext gestellt, der unannehmbar für westliche Demokratien war. Denn die Gleichsetzung von al Qaida und Taliban wurde auf dieser Argumentationsebene fortgesetzt. Das Ziel von al Qaida sei nämlich, die Verhältnisse in Afghanistan auf die ganze Welt oder zumindest das arabische Kernland zu übertragen. Diese Ziele wurden jedoch nicht weiter diskutiert, sondern vielmehr richtete sich der Diskurs rasch auf ein anderes Argument.

Wie nämlich oben veranschaulicht wurde, war die eigentliche Intention, die den Terroristen im Diskurs zugewiesen wurde, dass sie die identitätsstiftenden Grundprinzipien der amerikanischen Gesellschaft, vor allem die Freiheit, angegriffen hätten und somit vernichten wollten. An diesem Punkt ist auf eine zentrale Unterscheidung hinzuweisen. Besteht die Wahrnehmung darin, dass man auf Grund des eigenen Handelns, oder dass man wegen seiner Existenz angegriffen wurde?[352] Der Unterschied liegt in erster Linie darin, dass es theoretisch möglich ist, sein Handeln bzw. seine Interessen zu ändern. Bei der Existenz bzw. Identität ist das schon sehr viel schwieriger oder praktisch unmöglich. Basierend auf den bisherigen Überlegungen wird eine weitere kausale Verknüpfung deutlich:

Wenn die Terroristen das Böse verkörpern, das es schon immer gab, ist es praktisch unmöglich, dass sie die USA wegen ihres Handelns angegriffen hätten. Denn dann wären die USA ja wieder Akteur im Entstehungsprozess des islamistischen Terrorismus. Wenn man dies aber von vorne herein ausschließt, dann kann sich der Angriff nur gegen die eigene Existenz bzw. Identität gerichtet haben. Dies wiederum hat zur Konsequenz, dass es im wahrsten Sinne ein Kampf um Leben und Tod ist. Auf diese Weise wird das Verhältnis von al Qaida und den USA durch extreme Feindschaft gekennzeichnet. Man erkennt das Existenzrecht des Anderen nicht an und wird somit die Gewalt gegenüber dem Anderen nicht beschränken.[353]

Bei der Auseinandersetzung mit dem Terrorismusbegriff wurde deutlich, dass der periodisch auftretende Zeitfaktor ein konstitutives Merkmal des Terrorismus ist. Es handelt sich demnach nicht um ständige Kämpfe, sondern zwischen unmittelbaren Auseinandersetzungen liegen immer bestimmte Zeitintervalle. Ein Blick auf diese Überlegungen führt beinahe zwangsläufig zur Meta-

---

[352] Claus Offe vertritt beispielsweise die Ansicht, dass die Terroristen „hassgetrieben" sind und es somit um die Existenz ginge. Siehe hierzu, Claus Offe: „Die Neudefinition der Sicherheit", *Blätter für deutsche und internationale Politik*, Jahrgang 46, Heft 12, 2001, S. 1442-1450.

[353] Dies sind auch die Grundcharakteristika der „hobbesischen Anarchie" von Alexander Wendt. Siehe hierzu, Alexander Wendt: *Social Theory of International Politics*, (Cambridge: Cambridge University Press 1999), S. 260-261.

pher des „hobbesischen Kriegszustandes".[354] Diese Analogie scheint in vielen Punkten, das Verhältnis zwischen al Qaida und den USA plausibel zu erfassen. Welche Schlussfolgerung kann man aus dieser Analogie jedoch ziehen? Da der Kampf als einer um Existenz und Identität, nicht Handeln und Interessen beschrieben wird, erscheint eine friedliche Beilegung praktisch unmöglich. Es kommt noch hinzu, dass man nicht miteinander sprechen kann; d.h. Kooperation ist nicht nur erschwert, sondern ausgeschlossen.[355] Dies bedeutet für die Handlungsoptionen der USA Folgendes: Solange es bei dieser Art von Intentionszuweisung bleibt bzw. sich diese gegenseitigen Rollendefinitionen stabilisieren und es gleichzeitig unmöglich ist, miteinander zu sprechen, ist das einzige für die Zukunft vorstellbare Szenario *Vernichtung*.[356] Claus Offe schreibt beispielsweise, dass die Koinzidenz von Massenmord und instrumenteller Selbsttötung am 11. September nur vor dem Hintergrund des organisierten Hasses zu erklären ist. Eine seiner Schlussfolgerungen daraus ist, dass es hier wieder um die Existenz, nicht mehr um Interessen, geht.[357]

---

[354] Thomas Hobbes schrieb zu diesem Zeitfaktor: "*The nature of war consiteth not in actual fighting; but in the known disposition thereto, during all the time there is no assurance to the contrary.*" Zitiert nach: Wilhelm Janssen: „Krieg", in: Otto Brunner/Werner Conze/Reinhart Koselleck (Hrsg.): *Geschichtliche Grundbegriffe. Historisches Lexikon zur politisch-sozialen Sprache in Deutschland*, Bd. 3, (Stuttgart: Verlag Klett-Cotta 1982), S. 577.

[355] Harald Müller verweist beispielsweise in seinem Aufsatz auf bestimmte Bedingungen, die notwenig sind, um miteinander zu kommunizieren. Siehe hierzu, Harald Müller: „Internationale Beziehungen als kommunikatives Handeln. Zur Kritik der utilitaristischen Handlungstheorien", *Zeitschrift für internationale Beziehungen*, 1. Jg., Heft 1, 1994, S. 15-44. Auf die Beziehung zwischen den USA und al Qaida trifft keine dieser Bedingungen zu. Das Verhältnis ist in einer Weise konstituiert, dass es praktisch unmöglich ist, miteinander zu sprechen.

[356] Wenn man diesen Kriegszustand aus der Perspektive der Kriegsziele typisieren würde und den Umstand ausklammert, dass es sich nicht um einen zwischenstaatlichen Krieg handelt, wäre man bei einem Zustand, der längst überwunden schien – dem Begriff des „totalen Krieges": „Zugrunde liegt diesem Begriff die Auffassung, daß es im modernen Krieg nicht um *kleinliche politische Zwecke*, noch um *große ... nationale Interessen* (dem entspräche der absolute Krieg), sondern um die Existenz und Identität – die *Lebenserhaltung* sagt Ludendorff – von Staaten und Völkern überhaupt geht, wobei notwendig vorausgesetzt ist, daß ein staatlich verfaßtes Volk sich seines ‚Wesens' und damit seiner Identität gewiß ist oder sein müsse; der ‚totale' Krieg ist nur als ein ideologisch legitimierter Krieg, als *échange sanglant d'idées*, denkbar. Sein Ziel ist nicht bloß das ‚Niederwerfen des Feindes', sondern die unbedingte Selbstbehauptung durch Vernichtung des gegnerischen Staates und Volkes, wenn nicht im physischen, so doch jedenfalls ‚moralischen' Sinne. Diskriminierung des Feindes gehört zum Wesen des totalen Krieges und rechtfertigt die *debellatio*, die wiederum hier zur Geltung kommt, nachdem sie jahrhundertelang als legitimes Kriegsziel verworfen worden war." Wilhelm Janssen: „Krieg", in: Otto Brunner/Werner Conze/Reinhart Koselleck (Hrsg.): *Geschichtliche Grundbegriffe. Historisches Lexikon zur politisch-sozialen Sprache in Deutschland*, Bd. 3, (Stuttgart: Verlag Klett-Cotta 1982), S. 612-613.

[357] „Das Haben oder Handeln eines sozialen Objektes läßt sich verändern (nämlich durch Umverteilung bzw. Sanktionierung), das Sein nur vernichten." Claus Offe: „Die Neudefinition der Sicherheit", *Blätter für deutsche und internationale Politik*, Jahrgang 46, Heft 12, 2001, S. 1442.

Nachdem an Hand der Verantwortlichkeitsproblematik gezeigt wurde, wie das Argument von „harbouring terrorists" Optionen ausweitete, der *natürliche* Entstehungsprozess und der „hobbesische Kriegszustand" hingegen Handlungsmöglichkeiten ausschlossen, stellt sich abschließend die Frage nach der Bedeutung des „Krieges gegen den Terror". Dieser verkörpert das Projekt, das die Zeit nach dem 11. September bestimmte. Welche Rolle spielt die Konzeption dieses Krieges für die Handlungsoptionen der USA?

In der Auseinandersetzung mit dem Kriegsbegriff als Brückenkonzept wurden unterschiedliche Möglichkeiten der Typologisierung dargestellt. Beispielsweise lässt sich der „Krieg gegen den Terror" durch das Kriterium der relativen Stärke einordnen. Dies führt dazu, dass man ihn als einen „ungleichen Krieg" bezeichnen könnte. Auch die Methodik der Kriegführung ist ein Unterscheidungskriterium. Die Diskursanalyse konnte jedoch verdeutlichen, dass die amerikanischen Entscheidungsträger großen Wert darauf legten, dass im „Krieg gegen den Terror" viele verschiedene Methoden der Kriegführung gleichzeitig eingesetzt werden. Damit wäre eine derartige Typologisierung äußerst problematisch – außer man würde den „Krieg gegen den Terror" als eigene Kategorie einführen.[358]

Letztlich besteht auch die Möglichkeit, Kriege nach den verfolgten Zielen zu typisieren. Dies erscheint auf der Grundlage des hier erarbeiteten Analyseinstrumentariums heuristisch besonders fruchtbar, da eine derartige Typologisierung im direkten Zusammenhang mit der Frage „wer gegenüber wem legitimerweise Gewalt anwenden darf" steht. Denn die Kriegsziele sind Teil des normativen Begründungshintergrundes für die Gewaltanwendung. Da sich Ingrid Detter in ihrer Typologisierung nur auf nicht-staatliche Kriege bezieht, führen ihre unterschiedlichen „programmatischen Kriege" in diesem Kontext nicht weiter.[359] Schließlich ist der „Krieg gegen den Terror" in erster Linie das Projekt der USA.

Folgt man hingegen Clausewitz, so kann zumindest gezeigt werden, dass es sich beim „Krieg gegen den Terror" nicht um einen begrenzten Krieg handelt, der beschränkte politische Ziele verfolgt. Vielmehr geht es um die Niederwerfung des Feindes. Dies ist exakt die Kriegszieldefinition, die im Diskurs erfolgte. Daher befinden wir uns im Kontext des abstrakten oder absoluten Krieges. In der Diskussion des Terrorismusbegriffs wurde zudem auf die eindeutig negative Konnotation des Begriffs hingewiesen. Folglich handelte es sich nicht nur um die Niederwerfung irgendeines (sichtbaren) Feindes wie etwa Irak oder Afghanistan, sondern schon durch die sprachliche Beschreibung war der Feind im negativen Sinne stigmatisiert – nämlich als Terrorist. Da dieser designierte Feind

---

[358] Da die Methodik der Kriegsführung häufig mit bestimmten historischen Epochen in Zusammenhang gestellt wird, betonten die politisch Verantwortlichen in den USA auch immer wieder, dass der „Krieg gegen den Terror" der erste große Krieg des 21. Jahrhundert sei. Auf diese Weise wurde klar gemacht, dass die Methodik im kommenden Krieg anders sein wird, als dies bisher der Fall war.

[359] "The only programmatic type of war today is likely to be the non-State war." Ingrid Detter: *The Law of War*, (Cambridge: Cambridge University Press 2000), S. 50.

al Qaida jedoch nicht das Kriterium der Staatlichkeit erfüllt, war klar, dass man bei seiner militärischen Verfolgung immer wieder die staatliche Souveränität von anderen Akteuren der internationalen Ordnung verletzen würde.[360] Dies machte eine normative Begründung der Interventionen erforderlich, die innerhalb der internationalen Gemeinschaft als gerechtfertigt angesehen werden musste.

Vor diesem Hintergrund kann man auch verstehen, warum die militärischen Operationen in Afghanistan als „Schlacht" und nicht als „Krieg" dargestellt wurden. Denn durch die Verschiebung der Kategorien konnte leichter die Erwartung etabliert werden, dass der „Krieg gegen den Terror" auch nach diesem Einsatz fortgesetzt wird. Auf diese Weise wurde eine Fokussierung auf eng definierte Ziele vermieden, wie man es eigentlich erwarten könnte. Vielmehr wurde das Spektrum an (militärischen) Handlungsoptionen so offen wie möglich gehalten. Dies führte zwar einerseits zu Handlungsfreiräumen, andererseits aber auch zu einem gewissen Zwang für weitere militärische Maßnahmen.[361]

Die Tatsache, dass der „Krieg gegen den Terror" für die Öffentlichkeit nicht immer sichtbar ist, wurde von den amerikanischen Entscheidungsträgern immer wieder betont. Dennoch führt dies zur Problematik, das Kriegsbewusstsein aufrecht zu erhalten. Denn schließlich ist nur Krieg, wenn alle glauben, dass Krieg ist. Daher war neben der praktischen Konzeption des „Krieges gegen den Terror" auch entscheidend, dass er als eine Art rhetorische Figur in den Diskurs eingebaut wurde. Wie im Zusammenhang mit dem hier vertretenen Verständnis von Sicherheit gezeigt werden konnte, stellt der Kriegsbegriff eine erneute Steigerung der generativen Sicherheitslogik dar und impliziert auf diese Weise eine Art Ausnahmesituation. Dies legitimierte in erster Linie die Mobilisierung von Gewaltressourcen.

Andererseits wird eine weitere argumentative Verknüpfung mit Bezug auf die internationale Politik deutlich: Weil ein bewaffneter Angriff auf die USA erfolgt war, hatten diese ein Recht auf Selbstverteidigung. Die praktische Umsetzung dieses Rechts wurde als „Krieg gegen den Terror" konzipiert. Folglich waren aber zwei Dimensionen der Frage „wer gegenüber wem legitimerweise Gewalt anwenden darf" relativ offen. Schon eine Konzeption wie „Krieg gegen al Qaida" hätte nicht nur die Dimension des „gegenüber wem" stärker eingeengt, sondern auch das „warum". Denn hier hätte entweder das Prinzip der Staatenverantwortlichkeit in Form von „harbouring terrorists" oder eine andere enge Kooperation mit einem bestimmten Staat nachgewiesen werden müssen. Neh-

---

[360] Nach Angaben des CIA gibt es in über sechzig Staaten der Welt Zellen von al Qaida. Siehe hierzu, „Tot oder lebendig", Ein Film von Brian Lapping und Norma Percy, deutsche Bearbeitung Hilde Buder, (ZDF, 1. Teil: 27.08.2002, 22:15 Uhr bis 23:00 Uhr).

[361] Es wäre sicherlich interessant in diesem Kontext zu untersuchen, *warum* die politischen Entscheidungsträger den Krieg so weit konzipierten und sich nicht auf spezifische (erreichbare) Ziele konzentrierten. Eine Erklärungsmöglichkeit wäre die oben angesprochene *Ausnahmesituation*, die der Sprechakt „Krieg" konstituiert und somit Regelverstöße rechtfertigt. Diese Problematik geht aber weit über die Fragestellungen dieser Untersuchung hinaus.

men wir beispielsweise Afghanistan: Die USA durften dort auf der Grundlage des Selbstverteidigungsrechts gewaltsam intervenieren, da die Taliban den Terroristen von al Qaida eine territoriale Basis zur Verfügung stellte. Ein anderes Beispiel war der Irak:[362] Die USA dürfen auf der Grundlage des Selbstverteidigungsrechts gegen den Irak militärisch vorgehen, da dieser Massenvernichtungswaffen herstellt, feindliche Intentionen gegenüber den USA hat und unter Umständen mit Terroristen zusammenarbeitet. Außerdem ist dem Irak auf Grund der Niederlage im zweiten Golfkrieg völkerrechtlich verboten, Massenvernichtungswaffen zu erlangen. Hier kann man sehen, dass die Konzeption des „Krieges gegen den Terror" so viel Interpretationsspielraum lässt, dass die praktische Umsetzung des Selbstverteidigungsrechts viele unterschiedliche Facetten annehmen kann.

Folglich kann die Bedeutung der Konzeption des „Krieges gegen den Terror" für die Handlungsoptionen der USA zusammengefasst werden, so dass eine direkte Überleitung zur Problematik der internationalen Ordnung nach dem 11. September hergestellt wird: Durch die Typisierung des „Krieges gegen den Terror" nach Kriegszielen konnte ein direkter Zusammenhang zur erarbeiteten, dreiteiligen W-Frage hergestellt werden, deren Beantwortung entscheidend für die internationale Ordnung ist. Das Kriegsziel war die Niederwerfung des Feindes, nämlich der Terroristen. Die negative Konnotation dieser Beschreibung erleichterte die Legitimation der Maßnahmen. Allerdings entstand auf Grund deren Mangels an Staatlichkeit das Problem, dass die USA bei der Bekämpfung dieses Feindes immer wieder die staatliche Souveränität anderer Akteure verletzen könnten. Daher muss der Krieg immer wieder neu gerechtfertigt werden; d.h. die beiden Dimension „gegenüber wem und warum" bleiben erst einmal offen. Diese Bedeutungsoffenheit des „Krieges gegen den Terror" setzte sich auch durch die Beschreibung des Einsatzes in Afghanistan als „Schlacht" fort. Somit ist der entscheidende Punkt bei der Frage nach den Handlungsoptionen, dass der durch den „Krieg gegen den Terror" geschaffene Bedeutungskontext einen großen Interpretationsspielraum für die praktische Umsetzung des Selbstverteidigungsrechts bereitstellte. Es erfolgte keine Fokussierung auf klar definierte Ziele. Im Anschluss soll deswegen gezeigt werden, wie die praktische Umsetzung im Untersuchungszeitraum verlief.

9.3 Die internationale Ordnung nach dem 11. September 2001

Die Diskussion über den „Krieg gegen den Terror" konnte zeigen, dass die Kernfrage des hier verwendeten Sicherheitsbegriffes „wer gegenüber wem Gewalt anwenden darf und warum" den Diskurs nach dem 11. September dominierte. Andererseits wurde in den theoretischen Überlegungen darauf hingewiesen, dass die Beantwortung dieser dreiteiligen Frage über die Qualität einer in-

---

[362] Diese Argumentation beruht auf dem Diskurs in der dritten Untersuchungsphase. In der Zwischenzeit veränderte sich die Argumentation der USA teilweise deutlich.

ternationalen politischen Ordnung entscheidet, wobei im Kontext dieser Untersuchung vor allem die zweite und dritte Dimension dieser Problematik entscheidend waren. Wie konstituierte sich die internationale Ordnung nach den Ereignissen des 11. September? Welche Veränderungen der Spielregeln für internationale Politik konnten sich etablieren?

In Anknüpfung an die oben aufgestellte Hypothese stand zunächst die konsensuale Sprachregelung im Mittelpunkt, die zur Bearbeitung der Problematik der Ereignisse des 11. September etabliert werden konnte. Die einstimmig angenommene Resolution des UN-Sicherheitsrates 1368 vom 12. September 2001 formulierte im dritten Satz das entscheidende Argument, das den Diskurs bestimmte: „Recognizing the inherent right of individual or collective self-defence in accordance with the Charter (...)."[363] Innerhalb der völkerrechtlichen Disziplin gab es zwar Uneinigkeit über die Bedeutung dieses Satzes.[364] Dennoch konnte sich im politischen Diskurs durchsetzen, dass hiermit die Definition erfolgte, dass es sich bei den Ereignissen um einen „bewaffneten Angriff" gegen die USA handelte.

Darüber hinaus hatte dies die Implikation, dass die USA ein Recht zur praktischen Umsetzung dieser Selbstverteidigung hatten. Dabei ist der Legitimationsvorsprung des Rechtsinhabers bei der praktischen Umsetzung zu beachten. Das durch diese Sprachregelung etablierte Regelwerk zur Problembearbeitung beinhaltete auch militärische Zwangsmaßnahmen, da das Recht auf Selbstverteidigung eine der zwei Ausnahmen des Gewaltverbots darstellt. Folglich stand die Frage „wer gegenüber wem Gewalt anwenden darf" auf der Tagesordnung der internationalen Politik. Der erste Teil dieser Frage ist in diesem Fall leicht beantwortet – die USA, entweder individuell oder im Kollektiv mit anderen Staaten. Die beiden anderen Dimensionen mussten im Diskurs geklärt werden.

Schon kurz nach den Ereignissen des 11. September begann Präsident Bush, diesen interpretativen Freiraum mit seiner Doktrin zu füllen, indem er betonte, dass er keinen Unterschied zwischen den Terroristen selbst und den Staaten, die ihnen Unterschlupf gewähren, machen werde. Da das terroristische Netzwerk von al Qaida nicht das Kriterium der Staatlichkeit erfüllte, wurde das Angriffsziel („gegenüber wem") ausgeweitet. Dabei konnte man sich auf das Prinzip der Staatenverantwortlichkeit berufen. Insofern wurde die dreiteilige Frage in zwei Versionen beantwortet: Die USA dürfen gegen die Terroristen von al Qaida militärisch vorgehen, da diese einen bewaffneten Angriff gegen die USA durchgeführt haben. Unter Berufung auf das Prinzip der Staatenverantwortlichkeit dürfen die USA auch gegen die Taliban in Afghanistan militärisch vorgehen, da diese Osama bin Laden und seinen Leuten eine territoriale Basis

---

[363] 12.09.2001, Resolution 1368 (2001). Adopted by the Security Council at its 4370th meeting, on 12 September 2001, zitiert nach: http://www.un.org
[364] Für zwei entgegengesetzte Auffassungen zu dieser Problematik siehe, Alain Pellet: „No, This is not War!", in: http://www.ejil.org/forum_WTC/ny-pellet.html, S. 1-3, und andererseits, Ruth Wedgwood: "The Law's Response to September 11", *Ethics & International Affairs*, Vol. 16, No. 1, 2002, S. 8-13.

zur Verfügung stellten. Aus der Perspektive der internationalen Ordnung muss daher geklärt werden, inwieweit ein praktischer Konsens über die argumentative Füllung des Interpretationsspielraumes erzielt werden konnte, der durch die konsensuale Etablierung des Selbstverteidigungsrechts entstanden war.

Der internationale Konsens in den ersten beiden Phasen war eindeutig. Dies kann in diesem Kontext äußerst plausibel nachgewiesen werden, da sich sehr viele Staaten direkt oder indirekt an der Operation „Enduring Freedom"[365] beteiligten. Dieser Sachverhalt kann als Zustimmung interpretiert werden. Folglich handelte es sich in dieser Frage um einen breiten internationalen Konsens. Damit kann man den für ersten Teil der Hypothese festhalten, dass man die ersten beiden Phasen des Untersuchungszeitraumes als positive Sicherheitsordnung bezeichnen kann, da auf internationaler Ebene ein praktischer Konsens über die Umsetzung des Selbstverteidigungsrechts der USA herrschte. Deshalb bot sich die Möglichkeit, dass sich neue Regeln, die konstitutiv für internationale Interaktionen sind, etablieren konnten. Daraus resultiert die Frage, inwieweit es sich beim Prinzip der Staatenverantwortlichkeit in Form des Arguments von „harbouring terrorists" um eine *neue* Regel handelte, die somit auch die internationale Ordnung veränderte.

Zunächst ist darauf hinzuweisen, dass das Prinzip der Staatenverantwortlichkeit nicht neu ist. Jedoch war die argumentative Verknüpfung mit „harbouring terrorists" bisher noch nicht eindeutig geklärt:

> *Einem Staat ist in erster Linie das Verhalten seiner Organe zurechenbar.* (...) Die Lehre wertet heute Handlungen von Privatpersonen, die gegen fremde Staaten, ihre Staatsangehörigen oder Repräsentanten gerichtet sind, überwiegend als Sachbedingung für völkerrechtsverletzendes Organverhalten.[366]

Da aber die Terroristen Privatpersonen sind, musste demnach ein Unterlassen der verantwortlichen Staatsorgane der Taliban vorliegen:

> Handlungen natürlicher Personen (...), die sich gegen einen anderen Staat (...) wenden, sind somit folgendermaßen zu bewerten: Sie sind in keinem Falle dem Staat zurechenbar. Dem Staat ist jedoch jedes Verhalten seiner Organe zurechenbar, das im Zusammenhang mit einem derartigen Individualverhalten zu verzeichnen ist. Ein eventuelles *Einstehenmüssen des Staates* für *nicht-öffentliches Verhalten* ergibt sich daher allein aus der *völkerrechtlichen Zurechenbarkeit des Organverhaltens.*[367]

---

[365] Erstens ist hier das Inkrafttreten von Art. 5 des Washingtoner Vertrages zu nennen. Somit hatten die USA die Unterstützung sämtlicher NATO-Mitglieder. Außerdem boten 136 Staaten militärische Unterstützung an, 89 Staaten genehmigten Überflugrechte für amerikanische Kampfflugzeuge, 76 Staaten vergaben Landerechte und 23 Staaten stellten Basen für die Operation in Afghanistan zur Verfügung. Siehe hierzu, „Patterns of Global Terrorism 2001", S. xii, zitiert nach: http://www.state.gov

[366] Knut Ipsen: *Völkerrecht*, (München: Verlag C. H. Beck 1999), S. 552/562.

[367] Ebd., S. 562.

Dabei ist in erster Linie auf frühere Resolutionen des UN-Sicherheitsrates hinzuweisen, welche die Terrorismusproblematik im direkten Bezug zu den Taliban und Osama bin Laden stellten.[368] Schon nach den Anschlägen von al Qaida in Ostafrika hieß es 1998 dort:

> Stressing that every Member State has the duty to refrain from organizing, instigating, assisting or participating in terrorist acts in another State or *acquiescing in organized activities within its territory directed towards the commission of such acts* (...).[369] [Hervorhebung durch den Verfasser]

Auch hier wurde schon das Prinzip der Staatenverantwortlichkeit mit Bezug auf die Taliban und al Qaida betont. In einer Pressemitteilung nach Verabschiedung der Resolution 1333, die sich am 19. Dezember 2000 ebenfalls mit dieser Thematik auseinander setzte, wird die amerikanische Vertreterin zitiert:

> Nancy Soderberg (...) said the terrorists remained in Afghanistan. As long as the Taliban continued to harbour terrorists – in particular Usama bin Laden – and to promote terrorism, it remained a threat to international peace and security. (...) The Council, she said, must send an unequivocal message to the Taliban to end its support for terrorism – 'let us hope that they heed the call'.[370]

Hier wird der entscheidende Unterschied zur Situation nach dem 11. September 2001 sichtbar. Die Taliban verstießen schon damals gegen das Völkerrecht, da ihre Organe nicht dafür sorgten, al Qaida die territoriale Basis zu nehmen. Sie waren folglich für das Handeln von al Qaida mitverantwortlich. Allerdings hatte dies für die internationale politische Ordnung keine nennenswerten Konsequenzen. In der Folge stand nämlich die Frage der legitimen Gewaltanwendung nicht ernsthaft zur Debatte – obwohl die USA nach den Anschlägen in Ostafrika punktuelle Luft- und Cruise-Missile-Angriffe gegen mögliche al Qaida-Ziele im Sudan und in Afghanistan durchführten und trotz der Feststellung, dass es sich um eine Bedrohung für den internationalen Frieden handelte. Das Problem verschwand relativ schnell von der sicherheitspolitischen Agenda.

Dies war nach dem 11. September 2001 anders. Der internationale Konsens über die *Bush-Doktrin* betraf exakt die Problematik der legitimen Gewaltanwendung; d.h. an der völkerrechtlichen Staatenverantwortlichkeit änderte sich nicht viel, die politischen Konsequenzen waren jedoch signifikant. Während auch schon vor dem 11. September das Verhalten der Taliban als völkerrechtswidrig eingestuft werden konnte, handelte es sich nun um einen legitimen Interventionsgrund – explizit ausgedrückt im Konsens über die *Bush-Doktrin*. Des-

---

[368] Siehe hierzu die Resolutionen 1189, 1214, 1267, 1269 und 1333 des UN-Sicherheitsrates, zitiert nach: http://www.un.org
[369] 13.08.1998, Resolution 1189 (1998). Adopted by the Security Council at its 3915th meeting, on 13 August 1998, zitiert nach: http://www.un.org
[370] 19.12.2000, Press Releases. 19 December 2000, Press Release SC/6979. Security Council imposes wide new measures against Taliban authorities in Afghanistan, demands action on terrorism, zitiert nach: http://www.un.org

halb deutete sich mit dieser Regel auch ein gewisser Wandel in der internationalen politischen Ordnung an. Allerdings kann heute noch nicht sicher gesagt werden, inwieweit die Operation in Afghanistan einen Einzelfall darstellt, oder ob sich die Regel, Terroristen keinen Unterschlupf zu gewähren, langfristig durchsetzt.

Denn der Fall Afghanistan war relativ einfach. Einerseits konnte sich im Diskurs das Bild durchsetzen, dass al Qaida wirklich für die Ereignisse des 11. September verantwortlich war und auf der anderen Seite bestritten die Taliban nicht, Osama bin Laden eine territoriale Basis zur Verfügung zu stellen. Für die Zukunft sind Fälle vorstellbar, die sich sehr viel komplizierter gestalten können. Schließlich konnte gezeigt werden, dass schon die Definition eines Terroristen ein erhebliches Problem darstellen kann. Außerdem ist auch vorstellbar, dass die staatlichen Verantwortlichen leugnen, bestimmten Terroristen, Unterschlupf zu gewähren. Somit wäre die Last der Beweisführung wieder bei der internationalen Gemeinschaft. Außerdem müsste wiederum ein praktischer Konsens unter den internationalen Akteuren etabliert werden, was auch ernste Probleme in sich bergen kann. Diese Aspekte sind zu beachten, wenn man auf einen dauerhaften Wandel der internationalen Ordnung an dieser Stelle verweisen möchte. So weit wird in dieser Untersuchung nicht gegangen.

Vielmehr kann festgehalten werden, dass es eine Tendenz gibt, dass sich hier eine internationale Spielregel konstituiert, die auch die internationale Ordnung verändern könnte. Dies ist aber abhängig davon, inwieweit die Regel durch das Handeln der Akteure reproduziert wird. Dies kann dadurch geschehen, dass bestimmte Staaten nicht mehr mit terroristischen Gruppen kooperieren oder dass es zu ähnlichen Interventionen wie in Afghanistan kommt, die mit der Begründung des „harbouring terrorists" legitimiert werden können. Wenn sich dieses Argument durchsetzt, dann würde sich auch die Bedeutung von Souveränität in diesem Kontext ändern. Die Verantwortlichkeit des Staates bzw. seiner Organe würde in der internationalen Politik eine größere Rolle spielen. Denn „harbouring terrorists" würde nicht mehr nur eine „völkerrechtliche Grauzone" darstellen, sondern wäre ein legitimer Interventionsgrund. Demzufolge würde diese Problematik nicht mehr ausschließlich in die Zuständigkeit des Staates fallen, sondern wäre Thema des internationalen Sicherheitsdiskurses. Staaten, die gegen diese Regel verstoßen würden, müssten unter Umständen mit militärischer Einmischung in ihre inneren Angelegenheiten rechnen.[371]

Nachdem bis zu diesem Zeitpunkt der Sicherheitsdiskurs in den ersten beiden Phasen im Mittelpunkt der Ausführungen stand, geht es im Anschluss darum, wie sich die internationale Ordnung nach der weitgehenden Beendigung

---

[371] An dieser Stelle sei nur kurz angemerkt, dass diese Tendenz zum Wandel der internationalen Ordnung von keiner der drei oben angesprochenen Schulen gefasst wird. Denn weder hat sich das Gleichgewicht der Mächte in den wenigen Monaten nach dem 11. September geändert, noch wurden Institutionen geschaffen, die eine Ordnung ermöglichen sollen. Trotz großer Solidarität kann man auch kaum davon sprechen, dass sich eine kollektive Identität herausgebildet hätte. Die Anti-Terror-Koalition ist mit Sicherheit keine „security community".

des Einsatzes in Afghanistan reproduzierte. Das bestimmende Projekt war immer noch der „Krieg gegen den Terror". Genau hier stellte sich jedoch die Frage, wie dieser weitergehen soll. Präsident Bush beantwortete diese Thematik in der Rede zur Lage der Nation, indem er seiner Doktrin einen zweiten Aspekt hinzufügte: Staaten mit feindlichen Intentionen gegenüber den USA daran hindern, in den Besitz von Massenvernichtungswaffen zu gelangen. Da der Iran und Nordkorea als Teil der „Achse des Bösen" relativ schnell aus dem öffentlichen Diskurs verschwanden, setzt sich die folgende Diskussion nur mit der Irakproblematik auseinander. Dabei ist ein entscheidender Punkt zu beachten. Im Gegensatz zu anderen Staaten war es dem Irak seit dem zweiten Golfkrieg völkerrechtlich verboten, Massenvernichtungswaffen zu besitzen.

In diesem Zusammenhang ist zunächst darauf zu verweisen, dass hier eine völlig andere Argumentation eingeführt wurde, als sie das Argument vom „harbouring terrorists" darstellt. Die einzige Verbindung, die mit den Ereignissen des 11. September hergestellt wurde, war die Tatsache, dass Saddam Hussein die Anschläge nicht verurteilte, sondern vielmehr die amerikanische Außenpolitik selbst dafür verantwortlich machte.[372] Eine direkte oder auch indirekte Verbindung zu al Qaida wird in „Patterns of Global Terrorism 2001" des amerikanischen Außenministeriums nicht angeführt. Dies bedeutet, dass sich die Argumentation der amerikanischen Regierung an dieser Stelle massiv veränderte.

Aus der Perspektive der internationalen Ordnung rückt wiederum die dreiteilige W-Frage in den Vordergrund. Der zweite Teil der Ende Januar 2002 verkündeten *Bush-Doktrin* impliziert zunächst: Die USA dürfen gegenüber dem Irak Gewalt anwenden, da dieser trotz des völkerrechtlichen Verbots versucht, in den Besitz von Massenvernichtungswaffen zu kommen. Darüber hinaus könnte der Irak, diese Waffen Terroristen zur Verfügung stellen oder direkt andere Staaten damit bedrohen. In dieser dritten Phase des Untersuchungszeitraumes war ein gewisses Maß an Ambivalenz festzustellen. Einerseits wurde diese Argumentation als zweite Phase des „Krieges gegen den Terror" dargestellt. Andererseits berief man sich nicht mehr so explizit auf das Selbstverteidigungsrecht, wie dies noch in den beiden ersten Phasen der Fall war.

---

[372] Siehe hierzu das Kapitel zu "State-Sponsored Terrorism" in "Patterns of Global Terrorism 2001", S. 65/67, zitiert nach: http://www.state.gov
Saddam Hussein ließ folgende Erklärung im irakischen Fernsehen verlesen: „Die amerikanischen Cowboys ernten die Früchte ihrer Verbrechen gegen die Menschlichkeit. Die Anschlagserie ist ein schwarzer Tag in der Geschichte der Vereinigten Staaten. Die USA schmecken die Niederlage für ihre schrecklichsten Verbrechen und ihre Vergehen gegen den Willen von Völkern, die nach einem freien und ehrlichen Leben streben. (...) Die Explosionen sind ein schmerzlicher Schlag ins Gesicht der amerikanischen Politiker. Die Zerstörung der Zentren der US-Macht ist zugleich die Zerstörung jener amerikanischen Politik, die von menschlichen Werten abgekommen ist, um sich mit der zionistischen Welt zusammenzuschließen, das palästinensische Volk weiter zu massakrieren und die amerikanischen Pläne zur Beherrschung der Welt unter dem Deckmantel einer so genannten Neuen Weltordnung durchzusetzen." Zitiert nach: Chronik aktuell: *Der 11. September 2001. Ereignisse, Reaktionen, Hintergründe, Folgen*, (Chronik Verlag: Gütersloh/München 2001), S. 57.

An dieser Stelle ist auf ein Problem hinzuweisen. Die Rede von der „Achse des Bösen" lässt sich grundsätzlich auf zweierlei Art und Weise verstehen: Die erste Möglichkeit ist, dass man sich innerhalb der amerikanischen Administration entschieden hatte, der Irak solle das nächste Angriffsziel im „Krieg gegen den Terror" sein. Folglich benötigte man einen legitimierenden Interventionsgrund, der im zweiten Teil der *Bush-Doktrin* formuliert wurde. Die zweite Möglichkeit ist, dass man sich gerade auch angesichts der Anthrax-Fälle der Gefahr von Massenvernichtungswaffen bewusst wurde und aus diesem Grund anstrebte, eine allgemeine Spielregel für diese Problematik in der internationalen Politik zu etablieren. Um diesem Argument Glaubwürdigkeit zu verleihen, wollte man ein Exempel statuieren. Da ein Verbot des *Besitzes* von Massenvernichtungswaffen für designierte Staaten jedoch längst nicht in einer vergleichbaren Weise im internationalen Bedeutungskontext eingebettet war, wie beispielsweise die Ausdehnung der Staatenverantwortlichkeit im Falle des „harbouring terrorists", fokussierte sich die Diskussion schnell auf den Irak. Schließlich war dies der einzige Staat, dem der Besitz von Massenvernichtungswaffen völkerrechtlich verboten war. Somit hätte im Fall Irak eine Gewaltanwendung einen höheren Grad an Legitimität als beispielsweise der Fall Iran.

Zwei mögliche Kausalverknüpfungen stehen infolgedessen im Raum: Entweder war das Ziel der Irak und die Ausweitung der *Bush-Doktrin* die Rechtfertigung für diesen spezifischen Fall, oder das Ziel war die Etablierung einer allgemeinen Regel, und der Fall Irak stellte ein leichter zu legitimierendes Exempel dar. Während letztere Variante aus der Perspektive des bisherigen „Krieges gegen den Terror" plausibel klingt, da sie ein ähnliches Argumentationsmuster aufweist wie der Fall Afghanistan, verleiht der ersten Auslegung vor allem die Tatsache Glaubwürdigkeit, dass sich der weitere Diskurs auf diese Interpretation konzentrierte. Denn die Argumentation fand weniger im Kontext des amerikanischen Selbstverteidigungsrechts, sondern vielmehr als allgemeines Bedrohungsszenario für die internationale Gemeinschaft statt.

Es lässt sich festhalten, dass man in der dritten Phase nicht in demselben Maße von einer positiven Sicherheitsordnung sprechen kann, wie dies noch im Herbst 2001 der Fall war. Da es sich aber um den *Diskurs* über die praktische Umsetzung und nicht um die Implementierung *selbst* handelte, würde es zu weit gehen, schon im Untersuchungszeitraum von einer negativen Sicherheitsordnung zu sprechen. Somit ist aber auch klar, dass hier nicht im vergleichbaren Maße eine neue oder veränderte Spielregel für internationale Politik etabliert werden konnte, wie dies mit dem ersten Teil der *Bush-Doktrin* gelang. Der Diskurs konzentrierte sich zunehmend auf die Irak- und Saddam Hussein-Problematik. Ein allgemeiner Konsens darüber, so genannten Schurkenstaaten, den Besitz von Massenvernichtungswaffen streitig zu machen, stellte sich nicht heraus.

Außerdem verwiesen auch die Bemühungen darauf, eine explizite Sicherheitsratsresolution für den Irak zu verabschieden, dass sich der Diskurs aus dem Kontext des amerikanischen Selbstverteidigungsrechts und somit auch der praktischen Umsetzung wegbewegte. Vielmehr stand die Schaffung einer neuen konsensualen Sprachregelung im Raum. Trotz der Tatsache, dass es auch nach dem 11. September UN-Resolutionen gab, so schienen sie mit Bezug auf den Irak-Krieg wichtiger für die Frage der Legitimität zu sein, als dies mit Bezug auf einen möglichen Einsatz in Afghanistan der Fall war.[373] Somit lässt sich plausibel argumentieren, dass sich im Kontext des Besitzes von Massenvernichtungswaffen seit dem 11. September nicht viel verändert hat.

Mit Bezug auf die allgemeinen Spielregeln der internationalen Politik ist entgegen der weit verbreiteten Meinung festzuhalten, dass nach dem 11. September vieles noch ist wie davor. Es mag andere politische Aspekte wie das Verhältnis der Großmächte oder auch ein gesteigertes Sicherheitsbedürfnis in der Bevölkerung geben, die sich verändert haben könnten. Was die dritte Fragestellung dieser Untersuchung nach den allgemeinen Spielregeln betrifft, welche die internationalen Interaktionen konstituieren, kann man jedoch nur sehr eingeschränkt von einem Wandel sprechen.

Unabhängig davon lässt die Untersuchung des Diskurses jedoch eine andere interessante Schlussfolgerung zu: Die von Beginn an feststellbare Tendenz, die Problematik des 11. September auf zwischenstaatliche Ebene zu „heben", die sich im ersten Teil der Bush-Doktrin schon ankündigte, verstärkte sich weiter. Die argumentative Verknüpfung der Terrorismusproblematik mit bestimmten Staaten führte im Diskurs über den zweiten Teil der *Bush-Doktrin* dazu, dass die Frage nach angemessenen Handlungsoptionen beinahe ausschließlich die zwischenstaatliche Ebene betraf. Auf diese Weise „passten" die Kategorien und Instrumente wieder besser, die den Entscheidungsträgern in der internationalen Politik zur Verfügung standen.[374]

Dies verweist darauf, wie sich der Bereich von Bedeutung und der des Handelns gegenseitig bedingen und konstituieren. Während in dieser Untersuchung die Frage nach der „Übersetzung" des Bedeutungskontextes in politisches Handeln im Mittelpunkt stand, ist durchaus auch vorstellbar, die Fragestellung umzudrehen. Dann müsste untersucht werden, inwieweit bestimmte Handlungs-

---

[373] Damals wurde eine UN-Resolution eher als zusätzliche Legitimation betrachtet. Siehe hierzu beispielsweise die Aussage von Colin Powell: "We will be going to the UN for additional expressions of support through UN resolutions but, at the moment, should the President decide that there are more actions he has to take, he will make a judgment as to whether he needs UN authority or whether he can just act on the authority inherent in the right of self-defence and consistent with our own laws and regulations and constitutional powers." Secretary Colin L. Powell, Remarks with His Excellency Brian Cowen, Minister of Foreign Affairs of Ireland, 26 September 2001, zitiert nach: Frédéric Mégret: „'War'? Legal Semantics and the Move to Violence", in: http://www.ejil.org/journal/Vol13/No2/art1.pdf, S. 11.
Auch wenn eine UN-Resolution mit Bezug auf den Irak nicht als unbedingt notwendig erachtet wurde, so spielte der Versuch, den Einsatz im Irak vom UN-Sicherheitsrat legitimieren zu lassen, eine entscheidende Rolle im politischen Diskurs.

[374] Eine Untersuchung dieser Thematik wäre vor allem aus der Perspektive von „kognitiven Dissonanzen" interessant. Siehe hierzu, Leon Festinger: *Theorie der kognitiven Dissonanz*, (Bern/Stuttgart/Wien: Verlag Huber 1978).

optionen dazu führen, die Konstruktion des Bedeutungskontextes zu beeinflussen. Dies kann dadurch geschehen, dass der Bedeutungsbereich in einer Weise erfasst wird, dass die zur Verfügung stehenden Kategorien und Instrumente besser „passen" – beispielsweise durch eine „Anhebung" der Problematik auf zwischenstaatliche Ebene. Bei einem derartigen Forschungsvorhaben müsste allerdings die Zeit vor Auftreten des Problems im Mittelpunkt stehen, da man hier bestimmte Kategorien und Instrumente konstruiert hätte, die in der Problemsituation entscheidend wären. Denn so viel sollte diese Untersuchung gezeigt haben: Handlungsoptionen sind weder gegeben noch werden sie im „luftleeren" Raum geschaffen. Vielmehr müssen sie in einem sozialen Prozess konstruiert werden.

10. BIBLIOGRAPHIE

10.1 Verwendete Literatur

Adelman, Kenneth: „Arms Control With and Without Agreements", *Foreign Affairs*, Vol. 63, No. 2, Winter 1984/85, S. 240-263.

Adler, Emanuel: "Imagined (Security) Communities: Cognitive Regions in International Relations", *Millennium*, Vol. 26, No. 2, 1997, S. 249-277.

Adler, Emanuel/Barnett, Michael (Hrsg.): *Security Communities*, (Cambridge: Cambridge University Press 1998).

Baldwin, David A. (Hrsg.): *Neorealism and Neoliberalism. The Contemporary Debate*, (New York: Columbia University Press, 1993).

Baldwin, David A.: „Security Studies and the End of the Cold War", *World Politics*, Vol. 48, No. 1, October 1995, S. 117-141.

Barkin, Samuel J.: „The Evolution of the Constitution of Sovereignty and the Emergence of Human Rights Norms", *Millennium*, Vol. 27, No. 2, 1998, S. 229-252.

Barkin, Samuel J./Cronin Bruce: "The State and the Nation: Changing Norms and the Rules of Sovereignty in International Relations", *International Organisation*, Vol. 48, No. 1, 1994, S. 107-130.

Bates, Robert H., et al.: *Analytic Narratives*, (Princeton: Princeton University Press 1998).

Bergen, Peter L.: "Picking up the Pieces. What We Can Learn From – and About – 9/11", *Foreign Affairs*, Vol. 81, No. 2, March/April 2002, S. 169-175.

Berger, Peter L./Luckmann, Thomas: *Die gesellschaftliche Konstruktion von Wirklichkeit. Eine Theorie der Wissenssoziologie*, (mit einer Einleitung von Helmuth Plessner; übersetzt von Monika Plessner), (Frankfurt am Main: S. Fischer Verlag 1970).

Betts, Richard K.: „Should Strategic Studies Survive?", *World Politics*, Vol. 50, No. 1, October 1997, S. 7-33.

Black, Max: *Sprache. Eine Einführung in die Linguistik*, (übersetzt und kommentiert von Herbert E. Brekle), (München: Wilhelm Fink Verlag 1973).

Brooks, Stephen G./Wolforth, William C.: "American Primacy in Perspective", *Foreign Affairs*, Vol. 81, No. 4, July/August 2002, S. 20-33.

Brunner, Otto/Conze, Werner/Koselleck, Reinhart (Hrsg.): *Geschichtliche Grundbegriffe. Historisches Lexikon zur politisch-sozialen Sprache in Deutschland*, Bd. 3, (Stuttgart: Klett-Cotta 1982).

Brunner, Otto/Conze, Werner/Koselleck, Reinhart (Hrsg.): *Geschichtliche Grundbegriffe. Historisches Lexikon zur politisch-sozialen Sprache in Deutschland*, Bd. 5, (Stuttgart: Klett-Cotta 1984).

Brunner, Otto/Conze, Werner/Koselleck, Reinhart (Hrsg.): *Geschichtliche Grundbegriffe. Historisches Lexikon zur politisch-sozialen Sprache in Deutschland*, Bd. 6, (Stuttgart: Klett-Cotta 1990).

Büthe, Tim: "Taking Temporality Seriously: Modeling History and the Use of Narratives as Evidence", *American Political Science Review*, Vol. 96, No. 3, August 2002, S. 481-493.

Bull, Hedley: *The Anarchical Society: A Study of Order in World Politics*, (London: Macmillan 1977).

Buzan, Barry/Waever, Ole/Wilde, Jaap de: *Security. A new framework for analysis*, (Boulder: Lynne Rienner Publishers 1998).

Byford, Grenville: "The Wrong War", *Foreign Affairs*, Vol. 81, No. 4, July/August 2002, S. 34-43.

Campbell, David: *Writing Security. United States Foreign Policy and the Politics of Identity*, (Minneapolis: University of Minnesota Press, 1992).

Chomsky, Noam: *The Attack. Hintergründe und Folgen*, (Hamburg/Wien: Europa Verlag 2001).

Clausewitz, Carl von: *Vom Kriege*, (Stuttgart: Reclam Verlag 1998).

Cohen, Eliot A.: "A Tale of Two Secretaries", *Foreign Affairs*, Vol. 81, No. 3, May/June 2002, S. 33-46.

Connolly, William E.: *The Terms of Political Discourse*, 2nd edition, (Princeton: Princeton University Press 1983).

Cox, Michael: "American power before and after 11 September: dizzy with success?" *International Affairs*, Vol. 78, No. 2, 2002, S. 261-276.

Detter, Ingrid: *The Law of War*, (Second Edition), (Cambridge: Cambridge University Press 2000).

Deutsch, Karl, et al.: *Political Community and the North Atlantic Area*, (Princeton: Princeton University Press 1957).

Eilders, Christiane/Lüter, Albrecht: "Germany at War – Competing Framing Strategies in German Public Discourse", *European Journal of Communication*, Vol. 15, No. 3, 2000, S. 415-428.

Festinger, Leon: *Theorie der kognitiven Dissonanz*, (herausgegeben von Martin Irle und Volker Möntmann), (Bern/Stuttgart/Wien: Verlag Huber 1978).

Geertz, Clifford: *The Interpretation of Cultures*, (New York: Basic Books 1973).

Geertz, Clifford: *Dichte Beschreibung. Beiträge zum Verstehen kultureller Systeme*, (Frankfurt am Main: Suhrkamp 1983).

Gilpin, Robert: *War and Change in World Politics*, (Cambridge: Cambridge University Press 1989).

Greenwood, Christopher: "International law and the 'war against terrorism'", *International Affairs*, Vol. 78, No. 2, 2002, S. 301-317.

Habermas, Jürgen: „Fundamentalismus und Terror. Antworten auf die Fragen (von Giovanna Borradori) zum 11. September 2001", *Blätter für deutsche und internationale Politik*, Jahrgang 47, Heft 2, 2002, S. 165-178.

Haftendorn, Helga/Keohane, Robert O./Wallander, Celleste A. (Hrsg.): *Imperfect Unions: Security Institutions over Time and Space*, (Oxford: Oxford University Press 1999).

Hempel, Carl: *Aspects of Scientific Explanation*, (New York: Free Press 1965).

Herz, John: "Idealist Internationalism and the Security Dilemma", *World Politics*, Vol. 2, No. 2, 1950, S. 157-180.

Heyman, Philip B.: "Dealing with Terrorism. An Overview", *International Security*, Vol. 26, No. 3, Winter 2001/02, S. 24-38.

Hobbes, Thomas: *Leviathan oder Stoff, Form und Gewalt eines kirchlichen und bürgerlichen Staates*, (herausgegeben und eingeleitet von Iring Fetscher), (Frankfurt am Main: Suhrkamp Verlag 1996).

Hoffman, Bruce: *Terrorismus – der unerklärte Krieg. Neue Gefahren politischer Gewalt*, (Frankfurt am Main: Fischer Taschenbuch Verlag 2001).

Hoffman, David: "Beyond Public Diplomacy", *Foreign Affairs*, Vol. 81, No. 2, March/April 2002, S. 83-95.

Hoffmann, Stanley: "Clash of Globalizations", *Foreign Affairs*, Vol. 81, No. 4, July/August 2002, S. 104-115.

Hollis, Martin/Smith, Steve: *Explaining and Understanding in International Relations*, (Oxford: Clarendon Press 1990).

Howard, Michael: "What's in a Name? How to Fight Terrorism?", *Foreign Affairs*, Vol. 81, No. 1, January/February 2002, S. 8-13.

Ipsen, Knut: *Völkerrecht*, (4. Auflage), (München: Verlag C. H. Beck 1999).

Jervis, Robert: *Perception and Misperception in International Politics*, (Princeton: Princeton University Press 1976).

Jervis, Robert: „Cooperation under the Security Dilemma", *World Politics*, Vol. 30, No. 2, January 1978, S. 167-214.

Jervis, Robert: „Theories of War in an Era of Leading-Power Peace", Presidential Address, American Political Science Association, 2001, *American Political Science Review*, Vol. 96, No. 1, March 2002, S. 1-14.

Katzenstein, Peter J. (Hrsg.): *The Culture of National Security. Norms and Identity in World Politics*, (New York: Columbia University Press 1996).

Kaufmann, Franz-Xaver: *Sicherheit als soziologisches und sozialpolitisches Problem. Untersuchung zu einer Wertidee hochdifferenzierter Gesellschaften*, (2. Auflage), (Stuttgart: Enke 1973).

Keohane, Robert O. (Hrsg.): *Neorealism and its Critics*, (New York: Columbia University Press 1986).

Kissinger, Henry A.: *A World Restored. Metternich, Castlereagh and the Problems of Peace, 1812-22*, (Boston: Houghton Mifflin 1967).

Kluge, Alexander/Negt, Oskar: „Was ist Krieg? Über Konstanten und Veränderungen im 21. Jahrhundert", *Blätter für deutsche und internationale Politik*, Jahrgang 47, No. 4, 2002, S. 491-496.

Koselleck, Reinhart/Stempel, Wolf-Dieter (Hrsg.): *Geschichte – Ereignis und Erzählung*, (München: Wilhelm Fink Verlag 1973).

Kratochwil, Friedrich V.: *Rules, Norms, and Decisions. On the conditions of practical and legal reasoning in international relations and domestic affairs*, (Cambridge: Cambridge University Press 1989).

Kratochwil, Friedrich V.: „Das Ende des hobbesischen Projektes", mimeo.

Kratochwil, Friedrich V./Ruggie, John Gerard: "International organization: a state of the art on an art of the state", *International Organization*, Vol. 40, No. 4, 1986, S. 753-775.

Lakoff, George: *Women, Fire, and Dangerous Things. What Categories Reveal about the Mind*, (Chicago: The University of Chicago Press 1987).

Lakoff, George/Johnson, Mark: *Leben in Metaphern. Konstruktion und Gebrauch von Sprachbildern*, (aus dem Amerikanischen übersetzt von Astrid Hildenbrand), (Heidelberg: Carl-Auer Systeme Verlag 1998).

Lakoff, George: „September 11, 2001", in:
http://www.metaphorik.de/aufsaetze/lakoff-september11.htm (15.02.2002)

Lebow, Richard Ned: "What's so different about a counterfactual?", *World Politics*, Vol. 52, No. 4, July 2000, S. 550-585.

Lebow, Richard Ned/Risse-Kappen, Thomas (Hrsg.): International Relations Theory and the End of the Cold War, (New York: Columbia University Press 1995).

Lepgold, Joseph/Lambron, Alan: "Locating Bridges: Connecting Research Agendas on Cognition and Strategic Choice.", *International Studies Review*, Vol. 3, No. 3, Fall 2001, S. 3-29.

Lippmann, Walter: *Die öffentliche Meinung*, (München: Rütten + Loening Verlag 1964).

Lipschutz, Ronnie D. (Hrsg.): *On Security*, (New York: Columbia University Press 1995).

Luhmann, Niklas: *Die Realität der Massenmedien*, (Opladen: Leske + Budrich 1996).

Lyons, Gene M./Mastanduno, Michael (Hrsg.): *Beyond Westphalia? State Sovereignty and International Intervention*, (Baltimore: The Johns Hopkins University Press 1995).

Mackinder, Halford J.: "The Geographical Pivot of History", *The Geographical Journal*, Vol. 23, No. 4, 1904, S. 421-437.

Mahan, Alfred Thayer: *The Influence of Sea Power on History, 1660-1783*, (Boston: Little, Brown 1890).

Mégret, Frédéric: 'War'? Legal Semantics and the Move to Violence, in: http://www.ejil.org/journal/Vol13/No2/art1.pdf (02.07.2002) (Homepage des *European Journal of International Law*), S. 1-38.

Müller, Harald: „Internationale Beziehungen als kommunikatives Handeln. Zur Kritik der utilitaristischen Handlungstheorien", *Zeitschrift für internationale Beziehungen*, 1. Jahrgang, Heft 1, 1994, S. 15-44.

Nitze, Paul H.: „The Relationship of Strategic and Theater Nuclear Forces", *International Security*, Vol. 2, No. 1, Fall 1977, S. 123-132.

Offe, Claus: „Die Neudefinition der Sicherheit", *Blätter für deutsche und internationale Politik*, Jahrgang 46, Heft 12, 2001, S. 1442-1450.

Pellet, Alain: „No, This is not War!", in: http://www.ejil.org/forum_WTC/ny-pellet.html (02.07.2002) (Homepage des *European Journal of International Law*), S. 1-3.

Perry, William J.: "Preparing for the Next Attack", *Foreign Affairs*, Vol. 80, No. 6, November/December 2001, S. 31-45.

Polkinghorne, Donald E.: *Methodology for the Human Sciences. Systems of Inquiry*, (Albany: State University of New York Press 1983).

Polkinghorne, Donald E.: *Narrative Knowing and the Human Sciences*, (Albany: State University of New York Press 1988).

Posen, Barry R.: "The Struggle Against Terrorism. Grand Strategy, Strategy, and Tactics", *International Security*, Vol. 26, No. 3, (Winter 2001/02), S. 39-55.

Rengger, Nicholas: "On the just war tradition in the twenty-first century", *International Affairs*, Vol. 78, No. 2, 2002, S. 353-363.

Ricoeur, Paul: *Interpretation Theory. Discourse and the Surplus of Meaning*, (Fort Worth/Texas: Texas Christian University Press 1976).

Ricoeur, Paul: *The Rule of Metaphor. Multi-disciplinary studies of the creation of meaning in language*, (University of Toronto Press, Toronto/Buffalo/London 1977).

Rosenberg, Göran: „Der Krieg ums Wort. Über die Beschreibbarkeit des Denkbaren und des Möglichen", in: www.eurozine.com/article/2002-05-02-rosenberg_de:html. (02.07.2002)

Ross, Marc Howard: "The Political Psychology of Competing Narratives: September 11 and Beyond", *Social Science Research Council*, in: http://www.ssrc.org/sept11/essays/ross.htm (05.01.2002)

Rotberg, Robert I.: "Failed States in a World of Terror", *Foreign Affairs*, Vol. 81, No. 4, July/August 2002, S. 127-140.

Ruggie, John Gerard: *Constructing the World Polity. Essays on international institutionalization*, (London/New York: Routledge 1998).

Rumsfeld, Donald H.: "Transforming the Military", *Foreign Affairs*, Vol. 81, No. 3, May/June 2002, S. 20-32.

Schelling, Thomas C.: *Arms and Influence*, (New Haven/London: Yale University Press 1966).

Schmitt, Carl: *Der Begriff des Politischen*, (Berlin: Duncker & Humblot 1963).

Schneider, Marius: *Sicherheit, Wandel und die Einheit Europas. Zur generativen Rolle von Sicherheitsdiskursen bei der Bildung zwischenstaatlicher Ordnungen vom Wiener Kongress bis zur Erweiterung der Nato*, (Opladen: Leske + Budrich 2002).

Searle, John R.: *Die Konstruktion der gesellschaftlichen Wirklichkeit. Zur Ontologie sozialer Tatsachen*, (Reinbek bei Hamburg: Rowohlt Verlag 1997).

Searle, John R.: *Mind, Language, and Society. Philosophy in the Real World*, (New York: Basic Books 1998).

Seiffert, Helmut: *Einführung in die Hermeneutik. Die Lehre von der Interpretation in den Fachwissenschaften*, (Tübingen: Francke Verlag 1992).

Seiffert, Helmut/Radnitzky, Gerhard: *Handlexikon zur Wissenschaftstheorie*, (München: Verlag Beck 1992).

Snyder, Craig A. (Hrsg.): *Contemporary Security and Strategy*, (New York: Routledge 1999).

Thukydides: *Geschichte des Peloponnesischen Krieges*, (Übersetzt und mit einer Einführung und Erläuterungen versehen von Georg Peter Landmann), (München: Artemis Verlag 1980).

Tuchman, Mathews J.: „Redefining Security", *Foreign Affairs*, Vol. 68, No. 2, S. 162-177.

Vincent, R.J.: *Nonintervention and International Order*, (Princeton: Princeton University Press 1974).

Vincent, Richard C.: "A Narrative Analysis of US Press Coverage of Slobodan Milosevic and the Serbs in Kosovo", *European Journal of Communication*, Vol. 15, No. 3, 2000, S. 321-344.

Walt, Stephen M.: „The Renaissance of Security Studies", *International Studies Quarterly*, Vol. 35, No. 2, June 1991, S. 211-239.

Walt, Stephen M.: „Beyond Bin Laden. Reshaping U.S. Foreign Policy", *International Security*, Vol. 26, No. 3, Winter 2001/02, S. 56-78.

Waltz, Kenneth N.: *Theory of International Politics*, (Reading, MA: Addison Wesley 1979).

Weber, Max: *Schriften zur Sozialgeschichte und Politik*, (Stuttgart: Reclam 1997).

Wedgewood, Ruth: "Al Qaeda, Terrorism, and Military Commissions", *American Journal of International Law,* (Forthcoming), S. 1-10.

Wedgwood, Ruth: "The Law's Response to September 11", *Ethics & International Affairs*, Vol. 16, No. 1, 2002, S. 8-13.

Wendt, Alexander: *Social Theory of International Politics*, (Cambridge: Cambridge University Press 1999).

Wolfers, Arnold: *Discord and Collaboration. Essays on International Politics*, (Baltimore: The Johns Hopkins University Press 1962).

Wohlstetter, Albert: "The Delicate Balance of Terror", *Foreign Affairs*, Vol. 37, No. 4, 1958/59, S. 211-234.

Zehfuß, Maja: „Sprachlosigkeit schränkt ein. Zur Bedeutung von Sprache in konstruktivistischen Theorien", *Zeitschrift für internationale Beziehungen*, Vol. 5, No. 1, S. 109-137.

10.2 Verwendete Quellen für die Diskursanalyse

Öffentliche Aussagen des amerikanischen Präsidenten George W. Bush vor dem 11. September 2001:

George W. Bush on War & Peace, in:
http://www.issues2000.org/Celeb/George_W_Bush_War_&_Peace.htm
(22.01.2001)

Öffentliche Aussagen des amerikanischen Präsidenten George W. Bush nach dem 11. September 2001 (in chronologischer Reihenfolge):

11.09.2001, (9.30 a.m.): Remarks by the President After Two Planes Crash Into World Trade Center, Emma Booker Elementary School, Sarasota/Florida, in: http://www.whitehouse.gov/news/releases/2001/09/20010911.html (18.02.2002)

11.09.2001, (11.00 a.m.): Remarks by the President Upon Arrival at Barksdale Air Force Base, Barksdale Air Force Base, Louisiana, in: http://www.whitehouse.gov/news/releases/2001/09/20010911-1.html (18.02.2002)

11.09.2001, (8.30 p.m.): Statement by the President in His Address to the Nation, in: http://www.whitehouse.gov/news/releases/2001/09/20010911-16.html (18.02.2002)

12.09.2001, (10.53 a.m.): Remarks by the President in Photo Opportunity with the National Security Team (The Cabinet Room), in: http://www.whitehouse.gov/news/releases/2001/09/20010912-4.html (18.02.2002)

14.09.2001, (1.00 p.m.): President's Remarks at National Day of Prayer and Remembrance (The National Cathedral, Washington D.C.), in: http://www.whitehouse.gov/news/releases/2001/09/20010914-2.html (18.02.2002)

20.09.2001, (9.00 p.m.): Address to a Joint Session of Congress and the American People (United States Capitol, Washington D.C.), in: http://www.whitehouse.gov/news/releases/2001/09/20010920-8.html (18.02.2002)

26.09.2001, (3.40 p.m.): President meets with Muslim Leaders. Remarks by the President in Meeting with Muslim Community Leaders (The Roosevelt Room), in: http://www.whitehouse.gov/news/releases/2001/09/20010926-8.html (18.02.2002)

07.10.2001, (1.00 p.m.): Presidential Address to the Nation (The Treaty Room), in: http://www.whitehouse.gov/news/releases/2001/10/20011007-8.html

11.10.2001, President Holds Prime Time News Conference (The East Room), in: http://www.whitehouse.gov/news/releases/2001/10/20011011-7.html (18.02.2002)

17.10.2001, President Outlines War Effort. Remarks by the President at the Californian Business Association Breakfast, Sacramento/California, in: http://www.whitehouse.gov/news/releases/2001/10/20011017-15.html (18.02.2002)

25.10.2001, Education Partnership with Muslim Nations Launched. Remarks of the President to the Student and Faculty at Thurgood Marshall Extended Elementary School (Washington D.C.), in: http://www.whitehouse.gov/news/releases/2001/10/20011025-2.html (18.02.2002)

13.12.2001, ABM Treaty Fact Sheet. Statement by the Press Secretary. Announcemnet of Withdrawal from the ABM Treaty, in: http://www.whitehouse.gov/news/releases/2001/12/20011213-2.html (11.03.2002)

13.12.2001, President Discusses National Missile Defense (White House, The Rose Garden), in: http://www.whitehouse.gov/news/releases/2001/12/20011213-4.html (11.03.2002)

28.12.2001, President, General Franks Discuss War Effort. Remarks by the President and General Tommy Franks in Press Availability with the Press Travel Pool (The Prairie Chapel Ranch, Crawford/Texas), in: http://www.whitehouse.gov/news/releases/2001/12/20011228-1.html (11.03.2002)

28.12.2001, Statement by the President, in:
http://www.whitehouse.gov/news/releases/2001/12/20011228-4.html
(11.03.2002)

10.01.2002, President Signs Defense Appropriations Bill (Pentagon, Arlington/Virginia), in:
http://www.whitehouse.gov/news/releases/2002/01/20020110-5.html
(11.03.2002)

10.01.2002, Defense Bill Signing Statement. Statement by the President, in:
http://www.whitehouse.gov/news/releases/2002/01/20020110-8.html
(11.03.2002)

23.01.2002, President Bush: "First Priority is the Military". Remarks by the President at Reserve Officers Association Luncheon (Washington), in:
http://www.whitehouse.gov/news/releases/2002/01/20020123-13.html
(11.03.2002)

29.01.2002, President Delivers State of the Union Address (Washington D.C., The United States Capitol), in:
http://www.whitehouse.gov/news/releases/2002/01/20020129-11.html
(18.02.2002)

04.02.2002, President Calls for $48 Billion Increase in Defense Spending. Remarks by the President to the Service Personnel (Eglin Air Force Base, Fort Walton Beach/Florida), in:
http://www.whitehouse.gov/news/releases/2002/02/20020204-1.html
(11.03.2002)

05.02.2002, Defending Against Biological Terrorism (Office of the Press Secretary), in:
http://www.whitehouse.gov/news/releases/2002/02/20020205-1.html
(18.02.2002)

18.02.2002, President Bush, Prime Minister Koizumi Hold Press Conference. Remarks by President Bush and Prime Minister Koizumi in Joint Press Conference (Tokyo), in:
http://www.whitehouse.gov/news/releases/2002/02/20020218.html (18.02.2002)

Dokumente des amerikanischen Außenministeriums (in chronologischer Reihenfolge):

13.09.2001, „Powell Very Pleased with Coalition-Building Results", in: http://www.usinfo.state.gov/topical/pol/terror/01091366.htm (18.02.2002)

13.11.2001, International Conventions and Other Treaties Relating to Terrorism, in: http://www.state.gov/r/pa/ho/pubs/fs/6093pf.htm (11.04.2002)

27.03.2002, Fact Sheet. Foreign Terrorist Organizations, in: http://www.state.gov/s/ct/rls/fs/9014pf.htm (11.04.2002)

26.12.2001, The United States and the Global Coalition Against Terrorism, in: http://www.state.gov/r/pa/ho/pubs/fs/5889pf.htm (11.04.2002)

„The Global War on Terrorism: The First 100 Days", in: http://www.state.gov/s/ct/rls/rpt/6947pf.htm (22.05.2002)

„Patterns of Global Terrorism 2001" (May 2002, United States Department of State), in: http://www.state.gov/documents/organization/10319.pdf (05.06.2002)

Dokumente des amerikanischen Kongresses (in chronologischer Reihenfolge):

14.09.2001, Resolution 64: Authorizing Use Of United States Armed Forces Against Those Responsible For Recent Attacks Against The United States, in: http://www.fas.org/irp/threat/useofforce.htm (18.02.2002)

14.09.2001, Proclamation 7463 of September 14, 2001. Declaration of National Emergency by Reason of Certain Terrorist Attacks. By the President of the United States of America, in: http://www.fas.org/irp/news/2001/09/fr091801.html (18.02.2002)

23.09.2002, Executive Order 13224: Blocking Property and Prohibiting Transactions With Persons Who Commit, Threaten to Commit, or Support Terrorism, in: http://www.fas.org/irp/offdocs/eo/eo-13224.htm (18.02.2002)

Dokumente der Vereinten Nationen (in chronologischer Reihenfolge):

13.08.1998, Resolution 1189 (1998). Adopted by the Security Council at its 3915th meeting, on 13 August 1998, in:
http://daccess-ods.un.org/doc/UNDOC/GEN/N98/237/77/PDF/N9823777.pdf?OpenElement (18.02.2002)

08.12.1998, Resolution 1214 (1998). Adopted by the Security Council at its 3952nd meeting, on 8 December 1998, in:
http://daccess-ods.un.org/doc/UNDOC/GEN/N98/387/81/PDF/N9838781.pdf?OpenElement (18.02.2002)

15.10.1999, Resolution 1267 (1999). Adopted by the Security Council at its 4051st meeting, on 15 October 1999, in:
http://daccess-ods.un.org/doc/UNDOC/GEN/N99/300/44/PDF/N9930044.pdf?OpenElement (18.02.2002)

19.10.1999, Resolution 1269 (1999). Adopted by the Security Council at its 4053rd meeting, on 19 October 1999, in:
http://daccess-ods.un.org/doc/UNDOC/GEN/N99/303/92/PDF/N9930392.pdf?OpenElement (18.02.2002)

19.12.2000, Resolution 1333 (2000). Adopted by the Security Council at its 4251st meting, on 19 December 2000, in:
http://daccess-ods.un.org/doc/UNDOC/GEN/N00/806/62/PDF/N0080662.pdf?OpenElement (18.02.2002)

19.12.2000, Press Releases. 19 December 2000, Press Release SC/6979. Security Council imposes wide new measures against Taliban authorities in Afghanistan, demands action on terrorism, in:
http://www.un.org/News/Press/docs/2000/sc6979.doc.htm (18.02.2000)

12.09.2001, Resolution 1368 (2001). Adopted by the Security Council at its 4370th meeting, on 12 September 2001, in:
http://daccess-ods.un.org/doc/UNDOC/GEN/N01/533/82/PDF/N0153382.pdf?OpenElement (18.02.2002)

12.09.2001, Offizielles Gesprächsprotokoll der 4370. Sitzung des Sicherheitsrates, in:
http://www.un.org/terrorism/s_pv4370e.pdf (18.02.2002)

28.09.2001, Resolution 1373 (2001). Adopted by the Security Council on its 4385th meeting, on 28 September 2001, in:
http://daccess-ods.un.org/doc/UNDOC/GEN/N01/557/43/PDF/N0155743.pdf?OpenElement (18.02.2002)

28.09.2001, Offizielles Gesprächsprotokoll der 4385. Sitzung des Sicherheitsrates, in:
http://www.un.org/terrorism/s_pv4385e.pdf (18.02.2002)

05.09.2002, „Al-Qaida retains financial muscle to commit terrorism, head of UN expert panel warns", in: http://www.un.org/apps/news/printnews.asp?nid=4626 (07.09.2002)

Dokumente der NATO (in chronologischer Reihenfolge):

„Das Strategische Konzept der NATO, 1999", in:
http://www.nato.int/docu/pr/1999/p99-065e.htm (11.04.2002)

„What is Article 5?", in:
http://www.nato.int/terrorism/five.htm (11.04.2002)

„Article 51 of the Charter of the United Nations", in:
http://www.nato.int/docu/basictxt/bt-un51.htm (11.04.2002)

11.09.2001, Statement by the Secretary General of NATO Lord Robertson, in:
http://www.nato.int/docu/pr/2001/p01-121e.htm (11.04.2002)

11.09.2001, Statement by the North Atlantic Council, in:
http://www.nato.int/docu/pr/2001/p01-122e.htm (11.04.2002)

12.09.2001, Statement by the Euro-Atlantic Partnership Council, in:
http://www.nato.int/docu/pr/2001/p01-123e.htm (11.04.2002)

12.09.2001, NATO reaffirms Treaty commitments in dealing with terrorist attacks against the US, in:
http://www.nato.int/docu/update/2001/0910/e0912a.htm (11.04.2002)

13.09.2001, NATO and Russia united in resolve against scourge of terrorism, in: http://www.nato.int/docu/update/2001/0910/e0913a.htm (11.04.2002)

02.10.2001, Statement by NATO Secretary General, Lord Robertson, in: http://www.nato.int/docu/speech/2001/0910/s011002a.htm (11.04.2002)

02.10.2001, Invocation of Article 5 confirmed, in: http://www.nato.int/docu/update/2001/1001/e1002a.htm (11.04.2002)

04.10.2001, Statement to the Press by NATO Secretary General, Lord Robertson, on the North Atlantic Council Decision On Implementation Of Article 5 of the Washington Treaty following the 11 September Attacks against the United States, in: http://www.nato.int/docu/speech/2001/s011004b.htm (11.04.2002)

06.12.2001, NATO's Response to Terrorism. Statement issued at the Ministerial Meeting of the North Atlantic Council held at NATO Headquarters, Brussels, on 6 December 2001, in: http://www.nato.int/docu/pr/2001/p01-159e.htm (11.04.2002)

Redebeiträge (in schriftlicher Form) von der 38. Münchener Sicherheitskonferenz vom 02. – 03. Februar 2002 (Hotel Bayerischer Hof):

- Lieberman, Joseph (US-Senator): "Winning the Wider War Against Terrorism"

- McCain, John (US-Senator): "From Crisis to Opportunity: American Internationalism and the New Atlantic Order"

- Merkel, Angela (Parteivorsitzende der CDU Deutschlands): "International Terrorism. The European Impact"

- Wolfowitz, Paul (stellvertretender US-Verteidigungsminister): "Remarks"

Sonstige Dokumente (in chronologischer Reihenfolge):

Ausschuss für die Angelegenheiten der Europäischen Union: *Terrorismusbekämpfung und innere Sicherheit in Europa nach dem 11. September 2001. Texte und Materialien*, Bd. 28, Berlin 2001.

Chronik aktuell: *Der 11. September 2001. Ereignisse, Reaktionen, Hintergründe, Folgen*, (Chronik Verlag: Gütersloh/München 2001).

1.-3.04.2002, „Kuala Lumpur Declaration on International Terrorism. Adopted at the extraordinary session of the Islamic Conference of Foreign Ministers on Terrorism", in:
http://www.oic-oci.org (15.08.2002)

Rumsfeld, Donald H.: "Transforming the Military", *Foreign Affairs*, Vol. 81, No. 3, May/June 2002, S. 20-32.

Fernsehdokumentationen:

„Der 11. September – Der Tag. Der die Welt veränderte"
Ein Film von Johannes Hano und Elmar Theveßen.
Ausstrahlungstermin:
ZDF, 11.08.2002, 23:25 Uhr bis 00:10 Uhr.

„Tot oder lebendig"
Ein Film von Brian Lapping und Norma Percy; deutsche Bearbeitung Hilde Buder.
Ausstrahlungstermine:
ZDF, 1. Teil: 27.08.2002, 22:15 Uhr bis 23:00 Uhr
ZDF, 2. Teil: 28.08.2002, 22:15 Uhr bis 23:00 Uhr

Artikel in der New York Times vor dem 11. September 2001 (in chronologischer Reihenfolge):

27.02.1993, "Blast Hits Trades Center, Bomb Suspected; 5 Killed, Thousands Flee Smoke in Towers" by Robert McFadden, in:
http://nytimes.com/library/world/africa/022793binladen.html (23.03.2002)

26.06.1996, "23 U.S. Troops Die in Truck Bombing in Saudi Base" by Philip Shenon, in:
http://nytimes.com/library/world/africa/062696binladen.html (23.03.2002)

08.08.1998, "Two U.S. Embassies in East Africa Bombed" by James McKinley Jr., in:
http://nytimes.com/library/world/africa/080898africa-bombing.html
(23.03.2002)

13.10.2000, "Blast Kills Sailors on U.S. Ship in Yemen" by John F. Burns and Steven Lee Myers, in: http://nytimes.com/2000/10/13/world/13ATTA.html (23.03.2002)

30.05.2001, "4 Guilty in Terror Bombing of U.S. Embassies in East Africa" by Benjamin Weiser, in: http://nytimes.com/2001/05/30/world/30TERR.html?pagewanted=print (23.03.2002)

Artikel in der New York Times nach dem 11. September 2001 (in chronologischer Reihenfolge):

12.09.2001, "Hijacked Jets destroy Twin Towers and Hit Pentagon" by Serge Schmemann, in: http://www.nytimes.com/2001/09/12/nyregion/12Plan.html?pagewanted=print (23.03.2002)

16.09.2001, „Holy Warriors Escalate an Old War on a New Front" by Judith Miller, Benjamin Weiser and Ralph Blumenthal, in: http://www.nytimes.com/2001/09/16/international/16OSAM.html?pagewanted= print (23.03.2002)

16.09.2001, „Bush warns That Coming Conflict Will Not Be Short" by Elaine Sciolino, in: http://www.nytimes.com/2001/09/16/national/16TERR.html?pagewanted=print (23.03.2002)

21.09.2001, „Prepare for Casualtis, Bush Says, While Asking Support of Nation" by Elisabeth Bumiller, in: http://www.nytimes.com/2001/09/21/international/21PIREX.html?pagewanted= print (23.03.2002)

24.09.2001, „Egyptian Doctor Believed to be bin Laden's No. 2" by Douglas Jehl, in: http://www.nytimes.com/2001/09/24/international/13OSAM.html?pagewanted= print (23.03.2002)

25.09.2001, „Bush freezes Assets Linked to Terror Network" by David E. Sanger and Joseph Kahn, in: http://www.nytimes.com/2001/09/25/international/25CAPI..html?pagewanted=p rint (23.03.2002)

30.09.2001, „Bin Laden's Journey From Rich Pious Lad to the Mask of Evil",
in:
http://www.nytimes.com/2001/09/30/international/23OSAM.html?pagewanted=
print (23.03.2002)

05.10.2001, „Britain's Bill of Particulars: 'Planned and Carried Out the Atrocities',,, in:
http://www.nytimes.com/2001/10/05/international/05ETEX.html?pagewanted=p
rint (23.03.2002)

08.10.2001, „Bush Warns 'Taliban Will Pay a Price'" by Patrick E. Tyler, in:
http://www.nytimes.com/2001/10/08/international/08ATTA.html?pagewanted=
print (23.03.2002)

13.10.2001, „Saudi and Pakistani Assets Cited for Ties to bin Laden" by Joseph
Kahn and Judith Miller, in:
http://www.nytimes.com/2001/10/13/international/13ASSE.html?pagewanted=p
rint (23.03.2002)

18.10.2001, „Test Finds 31 Workers Exposed to Anthrax in Capitol" by Todd S.
Purdum and Alison Mitchell, in:
http://www.nytimes.com/2001/10/18/national/18ANTH.html?pagewanted=print
(23.03.2002)

20.10.2001, „More Than 100 G.I.'s Participate in Helicopter Assault", in:
http://www.nytimes.com/2001/10/20/international/20MILI.html?pagewanted=pr
int (23.03.2002)

26.10.2001, „Provisions of the Antiterrorism Bill", in:
http://www.nytimes.com/2001/10/26/national/26CBOX.html?pagewanted=print
(23.03.2002)

27.10.2001, „Authorities Gain Tools to Fight Terrorism" by Adam Clymer, in:
http://www.nytimes.com/2001/10/27/national/27TERR.html?pagewanted=print
(23.03.2002)

01.11.2001, „Assessing Risks, Chemical, Biological, Even Nuclear" by William
J. Broad, Stephen Engelberg and James Glanz, in:
http://www.nytimes.com/2001/11/01/national/01THRE.html?pagewanted=print
(23.03.2002)

10.11.2001, „Afghan Rebels Capture Major Taliban City" by Dexter Filkins with Thom Shanker, in:
http://www.nytimes.com/2001/11/10/international/10MILI.html?pagewanted=print (23.03.2002)

11.11.2001, „Running Terrorism as a Business" by Don Van Natta Jr., in:
http://www.nytimes.com/2001/11/11/international/11VANN.html?pagewanted=print (23.03.2002)

17.11.2001, „Bin Laden Aide Reported Killed by U.S. Bombs" by James Risen, in:
http://www.nytimes.com/2001/11/17/asia/17NETW.html?pagewanted=print (23.03.2002)

22.11.2001, „How bin Laden and Taliban Forged Jihad Ties" by Douglas Frantz and David Rohde, in:
http://www.nytimes.com/2001/11/22/asia/22TALI.html?pagewanted=print (23.03.2002)

17.12.2001, „Surrender Deal May Hinge on Amnesty for Mullah Omar" by Michael R. Gordon with Norimitsu Onishi, in:
http://www.nytimes.com/2001/12/07/international/07AFGH.html?pagewanted=print (23.03.2002)

10.12.2001, „Taliban Give Way in Final Province Where They Ruled" by David Rohde with Eric Schmitt, in:
http://www.nytimes.com/2001/12/10/asia/10AFGH.html?pagewanted=print (23.03.2002)

14.12.2001, „Bin Laden, on Tape, Boasts of Trade Center Attacks" by Elisabeth Bumiller, in:
http://www.nytimes.com/2001/12/14/international/02TAPE.html?pagewanted=print (23.03.2002)

17.12.2001, „U.S. Officials Say Al Qaeda Is Routed From Afghanistan" by John Kifner with Eric Schmitt, in:
http://www.nytimes.com/2001/12/17/asia/17MILI.html?pagewanted=print (23.03.2002)

27.12.2001, „Holy War Lured Saudis as Rulers Looked Away" by Douglas Jehl, in:
http://www.nytimes.com/2001/12/27/international/11SAUD.html?pagewanted=print (23.03.2002)

30.12.2001, „Many Say U.S. Planned for Terror but Failed to Take Action" by the New York Times, in: http://www.nytimes.com/2001/12/30/national/30TERR.html?pagewanted=print (23.03.2002)

11.01.2002, „U.S. Begins First Airlift of Prisoners" by James Dao, in: http://www.nytimes.com/2002/01/11/asia/11PRIS.html?pagewanted=print (23.03.2002)

30.01.2002, „Bush, Focusing on Terorism, Says Secure U.S. Is Top Priority" by David E. Sanger, in: http://www.nytimes.com/2002/01/30/politics/30BUSH.html?pagewanted=print (23.03.2002)

01.02.2002, „U.S. Troops Begins Exercises in Philippines" by Jane Perlez, in: http://www.nytimes.com/2002/02/01/asia/01FILI.html?pagewanted=print (23.03.2002)

04.02.2002, „Bin Laden's Trail Is Lost, but Officials Suspect He Is Alive" by James Risen with Judith Miller, in: http://www.nytimes.com/2002/02/04/international/04TERR.html?pagewanted=print (23.03.2002)

02.03.2002, „U.S. Broadens Terror Fight, Readying Troops for Yemen" by Michael R. Gordon and James Dao, in: http://www.nytimes.com/2002/03/02/middleeast/02MILI.html?pagewanted=print (23.03.2002)

12.03.2002, „Bush Urges Action in Terror War" by AP, in: http://www.nytimes.com/2002/03/12/international/ap.html?pagewanted=print (23.03.2002)

21.03.2002, „Tribunals to Be Like Courts - Martial" by AP, in: http://www.nytimes.com/2002/03/21/politics/13TRIB.html?pagewanted=print (23.03.2002)

23.03.2002, „U.S. Says It Found Qaeda Lab Being Built to Produce Anthrax" by Michael R. Gordon, in: http://www.nytimes.com/2002/03/23/asia/23STRA.html?pagewanted=print (23.03.2002)

13.09.2002, „Bush Names Hussein Public Enemy No. 1" by Patrick E. Tyler, zitiert nach: http://www.nytimes.com/2002/09/13/politics/10IRAQ.html?pagewanted=print (15.09.2002)

Sonstige mediale Quellen (in chronologischer Reihenfolge):

The Poynter Institute (Hrsg.): *September 11, 2001. A Collection of Newspaper Frontpages*, (Kansas City: Andrews McMeel Publishing 2001).

SPIEGEL-Gespräch mit Condoleezza Rice: "Die Terroristen hassen auch Berlin.", *DER SPIEGEL*, Nr. 36, 02.09.2002, S. 104-109.

Titel: „Das zweite Rom", *DER SPIEGEL*, Nr. 36, 02.09.2002, S. 92-102.

Rorty, Richard: „Der unendliche Krieg. Die permanente Militarisierung Amerikas: Wie die Regierung Bush den 11. September für den eigenen Machterhalt ausgenutzt hat", *Süddeutsche Zeitung*, Nr. 207, 07./08. September 2002, S. 11.